KB200821

이토록
뜻밖의
예수님

이토록 뜻밖의 예수님

초판 1쇄 2024년 12월 25일
지 은 이 신옥수
펴 낸 이 김현애
펴 낸 곳 예배와 설교 아카데미
주 소 서울특별시 광진구 아차산로73길 25
전 화 02－457－9756
팩 스 02－457－1957
홈페이지 http://wpa.imweb.me
등록번호 제18－19호(1998.12.3)

디 자 인 디자인집 02－521－1474
총 판 처 비전북
전 화 031－907－3927
팩 스 031－905－3927
I S B N 979-11-93719-08-4 93230

값 23,000원

이토록

예수님은 이 땅에 사는 사람들에게 가장 큰 선물입니다

뜻밖의

신옥수 지음

목 차

이토록 뜻밖의 사랑

이토록 뜻밖의 예수님

서문

엠마오 노을 길의 글로바처럼 예수님은 언제고 '뜻밖의 방문자'이셨습니다. 예고 없이 찾아오셔서 우리네 일상을 흔들고, 고정된 틀을 부수고, 예상치 못한 은혜로 우릴 놀라게 하시는 분입니다. 사정이 이러한데도 그동안 우린 어쩌면 그분을 늘 정해진 방식으로만 맞이하려 했던 건 아닌지요. 예수님은 우리의 예상을 깨고, 미처 알지 못했던 방식으로 찾아오시는 분인데 말입니다. 그래서인지 예수님과 만남은 언제나 '뜻밖'일 수밖에 없는 듯합니다.

어린 시절 성탄절 밤이 문득 떠오릅니다. 불을 끈 예배실 안에서 친구들과 밤새 설레며 선물 상자를 만지작거리던 순간들. 마음에 쏙 드는 선물이 나오면 환호성이 터졌고, 그렇지 않으면 괜스레 실망스럽기도 했지요. 그렇게 속으로 값을 따지고, 필요와 취향을 저울질하며, 조건과 거래 속에서 선물을 주고받았던 것 같습니다. 그런데 생각해 보면, 그 이후에도 우리네 인생은 늘 그러지 않았는지 자문하게 됩니다. 선물을 고를 때면 몰래 가격표를 확인하고, 상대의 취향을 살피고, 괜히 더 나은 선물을 받길 기대하곤 하지요. '이만하면 됐다'라고 스스로 위로하며, '그래도 괜찮겠지'라며 넘겨버린 적은 없었는지요.

하지만 예수님의 탄생은 전혀 다른 선물의 방식을 보여 줍니다. 2천 년 전, 말구유에 누이신 아기 예수는 온 인류에게 '이토록 뜻밖의 선물'로 찾아왔습니다. 조건 없이 주어진 이 선물은 우리의 계산과 거래를 무력화시키고, 다 헤아릴 수 없는 하나님의 사랑을 드러냅니다. 그 누구도 예상하지 못한 방식으로 이 땅에 오셨으니 말입니다. 동방 박사들은 뜻밖의 별 하나를 보고 길을 떠났고, 들판의 목자들은 캄캄한 밤하늘을 가르며 쏟아진 천사들의 노래에 눈이 휘둥그레졌습니다. 그토록 대망하던 메시아가 그들 앞에 아기 예수로 고요히 누워 계셨으니까요.

이처럼 예수님은 그 누구도 예상하지 못한 방식으로 오셨을 뿐만 아니라, 많은 이들에게 '뜻밖의 만남'을 베푸셨습니다. 삶의 끝자락에 있던 여인에게 다가가 영원한 생수를 주셨고, 향유를 부어 예수님의 발을 씻긴 여인의 손을 붙잡으셨습니다. 사람들 사이에서 외면받던 삭개오를 만나 그를 구원의 자리로 인도하셨습니다. 이런 만남은 그들에게 선물 그 자체였습니다. 외로움과 절망 속에 있던 이들에게 예수님과의 뜻밖의 만남은 인생을 바꾸는 전환점이 되었습니다.

예수님은 단지 뜻밖의 만남으로만 끝나지는 않았습니다. 그분의 기적은 언제나 뜻밖의 방식으로 나타났습니다. 물 위를 걸으시고, 바람과 파도를 잔잔하게 하시며, 나사로를 무덤에서 불러내셨습니다. 병든 자와 귀신 들린 자에게도 예수님의 손길은 '뜻밖의 기적'이었습니다. 절망과 고통의 깊은 구렁텅이에서 그들을 건져내신 예수님의 기적은 그 어떤 기대나 상상을 초월하는 일이었습니다. 사망의 음침한 골짜기에서 부르는 간절한 부르짖음에 응답하시는 예수님의 은혜는 오늘도 계속되고 있습니다.

그 절정이 바로 십자가와 부활입니다. 그 사랑의 정점에서 예수님은 팔을 벌리십니다. 아무 조건 없이, 어떤 이유도 묻지 않고, 자신을 내어주십니다. 그 사랑은 이 한마디입니다. "나는 너를 이토록 사랑한단다." 예수님의 그 사랑은 부활의 새벽을 통해 영원한 생명으로 이어집니다. 빈 무덤에서 시작된 부활의 영광은 모든 믿는 이에게 영원한 소망이 됩니다. 예수님의 부활은 고난 가운데서도 우리에게 참된 승리를 약속하십니다.

이 글에 저는 그 '뜻밖의 예수님'을 만난 사람들의 이야기를 담아 보았습니다. 예수님의 손길을 경험한 사람들, 예수님의 음성을 들은 사람들, 예수님과 만남으로 인생이 바뀐 사람들의 이야기입니다. 그들은 실패한 외톨이들입니다. 하지만 예수님을 만난 이후 그들은 기대치 않은 새로운 삶을 시작할 수 있게 됩니다. 예수님은 그들에게 뜻밖의 선물이었고, 뜻밖의 기적이었으며, 뜻밖의 사랑 그 자체였습니다.

이제 저는 여러분을 이 아름다운 식탁에 초대하고 싶습니다. 말구유와 십자가의 자리, 부활의 빈 무덤에서 예수님과의 뜻밖의 만남을 함께 나누고 싶습니다. 이 식탁은 단순한 지식의 나눔이 아니라, 기쁨과 사랑과 은혜가 가득한 잔치의 자리입니다. 예수님은 오늘도 우리를 초대하고 계십니다. "와서 함께 먹고 마시자." 저는 이 글을 통해 예수님의 뜻밖의 은혜를 여러분과 나누고자 합니다. 서투른 통찰과 부족한 글일지언정, 그 안에 담긴 예수님의 사랑이 여러분에게 전해지기를 소원합니다.

"예수께서 행하신 일이 이외에도 많으니 만일 낱낱이 기록된다면 이 세상이라도 이 기록된 책을 두기에 부족할 줄 아노라"(요 21:25)

I

이토록 뜻밖의 선물

1. 지상 최대의 선물

(눅 2:8-20)

요즘 미국에서 나이 든 사람들 사이에서 인기 있는 크리스마스 선물은 보톡스 시술권이라고 합니다. 약 300불에서 600불 정도입니다. 젊어지고 싶고, 아름다워지고 싶은 게 사람들의 소망인가 봅니다. 그런가 하면 할리우드의 대 스타들의 선물 공세 또한 유명합니다. 사랑하는 연인의 마음을 잡기 위해서 수백만 달러의 저택을 선물하거나, 다이아몬드 목걸이, 고급 승용차, 요트 또는 경비행기를 선물하곤 합니다.

문제는 그게 그리 오래 가지 않는다는 데 있습니다. 결국에는 몇 달 만에 헤어지고, 몇 년이 지나지 않아 이혼하는 그들의 생활풍속을 볼 때, 영원할 것 같은 그들의 사랑 징표도 그리 힘이 없는 듯합니다. 선물 그 자체는 참 매력적이긴 하지만, 그다지 힘은 없어 보입니다.

여러분은 올 크리스마스에 어떤 선물을 받고 싶으신가요? 제가 중고등부 시절에는 교회에서 크리스마스이브에 올나이트(밤샘)라는 것을 했습니다. 공부에 찌든 학생들이 일 년에 단 하룻밤을 예수님의 탄생을 기다린다는 명목으로 함께 모여 꼬박 지샙니다. 그런데 그들의 더 큰 관심은 바로 선물 교환에 있습니다. 크리스마스 카드를 쓰고 선물을 준비해서 번호를 뽑아 서로 선물을 교환하는 것입니다. 얼마나 가슴이 두근거리는지 모릅니다. 혹 남몰래 좋아하는 남학생이나 여학생이 걸리기를 밤새워 소망해 보기도 합니다. 때로 남에게서 받은 선물이 자기가 준비한 것보다 좀 형편없어 보이면 공연히 며칠씩 마음이 상하기도 합니다. 어쨌든 아기 예수의 탄생보다 더 큰 행사로 자리 잡았던 게 바로 선물 교환 행사였습니다.

원래 선물이라는 단어는 "분에 넘치는 호의"라는 뜻을 지닌 '카리스'라는 헬라어 단어에서 파생되었습니다. 성경은 하나님을 선물 주기를 좋아하시는 분으로 소개하고 있습니다. 왜냐하면 하나님은 은혜로운 분이기 때문입니다. 상대가 선물을 받을 만한 아무런 자격이 없는 데도 계산하지 않고 무조건 거저 주시는 분입니다. 그 이유는 단 하나, 사랑뿐입니다. 하나님의 주된 사랑의 언어가 바로 선물입니다. 그래서 우리는 하나님의 선물을 통해서 하나님의 사랑을 확인하게 됩니다. 사랑하는 자들에게 마음껏 아낌없이 무엇인가를 끊임없이 주고 싶어 하는 분이 바로 우리의 하나님입니다.

오늘 본문 말씀은 하나님께서 인류에게 주신 가장 큰 선물에 관해 설명하고 있습니다. 저 들 밖에 한밤중에 목자들이 양을 치고 있는데, 갑자기 주의 사자가 나타나서 메시지를 전해줍니다. "무서워하지 말라 보라 내가 온 백성에게 미칠 큰 기쁨의 좋은 소식을 너희에게 전하노라 오늘 다윗의 동네에 너희를 위하여 구주가 나셨으니 곧 그리스도 주시니라 너희가 가서 강보에 싸여 구유에 뉘어 있는 아기를 보리니 이것이 너희에게 표적이니라"(눅 2:10-12). 다시 말하면, "앞으로 오고 오는 모든 세대의 온 세상 사람들에게 미칠 큰 기쁨의 좋은 소식, 복음이요, 굿 뉴스(Good News)를 전한다. 바로 아기 예수가 태어나셨다. 지상 최대의 선물이 지금 말구유에 누워 있다. 너희들이 가서 눈으로 직접 확인해 보라"는 겁니다. 곧바로 하늘의 천군 천사들의 합창이 온 우주에 울려 퍼집니다. "지극히 높은 곳에서는 하나님께 영광이요 땅에서는 기뻐하신 사람들 중에 평화로다"(눅 2:14). 이 지상 최대의 선물 앞에서 천사들이 기쁨을 참지 못하고 축하의 찬양을 높이 올려 드립니다. 이보다 더 장엄하고 영광스러운 장면이 또 어디에 있을까요? 이 세상의 어느 오케스트라와 비길 수 있을까요? 어느 합창단과 견줄까요? 이보다 더 큰 우주적 버라이어티쇼가 어디에 있을까요?

이 지상 최대의 선물은 하늘의 천사들도 무척이나 궁금해했던 내용입니다. 아주 오래전부터 천사들은 하나님께서 범죄하고 타락한 인간들을 어떻게 구원하실까를 집중적으로 깊이 연구해 왔습니다. '도대체 무슨 방식을 사용하실까?' 놀랍게도 그들의 예상은 다 빗나가고 말았습니다. 처녀 마리아의 자궁을 빌려 성령의 능력으로 한 아이가 태어나는 방식, 그것은 누구도 예상치 못한 하나님의 인간 사랑의 방식이었습니다. 아니, 어떻게 영광의 하나님이 더럽고 추한 세상에 찾아오실 수 있을까? 거룩하신 하나님이 죄 많은 인간의 몸속에서 태어나실 수 있을까? 전능하신 하나님이 힘없고 약한 아기로 태어나실 수 있을까? 그것도 이스라엘의 수도인 예루살렘도 아니고, 시골 베들레헴의 그럴듯한 호텔도 아닌, 외양간의 짐승의 밥통에서 태어나시다니 말입니다. 이것이야말로 낮고 천한 인간을 사랑하시는 하나님의 뜨거운 사랑임을 깨닫고는, 그만 하늘에 머무르지 못하고 우주 공간에 내려와 하나님을 찬양하고 아기 예수에게 엎드려 경배하였습니다.

외국에서는 흔히 "써프라이즈(surprise)"라는 말을 사용합니다. 정말 깜짝 놀랄 만한 물건을 선물하거나, 예상치 못한 내용을 전해주어 상대방을 즐겁게 할 때 사용합니다. 전혀 예상치 못한 방법으로 상대에게 큰 기쁨을 주는 겁니다. 그래서 흔히 선물을 줄 때 "surprise", 이렇게 말합니다. 하나님의 선물은 온 인류에게, 아니 천사들에게도 "surprise" 그 자체였습니다.

여러분! 이 땅에 사는 사람들에게 가장 큰 선물은 무엇일까요? 바로 하나님이 우리와 함께하시는 겁니다. 임마누엘입니다. 오래전에 이사야는 이렇게 예언했습니다. "보라 처녀가 잉태하여 아들을 낳을 것이요 그의 이름은 임마누엘이라 하리라 하셨으니 이를 번역한즉 하나님이 우리와 함께 계시다 함이라"(마 1:23).

철없고 유약한 어린 자녀에게 가장 큰 선물은 부모가 그들과 함께 있어 주는 겁니다. 아무리 맛있는 음식이나 값비싼 인형을 자녀에게 많이 사준다고 해도, 그것보다 더 귀한 것은 자녀와 함께 시간을 보내주는 겁니다. 그들과 함께 놀아주는 것입니다. 더구나 죄로 말미암아 감히 하나님 앞에 나설 수 없는, 다가갈 수조차 없는 인간들에게 예수님이 먼저 찾아오셔서 손을 내미시고 악수를 청하시며, 우리와 같은 수준으로 내려오신 사건이 곧 임마누엘입니다. 우리의 서툰 언어로 말을 건네주신 분이 우리의 예수님입니다. 자신의 허리를 굽혀 우리 자리까지 낮아지신 분이 우리의 예수님입니다.

바울은 말씀하고 있습니다. "너희 안에 이 마음을 품으라 곧 그리스도 예수의 마음이니 그는 근본 하나님의 본체시나 하나님과 동등됨을 취할 것으로 여기지 아니하시고 오히려 자기를 비워 종의 형체를 가지사 사람들과 같이 되셨고 사람의 모양으로 나타나사 자기를 낮추시고 죽기까지 복종하셨으니 곧 십자가에 죽으심이라 이러므로 하나님이 그를 지극히 높여 모든 이름 위에 뛰어난 이름을 주사 하늘에 있는 자들과 땅에 있는 자들과 땅 아래에 있는 자들로 모든 무릎을 예수의 이름에 꿇게 하시고 모든 입으로 예수 그리스도를 주라 시인하여 하나님 아버지께 영광을 돌리게 하셨느니라"(빌 2:5-11).

창세기에 보면, 하나님은 인간을 자신의 사랑의 파트너로 창조하셨습니다. 만일 인간이 범죄하지 않았다면, 영원토록 우리는 하나님과 달콤한 사랑을 주고받을 수 있었을 겁니다. 그러나 날이 갈수록 하나님으로부터 멀어져가는 사람들을 달래보기도 하시고 설득하기도 하시지만, 결국 하나님은 "내가 왜 저들을 지었던고?" 탄식하며 돌아서십니다. 그리고 세상을 떠나서 하늘로 가십니다. 하나님의 영이 인간의 육체와 함께 거하지 않겠다고 선언하십니다. 그것은 인간들에게는 참혹한 비극이었습니다. 끝없는 추락이었습니다. 하나님 없는 인간의 삶은 고통뿐이었습니다. 하나님을 떠난 사람들의 운명의 끝은 죽음입니다.

하나님은 기꺼이 마음을 스스로 돌이키셨습니다. "이제 내가 다시 한 번 더 인간들을 사랑하리라" 다짐하셨습니다. 사랑이란 무엇인가요? 사랑하는 사람에게 자기가 가진 것

중 가장 좋은 것을 주는 게 사랑입니다. 물론 때로 지나치게 자기중심적인 선물은 상대를 전혀 배려하지 않는 결과를 낳기도 합니다. 그래서 선물을 주기 전에 정말 많이 고민하게 됩니다. 그 사람에게 가장 필요한 것이 무얼까? 나의 가장 귀한 것이 무엇일까? 어떤 사람은 남에게 선물할 때 자기에게 필요 없는 것, 별로 귀하지 않은 것들을 모아 놓았다가 나누어주기도 합니다.

미국에 있던 저의 지인이 그랬습니다. 사장 부인이기에 고급 저택에 살고 또 돈도 많았습니다. 그런데 이 권사님이 선물할 때면 제가 번번이 기분이 나쁩니다. 선물을 받아보면, "음, 이것은 또 누구에게 받은 건데 필요 없으니까 나에게 주는구나"라고 알게 됩니다. 예를 들면, 유효기간이 지난 차 세트인데, 1/3 정도 내용물이 빠져 있습니다. 또 이탈리아제품 그릇인데, 뒤에 금이 간 것, 뭐 이렇습니다. 도무지 성의가 없지 않나요? 진심이 느껴지지 않아서 차라리 그분에게서는 선물을 안 받았으면 좋겠다고 생각할 정도였습니다. 혹시 선물을 준다고 하면, 또 상처받을까봐 겁이 나기도 했습니다.

요한복음 3장 16절에는 가장 값비싸고 가장 성의 있는 지상 최대의 선물의 내용이 담겨 있습니다. "하나님이 세상을 이처럼 사랑하사 독생자를 주셨으니 이는 그를 믿는 자마다 멸망하지 않고 영생을 얻게 하려 하심이라"(요 3:16). 이제 하나님께서 사람들을 위하여 준비한 선물의 내용은 우주가 아닙니다. 태양도 아닙니다. 별들도 아닙니다. 그것들보다 더 귀한 것을 주셨습니다. 바로 자신의 외아들 예수님입니다.

여러분! 자녀들을 길러보셨으니 아시겠지만, 자기의 자녀를 누군가에게 준다는 것은 참 힘든 일입니다. 심지어 먹고 살길이 없어서, 도무지 그 방법밖에는 없어서 부잣집에 입양을 보내는 것도 그야말로 눈이 뒤집히고 내장이 끊어질 일입니다. 그런데 아무 죄도 없는 자녀를, 누군가를 대신해서 내어준다는 것은 보통 일이 아닙니다. 예사롭지 않은 일입니다. 그러나 하나님은 바로 그 일을 우리를 위해서 하셨습니다. "보라 아버지께서 어떠한 사랑을 우리에게 베푸사 하나님의 자녀라 일컬음을 받게 하셨는가, 우리가 그러하도다, 하나님의 사랑이 우리에게 이렇게 나타난 바 되었으니 하나님이 자기의 독생자를 세상에 보내심은 그로 말미암아 우리를 살리려 하심이라"(요일 3:1a, 4:9).

그렇습니다. 자기 아들의 생명을 우리에게 선물로 주셔서, 우리에게 생명을 허락하신 놀라운 사건입니다. 이 선물은 우리가 받을 만한 대단한 자격이 있어서가 아닙니다. 우리의 선행과 공적과 능력과 재능과 상관없이 주신 조건 없는 선물입니다. 우리의 그 어떤 조건에 매이지 않는 하나님의 자발적인 선물입니다. 조금도 계산적이지 않은 선물입니다. 우리에게 주면, 우리에게서 무언가를 되돌려 받기 위해서, 그것을 기대하는 철저히 계산된 사람들의 선물과는 다릅니다. 값어치를 따져보고, 그래서 서로 비슷한 가격에 선물을 교환하기 위해서 주신 게 아닙니다. 쌍방적이지 않고 일방적인 사랑의 선물입니다. 우리의 반응을 기다렸다가, 아니 자기가 받은 선물을 보고 난 뒤에 그만큼 되돌려 갚는 그런 사랑이 아니라, 일방적으로 먼저 주시는 선물입니다.

아기 예수의 선물은 용서하는 사랑입니다. 번번이 하나님으로부터 달아나 버린 사람들을 포기하지 않고, 이 세상 끝까지 찾아가서 먼저 화해의 손을 내미는 용서의 선물입니다. 사람들의 배신과 반역에 치를 떠셨지만, 또다시 스스로 마음을 돌이키시면서 그 너그러운 마음으로 온 세상을 품어 안으시는 용서의 선물입니다. 예수님은 말씀하십니다. "인자가 온 것은 섬김을 받으려 함이 아니라 도리어 섬기려 하고 자기 목숨을 많은 사람의 대속물로 주려 함이니라"(막 10:45). 바울도 이렇게 말합니다. "자기 아들을 아끼지 아니하시고 우리 모든 사람을 위하여 내주신 이가 어찌 그 아들과 함께 모든 것을 우리에게 주시지 아니하겠느냐"(롬 8:32). 예수님은 하나밖에 없는 생명까지도 아까워하지 않으셨습니다. 하나도 아낌없이, 자기에게 있는 모든 것을 우리에게 주셨습니다.

우리를 위해서 아기 예수를 주신 하나님의 선물은 빈부귀천의 차별이 없습니다. 온 세상 사람들을 위한 것입니다. 특별히 마음에 들거나, 신분이 높거나, 그 사람에게 잘 보이기 위해서나, 상대의 자격에 따라 달라지는 그런 선물이 아닙니다. "그러나 이 은사는 그 범죄와 같지 아니하니 곧 한 사람의 범죄를 인하여 많은 사람이 죽었은즉 더욱 하나님의 은혜와 또한 한 사람 예수 그리스도의 은혜로 말미암은 선물은 많은 사람에게 넘쳤느니라"(롬 5:15). 이제 이 선물을 한 번 받게 되면 우리는 아무것도 걱정할 필요가 없습니다. 이 선물을 받은 후에야 다른 모든 것이 우리에게 주어지기 때문입니다. "온갖 좋은 은사와 온전한 선물이 다 위로부터 빛들의 아버지께로부터 내려오나니 그는 변함도 없으시고 회전하는 그림자도 없으시니라"(약 1:17). 그렇습니다. 우리에게 주어진 모든 것은 다 하나님에게서 온 것입니다.

아기 예수의 선물은 시간이 흐르면 그 효력이 사라지는 선물이 아닙니다. 우리에게 한 번 주어지면, 영원토록 그 선물의 효력이 살아 있습니다. "볼지어다 내가 세상 끝날까지 너희와 항상 함께 있으리라"(마 28:20b). "영원토록 너희와 함께 있게 하리니, 내가 너희를 고아와 같이 버려두지 아니하고"(요 14:16b, 18a). 그 무엇보다도 영원하신 하나님의 사랑의 마음이 우리 안에 담겨 있기 때문입니다. 인간들의 사랑은 때로 유효기간이 있지만, 하나님의 사랑은 유효기간이 없습니다. 이 세상에 영원한 것은 오직 인간을 향한 하나님의 사랑뿐입니다. 우리의 사랑은 영원하리라고 생각하지만, 시간이 흐를수록 퇴색하기도 합니다. 때에 따라 변하기 마련입니다. 잠시 스쳐 지나가는 바람일 수도 있습니다. 그러므로 우리는 하나님의 사랑에 기대어야 합니다. 하나님의 따스한 등만이 우리의 쉼터입니다. 그 사랑 안에서만 우리는 영원을 맛볼 수 있습니다. 그 색깔이 바래지도 않고, 그 성능이 떨어지지도 않고, 수리나 보수가 필요

없는 하나님의 사랑만이 우리에게 진정한 만족을 줄 수 있습니다. 우리에게 생명과 기쁨과 용서로 찾아온 지상 최대의 선물입니다. 값을 치를 수도 없는, 계산할 수도 없는 가장 고귀한 선물입니다.

그러므로 무엇보다도 선물의 가치를 알아보는 사람이 지혜로운 사람입니다. 가끔 저도 그런 적이 있습니다. 누가 무척 귀하고 값비싼 것을 선물했습니다. 그런데 제가 그것의 가치를 잘 몰라서, 잘 보이지 않는 방 한구석에 놓아버립니다. 꺼내어 사용하지도 않습니다. 별로 귀하게 여기지 않고, 선물을 준 사람에게 참으로 고마워하지도 않습니다.

찰스 듀드리 워너라는 미국 작가는 이렇게 말했습니다. "선물의 훌륭함은 그 가치에서보다는 그것을 사용하는 데에 있다." 우리는 먼저 선물의 가치를 알아보아야 합니다. 오늘 다시 한 번 우리에게 주어진 하나님의 선물의 놀라운 가치를 알아보는 눈이 열리게 되기를 바랍니다.

이 세상의 모든 돈을 주고도 살 수 없는 아기 예수의 생명입니다. 그 어느 값진 보석보다 빛나는 것입니다. 한 번 주어지면 쉽사리 잃어버리거나, 우리에게서 사라지지 않는 영원한 것입니다. 그래서 누구에게나 자랑할 수 있습니다. 이 선물은 사람들 앞에 펼쳐 놓아도 결코 수치스러운 것이 아닙니다. 헐값의 싼 물건이 아닙니다. 말구유와 십자가가 모든 그리스도인의 유일한 자랑입니다. 그래서 사람들과 함께 이 선물을 나눌 수 있어야 합니다. 낮고 천한 자리에서 인간들을 섬기신 하나님의 사랑의 마음을 온 세상 사람들에게 전해주어야 합니다.

여러분! 올해 크리스마스에는 어떤 선물을 준비하셨나요? 선물은 우리의 마음을 따뜻하게 합니다. 선물은 주는 사람의 사랑의 마음이 담겨 있기 때문입니다. 다가오는 성탄에 우리의 마음이 오직 예수님의 사랑으로 훈훈해지기를 바랍니다. 우리를 자녀 삼으시고 친구 삼으신 예수님의 사랑의 온기로 온 세상이 가득 차 있기를 바랍니다. "사람이 친구를 위하여 자기 목숨을 버리면 이보다 더 큰 사랑이 없나니"(요 15:13).

오래전에 영국의 한 여론 조사 기관이 어린이날을 맞아, 10세 이하 어린이 2,500명을 대상으로 설문 조사를 했답니다. 그 결과 영국 어린이들이 이 세상에서 가장 좋아하는 이름은 맨체스터 유나이티드 팀의 웨인 루니였고, 그다음이 예수님이라고 했다고 합니다. 그런데 그건 정말 아니지 않나요? 유명한 축구 스타가 아니라, 아기 예수님이 우리에게 주어진 가장 큰 선물입니다. 예수님이 진정한 인류의 스타입니다. 오늘 우리는 다시 한 번 이렇게 고백합니다. "사랑합니다. 나의 예수님! 사랑합니다. 아주 많이요. 사랑합니다. 나의 예수님! 사랑합니다. 그것뿐예요. 사랑한다, 아들아. 내가 너를 잘 아노라. 사랑한다, 내 딸아. 네게 축복 더하노라."

올 한 해도 우리는 지상 최대의 선물을 받았습니다. 우리의 삶과 영혼 속에 이미 예수님이 살아 계십니다. 그러므로 올해는 여러분의 전 생애에서 가장 귀한 해입니다. 나를 사랑하시는 하나님의 선물인 영원한 생명과 사랑과 화해의 복음이 우리 마음속에 담겨 있기 때문입니다. 온 백성에게 미칠 큰 기쁨의 좋은 소식이 우리의 삶 속에 주어져 있습니다. 그 누구에게도 빼앗길 염려가 없습니다. 이 세상 그 누구에게도 마음껏 자랑할 수 있습니다. 우리에게 주어진 선물은 결코 부끄러운 게 아닙니다. 싸구려 선물이 아닙니다. 생명과 기쁨과 화해의 선물은 우리 마음속에 이제 소중한 비밀로 간직되어 있습니다. 평생 우리의 것입니다. 이제는 그 선물을 이웃과 함께 넉넉하게 나누어야 합니다. 성령님께서 그들의 눈을 열어주셔서 그 선물을 알아볼 수 있도록, 그리고 그 선물을 사랑할 수 있도록, 선물의 기쁨에 동참할 수 있도록 기도합시다. 우리의 목소리로 크게 외칩시다. 온 백성에게 미칠 큰 기쁨의 소식을 전합시다. 아멘.

𝄞 함께 찬양드립니다(120장).

오 베들레헴 작은 골 너 잠들었느냐
별들만 높이 빛나고 잠잠히 있으니
저 놀라운 빛 지금 캄캄한 이 밤에
온 하늘 두루 비춘 줄 너 어찌 모르나

온 세상 모든 사람들 잠자는 동안에
평화의 왕이 세상에 탄생하셨도다
저 새벽별이 홀로 그 일을 아는 듯
밤새껏 귀한 그 일을 말없이 지켰네

오 놀라우신 하나님 큰 선물 주시니
주 믿는 사람 마음에 큰 은혜 받도다
이 죄악 세상 사람 주 오심 모르나

주 영접하는 사람들 그 맘에 오시네

오 베들레헴 예수님 내 맘에 오셔서
내 죄를 모두 사하고 늘 함께하소서
저 천사들의 소식 나 기뻐 들으니
오 임마누엘 예수님 내 맘에 오소서

2. 메시아를 기다린 사람들

(눅 2:25-38)

거리마다 크리스마스의 분위기가 무르익어 가고 있습니다. 밤마다 백화점과 관공서를 금빛으로 수놓는 대형 성탄 트리가 그렇습니다. 각종 크리스마스 세일을 앞둔 백화점과 대형 마트의 직원들의 가벼운 설렘도 눈에 띕니다. 소위 성탄 특수를 기대하는 탓입니다. 제가 오랫동안 미국에 있었기 때문에, 미국의 분위기를 잠시 소개해 드리겠습니다.

미국에서 가장 큰 명절은 크리스마스라고 해도 좋을 것 같습니다. 11월 말부터 소위 크리스마스 시즌으로 들어가는데, 신년 초까지 집마다 크리스마스 트리를 만들어 놓고 온갖 것으로 장식합니다. 제가 살았던 동네에서 북쪽 끝에 있는 산으로 올라가면, LA 근처에서 성탄 트리를 가장 잘 만들어 놓기로 유명한 산동네가 있습니다. 물론 다 부잣집들입니다. 성탄 트리로 인해서 최소한 한 달 전기요금이 미화로 1,000불 정도 나옵니다. 집안 전체와 정원을 크고 화려하게 장식한 집은 그 이상 전기요금이 나오기도 합니다. 먼 이웃 도시에서도 차를 타고 아이들의 손을 잡고 구경 오는 곳입니다. 정말 대 장관입니다. 너도나도 사진을 찍으며 야단입니다.

어디 그뿐인가요? 소위 크리스마스 세일이라는 게 있습니다. 백화점마다, 대형 마트마다, 회사마다, 식당이나 가게마다 크리스마스 세일 광고로 넘쳐납니다. 크리스마스 이전 세일(pre-Christmas sale)이 있습니다. 그리고 애프터(after) 크리스마스 세일이라고 해서 크리스마스 지난 뒤에 곧바로 3일, 혹은 일주일 동안 크게 하는 세일이 있습니다. 이때 아주 많이 깎아 주는데, 20%, 30%, 50%, 또는 70%까지도 세일을 합니다. 미국 사람들은 크리스마스에 친구와 연인, 동료와 가족들이 서로 선물을 주고받는 오래된 풍습이 있기에, 거의 빼놓지 않고 크리스마스 이전 세일 때 물품을 구매합니다. 어떤 사람들은 이 기간에 그동안 마음만 먹고 못 샀던 값비싼 전자 제품, 가구, 옷 등 각종 상품을 구매하려고 돈을 모으고 기다렸다가 알뜰 구매를 합니다. 그렇기에 고객들도, 매장의 점원들도 얼마나 크리스마스를 기다리는지 모릅니다.

이때야말로 소비자의 주머니를 털고 회사의 주머니를 채우는 기간이기도 합니다. 소비를 권장하는 미국 문화의 절정이 바로 크리스마스 시즌인지도 모르겠습니다. 어쨌든 제 기억으로는 우리나라보다도 언제나 기다림과 들뜸과 설렘 속에 크리스마스는 다가왔던 것 같습니다. 성탄 카드를 주고받는 문화도 아직 여전히 살아 있습니다. 그리고 크리스마스 브레이크라는 게 있어서 학교는 2주에서 한 달 정도 방학합니다. 상당수 사람이 이때 휴가를 다녀오기도 합니다. 가족들과 친지들을 이 기간에 만납니다. 그래서 너도 나도 손꼽아 크리스마스를 기다립니다.

그런데 제가 받았던 인상은, 미국 사람 중에 정작 크리스마스의 주인공을 기다리는 사람들은 그렇게 많지 않았던 것 같습니다. 크리스마스 캐롤송과 트리로 크리스마스 분위기는 넘쳐나는데, 사람들은 정작 아기 예수의 탄생에 대해서는 별 관심이 없는 듯합니다. 어린아이들은 산타클

로스 할아버지가 가져다주는 선물을 기다리느라 눈이 빠집니다. 그러니 실제로는 아기 예수를 기다리지 않고 선물을 기다리는 겁니다. 물론 각종 장애인 단체, 고아원, 양로원 시설에서도 크리스마스를 기다립니다. 실제로 일 년 내내 따스한 손길이 닿지 않았지만, 그나마 크리스마스에는 쌀과 양말, 연탄이나 라면 등이 들어오리라고 기대하는 것입니다. 간절한 기다림의 대상은 자선의 손길이요, 구호품입니다. 미국이나 한국의 교회들도 이 상황은 마찬가지인 것 같습니다.

크리스마스 한두 달 전부터 각 교회의 성가대와 중창단, 합창단들이 성가 연습을 합니다. 헨델의 메시아를 비롯한 성탄 축하 음악회가 있습니다. 드라마와 뮤지컬 등 특별 행사를 통해서 어린아이로부터 중고등부 학생과 청년들까지 각종 축하 행사에 참여합니다. 너도나도 연습하느라고 정신이 없습니다.

그런데 때로는 주인공이 빠져 있습니다. 성탄의 주인공을 향한 관심은 퇴색해 있습니다. 우리 주위를 돌아보면, 정작 예수님을 기다리고 있는 사람들은 그리 많지 않은 것 같습니다. 여러분은 아기 예수님을 기다리고 계시나요? 메시아의 탄생을 간절히 소망하고 있나요?

2,000년 전에도 상황은 다르지 않았던 듯합니다. 흔히 세기말이라고 하면, 사회가 혼란하고 자연재해 등이 많아서 민심이 어수선해지는 시기입니다. 왠지 어두움과 불안이 사람들의 마음을 사로잡고 있었습니다.

당시에 유대인들은 로마의 식민지에 놓여 있었습니다. 로마의 대리자 행세를 했던 포악한 헤롯 왕과 로마의 총독이 팔레스타인 지역을 통치할 때였습니다. 일거리는 없고 먹거리는 모자라며, 잔인할 정도로 세금을 뜯기고, 그래서 가난한 사람들이 무리를 지어 다니고 있었습니다. 게다가 로마에 빌붙어 사는 매국노 집단들이 종교적으로나 정치적으로 있게 마련이었습니다. 날이 갈수록 백성들의 한숨소리는 늘어갔습니다. 개인적으로도, 국가적으로도 어디 한 구석을 보아도 아무런 소망이 없던 시대였습니다. 정치, 경제, 사회, 문화, 도덕 등에서 총체적으로 피폐했기에, 유대를 구원해 줄 어떤 메시아를 간절히 소망할 수밖에 없던 시절이었습니다.

물론 모두 다 그런 것은 아니었습니다. 사두개인이라고 해서 소위 고위 종교집단들과 정치적인 특권 지배층들은

"그냥 이대로가 좋사오니"였습니다. 온갖 특권을 누리는 그들에게 변화는 꿈꾸기도 싫은 것이었습니다. 세상이 뒤집히는 일은 일어나지 말아야 했습니다. 어느 정도 먹고사는 사람들도 마찬가지입니다. 자기들의 신분 보장과 경제적 안정을 제공해 주는 현 체제가 마냥 좋았습니다. 그들이 굳이 메시아를 기다릴 이유는 없었습니다. 그렇다면 당시 아기 예수님은 모든 사람에게 환영받는 손님은 아니었던 겁니다. 어쩌면 이 세상에서 초대받지 못한 손님이었는지도 모릅니다.

그래서 아기 예수님은 허름한 여관에 머물지도 못했고, 제대로 된 산부인과 병원에서 태어나지도 못했습니다. 좁은 외양간에서 태어나고, 그것도 동물의 밥통 위에 놓인 아기 예수의 신세를 상상해 보세요. 천사들과 목자들의 찬양과 경배를 받으셨지만, 한없이 볼품없고 초라하기 짝이 없는 탄생이었습니다. 대단한 가문에서 태어난 것도 아닙니다. 무엇보다도 아버지 요셉의 절대적인 지지와 기쁨의 환영도 사실은 의심스러웠던 아기의 탄생이었습니다.

그런데 오늘 본문의 이야기는 전혀 다릅니다. 요셉과 마리아는 아기 예수가 태어나자, 8일 만에 예루살렘 성전에 올라갑니다. 유대인들은 집안의 첫아들을 하나님께 바치는 예식을 드리기 위해 정성껏 예물을 준비해서 드렸습니다. 여기서 한 노인, 시므온을 만나게 됩니다. 성경은 이 사람이 "의롭고 경건한 사람이며 이스라엘의 위로를 기다리는 자"라고 말합니다. 의롭고 경건하여 이스라엘의 구원을 기다리는 자였습니다. 성령이 시므온의 위에 머물러 있었다고 기록하고 있습니다. 하나님과 늘 동행하는 자라는 말입니다. 이 사람은 "주의 그리스도를 보기 전에는 죽지 아니하리라" 하는 성령의 지시를 받았는데, 성령의 감동으로 성전에 들어가서 아기 예수를 보게 되었습니다. 그때 "우와! 이 아기다. 이 아기가 바로 이스라엘을 구원할 메시아다!"라고 마음에 감동이 왔기에, 그 아이를 안고 하나님께 찬송을 드렸습니다. 아주 오랫동안 시므온은 아기 예수의 오심을 간절하게 기다려 왔던 사람입니다. 자신이 죽기 전에 주의 그리스도, 즉 기름 부음 받은 자, 메시아를 눈으로 보게 되리라는 하나님의 약속에 근거한 소망을 지닌 채 살아왔던 사람입니다.

시므온은 이렇게 찬양을 드립니다. "시므온이 아기를 안고 하나님을 찬송하여 이르되 주재여 이제는 말씀하신

대로 종을 평안히 놓아 주시는도다 내 눈이 주의 구원을 보았사오니 이는 만인 앞에 예비하신 것이요 이방을 비추는 빛이요 주의 백성 이스라엘의 영광이니이다 하니"(눅 2:28-32). 무슨 의미일까요? 시므온은 오랫동안 하나님의 말씀을 꾸준히 읽는 가운데, 메시아가 이방을 비추는 빛이요, 이스라엘의 영광이라는 사실, 즉 이사야서에 기록된 메시아 예언에 대하여 잘 알고 있었습니다. 그리하여 아기 예수의 어머니 마리아에게 이 아이의 운명에 대하여 예언합니다. "보라 이는 이스라엘 중 많은 사람을 패하거나 흥하게 하며 비방을 받는 표적이 되기 위하여 세움을 받았고 또 칼이 네 마음을 찌르듯 하리니 이는 여러 사람의 마음의 생각을 드러내려 함이니라 하더라"(눅 2:34b-35).

예수님이 이제 이스라엘 백성을 심판하고 구원할 분이라는 사실을 분명하게 드러내 보여줍니다. 이처럼 8일밖에 안 된 아기를 한눈에 알아볼 수 있었던 것은, 아주 오랫동안 시므온이 그 아기를 기다렸고 또 깊이 연구해 왔기 때문입니다. 하나님의 말씀을 연구하고 묵상하면서 체득된 직관과 통찰력과 영감 덕분이었습니다. 성령의 사람이었기에 가능한 일이었습니다.

곧바로 다른 이야기도 등장합니다. 당시에 아셀 지파의 바누엘의 딸 안나라는 여 선지자가 있었습니다. 결혼한 후 7년 만에 남편과 사별하고 과부가 되었습니다. 이후 독신으로 살면서 예루살렘 성전을 떠나지 않고 밤낮으로 금식하며 기도하던 여인이었습니다. 오늘날로 하면, 독거노인입니다. 84세였으니 당시에도 무척 장수한 사람입니다.

이 여인도 성전에서 아기 예수를 만나게 됩니다. 그리고 하나님께 감사드립니다. 이 아기야말로 이스라엘을 구원할 하나님의 메시아라는 사실을 성전에 있는 사람들에게 크게 외칩니다. 안나도 오랫동안 예수님의 탄생을 기다려 왔던 하나님의 사람임이 틀림없습니다. 밤낮을 가리지 않고 때로는 금식하면서 기도했던 안나 할머니, 그 할머니에게 성령께서 늘 함께하셨습니다. 기도가 곧 삶이었던 안나의 소망은 오직 유대 민족을 구원할 하나님의 계획이 하루속히 이루어지는 것이었습니다. 그 안나의 눈에 아기 예수는 바로 그 구원자였습니다. 오랫동안 성령 안에 거했던 안나에게 성령께서 지시하셨습니다. "네가 기도하던 바로 그다"라고 말입니다. 뛸 듯이 기뻤던 안나가 이제 예수에 대하여 증언하는 여 선지자의 역할을 했습니다.

여러분! 아주 오랫동안 기다려 왔던 것을 직접 눈으로 바라보게 되었을 때의 기쁨을 상상할 수 있으신가요? 시므온과 안나도 바로 그 시간이 그들의 삶에 가장 큰 기쁨의 순간이었을 겁니다. 이제 죽어도 여한이 없다고 생각했을 것입니다. 그들의 소망이 바로 눈앞에서 이루어졌기 때문입니다.

사실 이 두 사람은 인간적인 관점에서는 별 볼 일이 없는 사람들입니다. 둘 다 나이 들어 사람들의 시선을 끌지 못하는 사람들입니다. 더구나 안나는 당시에 아무런 힘도, 재산도, 배경도 없었던 과부였기에, 약자 가운데 약자입니다. 망해가는 나라의 역사에 대한 회한, 타락하고 부패한 사회에 대한 안타까움, 친한 벗들과 가족들을 먼저 떠나보낸 사별의 슬픔과 상처를 안고 사는, 쇠약해 가는 가난한 노인들이었습니다. 몸의 기운이 다 쇠하고 죽음이 얼마 남지 않은 시므온과 안나, 그러나 그들에게는 남들이 갖지 못한 소망이 있었습니다.

그들은 오직 하나님만을 바라보던 자들이었습니다. 세상 사람은 먹고사는 일에, 권력과 재물에 마음을 쓸 때, 그들의 마음속에는 하나님의 말씀이 굳게 자리 잡고 있었습니다. "네가 장차 구원을 보리라." 세상 사람들은 너도나도 복을 구할 때, 그들은 하나님과 지속적인 사랑의 관계를 유지하고 있었습니다. 시므온은 하나님의 말씀을 듣는 자였습니다. 하나님의 말씀을 들을 때 소망이 생겨납니다. 안나는 종일 하나님과 대화를 나누는 자였습니다. 기도할 때 소망이 샘솟습니다. 세상 사람들은 소유에 얽매여 이리저리 휩쓸려 다녔지만, 시므온과 안나는 아무것도 없어도 오직 한 분 하나님만으로 만족하던 사람들이었습니다. 커다란 부와 재물과 권력이 가져다주는 쾌락과 만족은 다 지나가는 것이고 사라지는 것이지만, 오직 하나님의 사랑은 영원하다는 것을 삶 속에서 체험하며 살았던 사람들입니다. 세상의 것들은 다 육체의 정욕과 안목의 정욕과 이생의 헛된 자랑이어서 풀과 같이 마르고 강물처럼 흘러 다시 돌아오지 못하는 것임을 알았기에, 영원한 하늘의 것들에게 소망을 두었던 지혜로운 사람들이었습니다.

탈무드에는 이렇게 쓰여 있다고 합니다. "어리석은 자에게 있어서 노년은 겨울이나, 지혜로운 자에게 있어서 노년은 황금기이다." 기력이 다 쇠하고 때로 몸은 병들었어도, 노인의 지혜로움은 젊은이들을 능가합니다. 말씀과 기도로 평생을 무장했던 두 노인의 기다림은 마침내 이렇게 열매를 맺게 되었습니다. 이들은 예루살렘 성전에서 공적으로 아기 예수의 미래 사역을 예언하고 선포하는 첫 증인이 되는 영광을 안게 되었습니다. 구약성경을 통해서 수많은 사람이 메시아의 탄생을 멀리서 희미하게 바라보았지만, 이제 바로 눈앞에서 메시아의 탄생을 목격하는 시므온과 안나는 참으로 행복한 사람들입니다. 오랫동안 그들의 기다림의 열매를 바라보게 되었기 때문입니다.

시므온과 안나는 아기 예수의 탄생을 기다렸습니다. 그들은 세상의 헛된 복을 구한 것이 아니었습니다. 예수의 탄생으로 얻게 될 이익 때문에 목을 맨 것도 아니었습니다. 그들은 의로움과 경건함으로 성령 안에서 소망을 가졌던 사람들입니다. 기도로 깊은 영적 세계를 맛보고 누리던 사람들이었습니다. 그리하여 바라볼 수 없던 것들을 바라볼 수 있었습니다. 소망할 수 없는 상황 속에서도 꿈을 잃지 않았습니다. 하나님의 약속과 말씀에 근거한 소망의 끈을 놓지 않았습니다. 개인적이고 국가적인 절망의 상황에서도, 오히려 절망 너머에 소망의 돛을 달았습니다. 때로 이것으로 끝이 아닐까 하는 의심과 두려움이 왜 없었을까요? 그러나 성령의 위로와 격려에 안심하며 한 걸음 한 걸음 삶의 발걸음을 내디뎠습니다.

예수님은 말씀하셨습니다. "심령이 가난한 자는 복이 있나니 천국이 그들의 것임이요 애통하는 자는 복이 있나니 그들이 위로를 받을 것임이요 의에 주리고 목마른 자는 복이 있나니 그들이 배부를 것임이요 긍휼히 여기는 자는 복이 있나니 그들이 긍휼히 여김을 받을 것임이요 마음이 청결한 자는 복이 있나니 그들이 하나님을 볼 것임이요"(마 5:3-8). 그렇습니다. 진정한 복은 보이는 것에서만 오지 않습니다. 청결하고, 가난하고, 의롭고, 애통하며, 긍휼한 마음에 참 복이 있습니다. 이것이 시므온과 안나의 마음이었습니다. 그들의 마음속에 소망이 있는 한, 그들은 외롭지도 않았고 두렵지도 않았으며 가난하지도 않았습니다. 하나님을 바라볼 때마다 하나님의 위로가 주어졌기 때문입니다. 하나님을 신뢰할 때마다 하나님이 주시는 평안을 누릴 수 있었기 때문입니다. 하나님께 기도드릴 때마다 하나님의 응답을 받을 수 있었기 때문입니다. 예수님을 기다리는 시므온과 안나는 세상이 알 수도 없고 받을 수도 없으며 누릴 수도 없었던 기쁨 가운데, 소망을 유일한 자산으로 갖고 살았던 하나님의 사람들이었습니다. 이 세상의 그 누구도 부럽지 않은 넉넉하고 부유한 삶의 소유자들이었습니다. 소망의 사람들이었기 때문입니다.

오늘날 사람들은 예수님을 기다리지 않습니다. 아기 예수의 탄생에도 별 관심이 없습니다. 세상의 관심들을 좇아 이리저리 몰려다니는 우리에게 하나님은 말씀하십니다. "우리를 양육하시되 경건하지 않은 것과 이 세상 정욕을 다 버리고 신중함과 의로움과 경건함으로 이 세상에 살고 복스러운 소망과 우리의 크신 하나님 구주 예수 그리스도의 영광이 나타나심을 기다리게 하셨으니 그가 우리를 대신하여 자신을 주심은 모든 불법에서 우리를 속량하시고 우리를 깨끗하게 하사 선한 일을 열심히 하는 자기 백성이 되게 하려 하심이라"(딛 2:12-14). "사랑하는 자들아 우리가 지금은 하나님의 자녀라 장래에 어떻게 될지는 아직 나타나지 아니하였으나 그가 나타나시면 우리가 그와 같을 줄을 아는 것은 그의 참모습 그대로 볼 것이기 때문이니 주를 향하여 이 소망을 가진 자마다 그의 깨끗하심과 같이 자기를 깨끗하게 하느니라"(요일 3:2-3).

예전에 모 목사님이 TV 방송에서 이렇게 말씀하셨습니

다. 한국에 있는 그리스도인과 북한에 있는 그리스도인은 예수님을 기다리는 게 다르다고 합니다. 북한의 그리스도인들은 간절히 "아멘! 주 예수여, 어서 오시옵소서"라고 한다는 겁니다. 그런데 한국에 사는 그리스도인들은 "아니 됩니다, 주님! 지금 오시면 너무 이릅니다. 아직 아파트도 당첨이 안 됐고, 과외로 수천만 원 쏟아부은 애들도 아직 대학에 안 들어갔고, 중학교 동창들과 유럽 여행도 다녀와야 합니다. 조금만 더 기다려 주세요. 아직 시간이 넉넉한 것 아닌가요?"라는 마음 아닌지요. 그들 소망의 근거는 예수님이 아닌 것 같습니다. 더 많은 부와 재물과 명예와 권력과 쾌락이 눈을 가리었기 때문입니다.

너도나도 이 땅의 소유와 재물과 세상의 만족을 찾기 위해서 밤낮을 가리지 않고 달려갑니다. 막 달려가는데, 예수님이 오히려 거추장스럽습니다. 예수님이 오신다면 그들의 꿈과 비전과 계획에는 큰 방해가 되는 겁니다. 때로는 예수님으로 인한 부담을 떨쳐내고도 싶습니다. 마음속에 섬세하게 들려오는 성령의 음성이 나를 얽어매는 쇠사슬처럼 느껴질 때도 있습니다. 그래서 나를 확 풀어버리고도 싶습니다.

얼마 전에 북한 선교 단체가 발행하는 조그마한 책자를 읽어보았습니다. 맨 뒤 표지에 짧은 인터뷰가 실려 있었는데, 요즘 북한 동포들이 성경을 읽고 싶어도 성경책이 없어서 읽을 수가 없다고 합니다. 처음에는 중국에 있는 한국 선교사나 선교 단체들이 몰래 갖다 주었는데, 이게 그리 쉬운 일이 아닙니다. 성경책을 한 권이라도 더 얻고 싶었던 어느 북한 청년이 국경의 강을 넘어서 여러 차례 중국의 선교 단체들로부터 성경책을 짐에 실어 나르곤 했답니다. 그러다가 북한 공안 당국에 의해 붙잡혔고, 짐 속에 숨겼던 성경책들이 쏟아져 나왔습니다. 성경책을 나르는 일이 몇 달 동안 계속되었기에, 만약 그 청년이 고문으로 인해 자백하게 된다면 여러 사람이 위험에 처할 수 있었습니다. 그런데 그 청년은 끝내 입을 다물고 온갖 고문을 다 이기면서 혼자 죽어 갔다고 합니다. 그 청년의 이야기를 전해 달라는 한 지하 성도의 인터뷰를 기록하고 있었습니다. "성경을 나르다가 죽었으니, 하늘나라에 갔을 것입니다. 이제 하늘나라에 가서 만납세다."

남한에는 흔해 빠진 성경책들, 그리스도인들의 집마다 한두 권이 아니라, 대여섯 권씩 가지고 있으면서 귀한 줄 모르는 성경책 아닙니까? 그 성경책 때문에 그 누구도 목숨을 바치지 않아도 되는 세상에 사는 우리가 아닌가요? 북한 그리스도인들과 우리 중에 과연 누가 주님이 오시기를 간절하게 기다리는 사람들인가요?

북한 그리스도인들의 소망은 오직 예수님입니다. 예수님 외에 다른 어떤 것이 그들의 마음속에 자리하는 게 없습니다. 우리는 어떤가요? 물론 예수님이 우리 마음속에 계십니다. 그러나 예수님 말고 다른 것들이 더 있습니다. 훨씬 더 많습니다. 때로는 예수님을 제쳐놓고 다른 것들을 더 간절하게 소망하고 있습니다. 크리스마스를 가장 큰 명절로 지키는 미국이나 유럽에서 설문 조사를 하면, 예수님은 인류 역사상 가장 영향력을 미친 사람 1위로 나온답니다. 그러나 그들에게 있어서 가장 기다리는 사람, 소망의 대상 명단에도 1위에 들 수 있을까요? 그렇지만은 않은 것 같습니다.

올해도 크리스마스가 성큼 다가왔습니다. 우리는 누구를 기다리고 있나요? 크리스마스 축하 행사인가요? 여러 가지 선물인가요? 아니면 아기 예수인가요? 시므온과 안나는 의롭고 경건하게 말씀과 기도로 아기 예수의 탄생을 기다렸습니다. 그랬기에 한눈에 예수님을 알아보았습니다. 지금 당장 우리 앞에 예수님이 나타나시면, 우리는 어쩌면 알아보지 못할 수도 있지 않을까요? 우리의 관심이 온통 예수님이 아닌 것들에 쏠려 있기 때문입니다. 마음의 방이 비어 있지 않습니다. 남은 기간 의롭고, 깨끗하고, 애통하며, 가난하게 예수님을 기다리지 않으시렵니까? 그 누구보다도, 그 무엇보다도 이번 크리스마스에 예수님이 우리의 마음속에 다시 한 번 자리 잡으셔야 하지 않을까요? 우리의 마음속에 빈방이 없어서 예수님을 초대하지 못하는 어리석은 사람들이 되지 맙시다. 비록 화려한 왕궁은 아니지만 깨끗하게 비워진 말구유처럼, 우리의 영혼과 육신을 준비해서 아기 예수님의 오심을 맞이하는 저와 여러분이 되기를 바랍니다. 예수님을 기다리는 사람들이 됩시다.

𝄞 함께 찬양드립니다(104장).

곧 오소서 임마누엘 오 구하소서 이스라엘
그 포로 생활 고달파 메시아 기다립니다
기뻐하라 이스라엘 곧 오시리 오 임마누엘

곧 오소서 지혜의 주 온 만물 질서 주시고
참 진리의 길 보이사 갈 길을 인도하소서
기뻐하라 이스라엘 곧 오시리 오 임마누엘

곧 오소서 소망의 주 만백성 한 맘 이루어
시기와 분쟁 없애고 참 평화 채워 주소서
기뻐하라 이스라엘 곧 오시리 오 임마누엘

3. 천사들의 합창

(눅 2:8-14)

여러분은 천사의 존재를 믿으시나요? 오늘날 많은 사람은 천사의 존재를 믿지 않습니다. 천사는 눈에 보이지 않기 때문에, 불신자들은 물론이고 심지어 그리스도인들이라 할지라도 천사의 존재와 활동을 믿지 않는 사람들이 많습니다. 그러나 구약성경에서부터 신약성경에 이르기까지 천사들에 대해 수차례 언급되고 있습니다. 구약에서는 100회 이상, 신약에서는 186회 정도 나타납니다. 천사는 헬라어로 "앙겔로스"라고 하는데, "하늘의 사자" 또는 "하나님의 사자"입니다. 하나님께서 천지를 창조하신 이래, 하나님의 일을 위해 부림을 받는 일종의 심부름꾼이라 할 수 있겠습니다. 그중에 가브리엘은 "소식을 전해주는 자"(단 9:21; 눅 1:19)이고, 미가엘은 "천사장, 천사의 군대장관"(유 9)이며, 그룹들(창 3:24)과 스랍들(사 6:2) 같이 천사들이 무리로 등장하기도 합니다.

물론 천사는 하나님과는 분명히 다릅니다. 성경은 천사가 하나님에 의해 지음을 받은 피조물이라고 말합니다. 따라서 결코 하나님처럼 경배받을 수 없습니다. 그러나 사람과는 다른 영적인 존재로서, 천사는 우리와 같은 육체를 지니고 있지는 않습니다.

어린 시절에 만화를 보면, 수호신이라고 해서 천사들이 등장합니다. 주로 날개를 달고 나타납니다. 주인공의 옆이나 뒤를 따르면서 지켜주기도 합니다. 천사를 주제로 한 영화들도 많습니다. 배우 존 트라볼타가 날개를 달고 등장하는 영화도 있는가 하면, "날개 잃은 천사"라는 노래도 있습니다. 어떤 사람들은 영화나 만화에서나 있을 법한 이야기라고 생각하거나, 아니면 옛날 옛적 동화에서나 나오는 것으로 천사를 대수롭지 않게 생각하곤 합니다.

실제로 예수님을 믿는 신자들 가운데도 천사에 대해 말하기를 꺼리는 사람들도 있습니다. 그러나 어떤 사람들은 신비로운 체험을 하면서 직접 눈으로 천사를 보았다거나, 천사의 음성을 들었다고 증언하기도 합니다. 저도 사실은 한 번도 천사를 눈으로 본 적은 없습니다. 꿈에서 본 적도 없습니다. 그러나 천사의 존재를 분명하게 믿습니다. 성경에 그렇게 쓰여 있기 때문입니다.

그렇다면 천사의 존재 목적은 무엇일까요? 천사는 대체 무엇을 하기 위해 지음을 받았을까요? 천사는 온전히 하나님을 경배하는 자입니다. 이사야 6장 2절과 3절에 보면, "거룩하다 거룩하다 거룩하다 만군의 여호와여 그의 영광이 온 땅에 충만하도다 하더라"라고 천사들이 찬양합니다. 요한계시록에도 천사들이 새 하늘과 새 땅에서 하나님과 어린 양 예수를 찬양하고 경배하는 것으로 나옵니다. "그들이 밤낮 쉬지 않고 이르기를 거룩하다 거룩하다 거룩하다 주 하나님 곧 전능하신 이여 전에도 계셨고 이제도 계시고 장차 오실 이시라 하고"(계 4:8b). 그들은 하나님을 섬기는 사역자들로서 하나님의 명령에 순종하여 그대로 행하는 자들입니다(단 6:22; 행 12:7). 때로 지상에서 하나님의 일을 성취하기도 합니다. 다니엘을 사자 굴에서 보호하사 사자의 입을 막는 일을 하는가 하면, 베드로를 옥에서 이끌어 구출하는 일도 합니다. 그리고 하나님의 백성들을 인도합니다. "여호와의 천사가 주를 경외하는 자를 둘러 진 치고 그들을 건지시는도다"(시 34:7). "그가 너를 위하여 그의 천사들을 명령하사 네 모든 길에서 너를 지키게 하심이라"(시 91:11).

가끔 신자들의 간증 속에서 그들이 천사를 경험한 것을 알 수 있습니다. 예를 들면, 갑자기 교통사고가 나서 차가 완전히 찌그러지고 폐차 상태에 이르렀지만, 정작 운전하던 자기는 천사의 손에 들려 손가락, 발가락 하나 상하지 않았다는 체험도 있습니다. 성도가 위험에 처했을 때 생명을 보호하고 건져주는 역할을 하는 것이 천사의 직무일 것입니다. 그래서 때로 우리는 천군 천사가 우리를 호위해 주기를 간구해야 합니다. 사악하고 위험한 세상의 한복판에서 살아가는 동안, 하루에도 무슨 일이 일어날는지 알 수 없지 않습니까? 하나님의 자녀들을 매 순간 보호하고 건지는 천사의 도움을 구하는 것은 성도의 마땅한 도리입니다.

천사들은 우리 성도들이 죽을 때 하늘로 인도합니다(눅 16:22). 실제로 임종을 자주 지켜보는 목회자들은 천사의 존재를 믿지 않을 수 없다고 합니다. 평소에 신앙생활을 잘하고 죽음을 잘 준비한 성도들은 마지막 숨을 거두는 순간에 그렇게도 평화롭다고 합니다. 어떤 분들은 요단강 저편에서 예수님이 내게 건너오라고 손짓한다고 말하는 사람들도 있습니다. 또 하얀 옷을 입은 천사들이 마중 나온다고 하면서, 밝은 얼굴로 크게 기뻐하며 눈을 감는 분들도 있습니다. 반면에 예수님을 믿지 않는 사람들이나 혹은 신앙생활을 제대로 하지 못한 분들은 시커먼 사람들이 자신을 데리러 왔다고 하면서, 손을 막 내저으며 안 가겠다고 몸부림치는 사람들도 있다고 합니다. 죽음의 순간에 두 갈래로 분명하게 나뉩니다. 성경은 죽은 거지 나사로를 천사들이 데리고 갔다고 기록하고 있습니다. 그리고 마지막 예수님이 오실 때, 천사들이 이 땅 위의 모든 성도를 모아들이고 영원한 천국으로 인도할 것입니다. 우리가 새 하늘과 새 땅에 가면, 그곳에서 천사들과 함께 하나님을 찬양하며 엎드려 경배할 것입니다.

어떤 분들은 우리가 믿는 성령님과 천사가 어떻게 다른지에 대해서 질문합니다. 분명히 다릅니다. 성령님은 천사처럼 눈에 보이지 않지만, 하나님이십니다. 우리가 예배하고 섬기는 분입니다. 우리가 예수님을 믿으면, 성령님은 영원토록 우리 안에 들어와 떠나지 않고 내주하십니다. 천사는 신자들을 돌보고 깨우치며 보호하지만, 우리 안에 들어오지 못합니다. 피조물이기 때문에 예배받을 수 없습니다. 천사는 일꾼이기 때문에 모든 지식을 다 알고 있지 않습니다. 하나님처럼 전지전능하지 않다는 말입니다. 그리고 언제 어디서나 있지 못하고, 한 번에 한 곳에서만 있을 수 있습니다.

세상이 처음 하나님에 의해 지음을 받았을 때부터 지금까지 천사는 존재해 왔고, 영원토록 존재할 것입니다. 오늘도 여전히 어디에선가 활동하고 있습니다. 지금 우리 주변에서 우리가 드리는 예배를 지켜보며 함께 하나님께 경배할 수도 있습니다. 그러므로 천사를 너무 과대평가하거나 너무 과소평가해서도 안 됩니다. 너무 높여서도 안 되지만 너무 무시해서도 안됩니다. 성경이 가르쳐 주는 그대로 믿어야 합니다.

오늘 누가복음에서는 천사의 존재를 알려 주고 있습니다. 1장에서부터 천사 가브리엘이 등장합니다. 제사장 사가랴와 예수님의 어머니 마리아에게 나타나서 하나님의 메시지를 전해주었습니다. 오늘 본문 말씀에서는 매우 새로운 일이 일어납니다. 베들레헴에서 태어난 아기 예수 사건에 천사들이 무리를 지어 등장합니다.

아주 작은 시골 동네인 베들레헴에서 아기 예수가 태어나던 밤에, 양 떼를 지키던 목자들에게 천사가 나타납니다. 아마 가브리엘 천사일 것입니다. "주의 사자가 곁에 서고 주의 영광이 그들을 두루 비추매 크게 무서워하는지라 천사가 이르되 무서워하지 말라 보라 내가 온 백성에게 미칠 큰 기쁨의 좋은 소식을 너희에게 전하노라 오늘 다윗의 동네에 너희를 위하여 구주가 나셨으니 곧 그리스도 주시니라 너희가 가서 강보에 싸여 구유에 뉘어 있는 아기를 보리니 이것이 너희에게 표적이니라 하더니 홀연히 수많은 천군이 그 천사들과 함께 하나님을 찬송하여 이르되 지극히 높은 곳에서는 하나님께 영광이요 땅에서는 하나님이 기뻐하신 사람들 중에 평화로다 하니라"(눅 2:9-14).

도대체 무슨 일이 일어난 건가요? 목자들이 있던 지경에 하나님 영광의 빛이 가득했습니다. 캄캄한 밤에 갑자기 나타난 환한 빛으로 인해 목자들은 당황할 수밖에 없었습니다. 크고 위대한 별을 보고 멀리 동방에서 찾아와 아기 예수에게 경배한 동방박사들과는 달리, 가장 천한 직업인 양

치는 목자들에게 천사들이 찾아와 친히 아기 예수의 탄생을 알려 줍니다. 당시에 목자들은 세리나 창기처럼 천민 취급을 받던 사람들입니다. 오늘날로 하면, 3D(dirty, difficult, dangerous) 직종의 사람들입니다. 화려한 사회적 신분도 아니고, 그렇다고 돈 좀 있는 부유층 사람들도 아닌데, 천사들이 정작 찾아간 사람들은 삶의 현장 한복판에서 성실하게 일하던 평범한 목자들이었습니다.

여러분! 예수님을 만나 뵙고 싶은가요? 예수님은 우리 삶의 한복판에 오십니다. 우리에게 맡겨진 일과 주어진 과제를 성실하게 감당하는 바로 그곳에 우리 주님은 찾아오십니다. 어떤 사람들은 예수님을 믿게 되면, 직장도, 사업도, 심지어 가정도 다 팽개치고 극성스럽게 활동해야 하는 줄로 생각합니다. 물론 신앙생활에 열심을 내는 것은 매우 좋은 일입니다. 그러나 이 땅에서 우리에게 맡겨진 일에 최선을 다하는 것도 중요합니다. 원래 직업이라는 말이 영어로 "vocation"인데, 이는 "소명(부름을 받음)"이라는 뜻을 가지고 있습니다. 그곳에서 그 일로 부름을 받았다는 말입니다. 그리스도인은 투철한 직업 의식과 소명 의식을 지녀야 합니다. 우리가 열심히 일하는 그 자리가 예수님이 동행하시고 천사들이 보호하는 자리입니다.

그런데 목자들에게 더욱 깜짝 놀랄 일이 벌어졌습니다. 무슨 일일까요? 바로 천군 천사들의 합창이 시작된 것입니다. 여기서 "홀연히"라는 말은 영어로 "suddenly"입니다. "갑작스럽게" 목자들이 전혀 예상하지 못한 방식으로 그들의 눈앞에 장엄한 광경이 펼쳐졌습니다. 수많은 천군은 '하늘의 군대', 하나님 주변의 '천사들'을 가리킵니다. 천사 한두 명이 아니라, 수를 헤아릴 수 없는 많은 무리의 천사들을 뜻합니다.

가브리엘 천사가 온 백성에게 미칠 큰 기쁨의 좋은 소식을 전하자, 갑자기 더는 침묵을 지킬 수 없다는 듯이, 천사들이 목소리를 합하여 하늘로부터 우렁찬 찬양이 울려 퍼집니다. 하나님의 주변에 있던 천사들이 공중으로 내려온 것일 수도 있고, 혹은 온 땅을 두루 다니던 천사들이 한꺼번에 모여든 것일 수도 있습니다. 그들은 서로 앞다투어 하나님께 영광의 찬양을 드립니다. 무슨 이유로 천군 천사들이 찬양을 드릴 수밖에 없었을까요?

에덴동산에서 인간이 하나님께 죄를 범하고 타락한 이후에, 하나님은 인간을 구원하려는 계획을 세워 놓으셨습니다. 때로는 제사의 방식으로, 율법의 방식으로, 마지막으로는 선지자들의 말씀 선포를 통해 인류 구원의 길을 예비하셨습니다. 하나님의 일을 해오던 천사들은 오랫동안 연구했습니다. "도대체 하나님께서 어떻게 인류를 구원하실까? 그 방법이 무엇일까?" 때로는 공동 연구를 했을지도 모릅니다. 여럿이 모여 많은 토론도 했을 겁니다. 그런데 도무지 뾰족한 방법이 떠오르지 않습니다. 저 사악하고 부패한 인간들을 죄악에서 건져낸다는 것은 그들의 머리로는 불가능한 일이었습니다. 베드로전서 1장 12절은 이 놀라운 아기 예수의 탄생에 대해서 오랫동안 천사들도 깊이 연구하고, 그 뜻을 헤아려 살펴보기를 원했다고 말합니다. 그런데 바로 하나님께서 자기 아들 예수를 인간의 몸을 입도록 하락하셨다는 사실, 처녀 마리아의 자궁을 빌려 성령으로 잉태하고 드디어 베들레헴에서 출산하게 되었다는 사실은 그야말로 "우와!"하고 놀랄 만한 일입니다. 그들의 상상과 예측을 뛰어넘는 방식이었기에, 이렇게 기이한 일에 눈이 똥그래져서, "우와! 어쩜 이럴 수가"라고 입을 다물지 못한 것입니다.

예수님께서 사람의 몸을 입으시고 이 땅에 찾아오심으

로써 하나님이 창피와 수치를 당하신 것 같지만, 결국에는 "오! 하나님이 이렇게 위대하고 놀라운 일을 하셨구나. 하나님의 사랑이 이처럼 크시다니"라며 하나님의 크신 사랑을 힘차게 찬양했습니다. "그 크신 하나님의 사랑 말로다 형용 못하네 저 높고 높은 별을 넘어 이 낮고 낮은 땅 위에 죄 범한 영혼 구하려 그 아들 보내사 화목제로 삼으시고 죄 용서하셨네 하나님 크신 사랑은 측량 다 못하며 영원히 변치 않는 사랑 성도여 찬양하세 / 하늘을 두루마리 삼고 바다를 먹물 삼아도 한없는 하나님의 사랑 다 기록할 수 없겠네 하나님의 크신 사랑 그 어찌 다 쓸까 저 하늘 높이 쌓아도 채우지 못하네 하나님 크신 사랑은 측량 다 못하며 영원히 변치 않는 사랑 성도여 찬양하세." 그리하여 헨델의 메시아처럼 "할렐루야!"를 수없이 외쳤습니다. 할렐루야는 "높이 올려 드리다"라는 말이잖아요? 하나님의 이름을 높여 드리는 것입니다. 천사들은 외칩니다. "맞아! 하나님이 이렇게 하셨어. 하나님이 인간을 사랑하신 것을 이제까지 지켜보았지만, 어쩌면 이렇게까지 사랑하실 수 있을까? 하나님의 사랑은 참으로 신실한 사랑이야. 정말 믿을 만해."

그렇습니다. 태초 이래 하나님은 우리 인간과 세상을 사랑해 오셨습니다. 그러나 우리가 먼저 하나님을 저버렸습니다. 하나님에 대해서 "싫어요"(No)라고 먼저 말한 건 인간이지, 하나님이 아닙니다. 하나님의 사랑을 배신한 것은 언제나 우리였고, 등 돌리고 쳐다보지 않은 것도 우리였습니다. 도대체 언제 하나님께서 우리를 거절한 적이 있었는지요? 계속해서 문밖에서 "문을 두드리고 계셨던 분"(계 3:20)은 예수님입니다. 그러나 우리는 우리가 문을 두드리는데, 예수님이 안에서 문을 꼭 걸어 잠그고 아무런 말씀도 하지 않으신다고 착각해 왔습니다.

하나님은 "나는 너를 사랑해"라고 속삭였지만, 귀를 막은 것은 우리였습니다. 이렇게 얘기하면 혹 들을까 달래도 보시고, 어떤 선지자에게는 "네가 그들에게 가서 이렇게 얘기하면 돌이킬 듯하니라 그리하면 내가 그 악과 죄를 사하리라"(렘 36:3 참조)고 부탁하기도 하셨습니다. 그러나 그 하나님의 애절한 기대를 무참히도 짓밟았던 것은 우리의 고집이었습니다. "어서 돌아오라. 내게 돌아와"라고 간절히 애타게 부르셨지만, 멈추지 않고 더 멀리 달아났던 것은 우리의 발걸음입니다. 사랑하기에 때로 매를 드셨지만, 때릴 때마다 같이 아파하셨던 분이 우리의 하나님입니다.

사랑은 강요하는 것이 아니라 "물어보는 은혜"이기에, 배신과 반역, 그리고 거절당한 사랑의 상처를 안고 그것을 가슴에 품어 안으신 채, 하나님은 멀고도 먼 사랑의 우회로를 걷습니다. 하나님은 무서운 주먹을 사용하실 수도 있었지만 그렇게 하지 않으셨습니다. 가슴속에 가득 찬 분노와 진노를 그대로 다 쏟아부었다면, 이 지구는 수천만 번 불덩어리가 되었을 겁니다.

그러나 하나님은 "미쁘신 분"이기에, "내가 너를 사랑해"라는 그 말씀을 이루어 성취하는 분이기에 마침내 예수 그리스도를 이 땅에 보내십니다. 사실 돌이켜보면, 만일 하나님이 예수님을 이 땅에 보내지 않았다면, 예수님이 이 땅에 몸을 입고 찾아오지 않으셨다면, 어쩌면 하나님은 성실하지 않은 분이요, 거짓말하시는 분일 수도 있었을 겁니다. 우리는 주변에 말만 번지르르하게 하고 행동이 따르지 않는 사람들을 많이 만나게 됩니다. "어쩐지 신뢰할 수 없는 사람"이라는 생각이 들게 되면 건강한 인간관계는 이루어질 수 없습니다. 그러나 "내가 너를 사랑해"라는 것을 말로만이 아니라 몸으로 보여주시기 위해서 말씀이 육신을 입고 나타나셨습니다. "말씀이 육신이 되어 우리 가운데 거하시매 우리가 그 영광을 보니 아버지의 독생자의 영광이요 은혜와 진리가 충만하더라"(요 1:14). 그러므로 예수님은 하나님의 몸 말씀입니다.

자신을 버린 인간을 찾아오신 하나님, 집 나간 아들이 돌아오길 우두커니 앉아서 기다리지 않고 그 멀고도 먼 길을 찾아오신 하나님, 오염되고 부패하며 타락한 이 세상의 한복판에 오셔서 그 지독한 죄의 냄새에 코를 막지도 않으셨고, 차마 눈으로 볼 수 없는 부도덕한 모습들에 눈감아 외면하지도 않으셨고, 처절한 탄식과 울부짖음에 귀 막지도 않으신 채, 이 세상의 현실을, 인류의 고통과 아픔을, 우리의 추한 모습을 "있는 그대로" 받아주시는 사건, 그것이 바로 크리스마스, 예수님 오심의 의미입니다.

그러므로 크리스마스는 온 인류를 향한 하나님의 '긍정'(Yes!)입니다. 사랑은 상대의 존재를 인정하고, 있는 그대로 받아주는 것으로부터 시작합니다. 우리는 자기와 비슷한 사람들을 좋아합니다. 생각, 말, 행동, 성품들이 비슷한 사람을 쉽게 받아들이고 교제를 나눕니다. 그런데 하나님은 자신과는 딴판인 우리를 있는 그대로, 일그러진 모습 그대로, 찌그러진 모습 그대로 받아들이십니다. 크리스마스는 이미 하나님이 우리를 있는 그대로 받아주셨다고 하는 표지입니다.

물론 우리가 먼저 하나님을 찾아 저 하늘로 올라간 것이 아닙니다. "하나님! 여기로 내려오세요. 그러면 제가 확실히 믿어 드릴게요"라고 요청하니 마지못해 못 이기는 척 찾아오신 게 아닙니다. 우리는 그저 어쩔 줄 몰라 탄식만 하고 있었는데, 예수님이 먼저 오셨습니다. 예수님이 오실 때, 미리 세상을 말끔히 청소하신 뒤에 찾아오신 것이 아닙니다. 여관마다, 골목마다 문전박대의 거절을 맛보시면서 우리에게 다가오셨습니다. 이보다 더 큰 은혜는 우리에게 없습니다.

그랬기에 이 모든 것을 지켜보던 수천의 천사들은 인간을 향한 포기하지 않는 하나님의 뜨거운 사랑을 찬양하지 않을 수 없었습니다. 크고 높으신 하나님께서 친히 사람이 되시고, 심지어는 짐승의 밥통에서 태어나셨다는 사실에 깜짝 놀랍니다. 예루살렘의 궁궐도 아니고, 화려한 아기 침대도 아닌 밥통에 누운 아기 예수의 모습을 바라보면서, 하나님의 겸비하신 사랑에 "깜짝(surprise)" 놀라게 됩니다. 고린도후서는 이렇게 말합니다. "우리 주 예수 그리스도의 은혜를 너희가 알거니와 부요하신 이로서 너희를 위하여 가난하게 되심은 그의 가난함으로 말미암아 너희를 부요하게 하려 하심이라"(고후 8:9).

여러분! 부자가 가난하게 되는 것은 견디기 힘든 일입니다. IMF 시절에 그동안 떵떵거리며 돈 아쉬운 줄 몰랐던 사람들이 갑자기 부도를 맞아서 하루아침에 집이 넘어가고 길거리에 나섰을 때, 그 새로운 환경에 적응하지 못해서 자신뿐 아니라 일가족이 자살로 끝맺었던 일들이 얼마나 많았는지요? 모든 걸 다 가졌었는데 하루아침에 빈털터리가 된다는 것은 겪어 보지 않은 사람들은 알 수 없는 뼈아픈 고통입니다. 그런데 이 세상의 모든 걸 다 갖고 계신 예수님께서 가난한 목수의 아들로 태어나시고, 태어나실 때 누울 자리도 없었다는 것은 얼마나 비참한 일인지요!

한국의 옛날 집들은 대문의 높이가 낮아서 키 큰 사람들이 들어가려면 허리를 숙이지 않고는 들어갈 수가 없었습니다. 움직일 때마다 고통입니다. 예수님도 원래 크신 분인데, 자신의 허리를 낮추시어 낮고 천한 인간의 자리로 내려오셨습니다. 거룩하신 분이 죄악의 쓰레기로 가득 찬 세상에 발을 들여놓으셨습니다. 세상의 주님이 종처럼 되셔서 인간의 모습으로 나타나셨습니다. 이것은 역설입니다. 우리 인간의 생각으로 다 이해할 수 없고, 심지어 천사들도 상상할 수 없었던 방식입니다. 이러한 하나님의 겸손한 방식에 천사들은 깜짝 놀라 찬양하지 않을 수 없었습니다.

그도 그럴 것이 이 놀라운 사건을 예루살렘의 대제사장도, 헤롯 왕도 아닌, 낮고 천한 사람들인 목자들에게 가장 먼저 알리는 가브리엘 천사의 모습에 또 한 번 감동합니다. "아! 역시 하나님은 다르시구나. 세상의 가난한 자, 못 배운 자, 굶주린 자, 병든 자, 소외당한 자, 상처 입은 자, 연약한 자들을 먼저 생각하시는구나. 하나님의 눈은 이들을 향해 늘 열려 있구나. 그 하나님이야말로 정녕 사랑의 하나님이야. 낮고 천한 자들의 하나님이지." 그리하여 천사들은 커다란 목소리로 하나님께 찬양했습니다.

이러한 천사들의 찬양을 지켜본 목자들은 자신들의 눈을 의심하지 않을 수 없었습니다. 그러나 곧바로 베들레헴으로 가서 이 집, 저 집을 찾다가 천사가 말씀한 대로 짐승의 밥통에 누워 있는 아기 예수를 발견하고 경배합니다. 자기들에게 천사가 나타나 일러준 말을 그대로 전합니다. 그리고 놀라운 하나님의 영광을 찬양합니다.

여러분! 아기 예수의 나심을 축하하는 크리스마스 기간에 정작 빠진 부분은 무엇일까요? 하늘의 천사도 헤아려 살펴보기를 원했던 구원의 신비에 대한 찬양입니다. 나를 포기하지 않는 하나님의 사랑, 오늘도 나를 향해 다시 한 번 "Yes!"라고 말씀하시는 변함없는 사랑을 찬양합시다. 크고 위대하신 하나님의 신실한 사랑을 찬양합시다. 우리의 머리로는 다 이해할 수 없어도, 그러나 그 방법 외에는 인간을 구원하는 일에 다른 도리가 없었던 유일한 방식인, 하나님이 사람의 몸을 입으시고 사람이 되신 사건을 그대로 받아들입시다. 공중에서 우렁차게 울려 퍼지는 천군 천사들의 찬양을 마음에 그려봅시다. 큰 기쁨의 좋은 소식을 나누어주기 위해 이 땅에 찾아온 천사들처럼, 우리도 이 기쁜 소식을 이웃에게 나눕시다. 천사들의 찬양에 자극을 받아 함께 찬양했던 목자들처럼 우리도 이 크리스마스 계절에 아기 예수의 나심을 크게 찬양합시다.

𝄞 함께 찬양드립니다(112장).

그 맑고 환한 밤중에 뭇 천사 내려와

그 손에 비파 들고서 다 찬송하기를
평강의 왕이 오시니 다 평안하여라
그 소란하던 세상이 다 고요하도다

뭇 천사 날개 펴고서 이 땅에 내려와
그때에 부른 노래가 또다시 들리니
이 슬픔 많은 세상에 큰 위로 넘치고
온 세상 기뻐 뛰놀며 다 찬송하도다

이 괴롬 많은 세상에 짐 지고 가는 자
그 험산 준령 넘느라 온몸이 곤하나
이 죄악 세상 살 동안 새 소망 가지고
저 천사 기쁜 찬송을 들으며 쉬어라

옛 선지 예언 응하여 베들레헴 성에
주 예수 탄생하시니 온 세상 구주라
저 천사 기쁜 노래를 또다시 부르니
온 세상 사는 사람들 다 화답하도다

이토록 뜻밖의 예수님

II

이토록 뜻밖의 만남

홀로 남은 여인

우물가의 여인

향유를 부은 여인

구원이 이 집에 이르렀으니

1. 홀로 남은 여인

(요 8:1-11)

오래전에 저는 태어나서 처음으로 결혼식을 주례했습니다. 며칠 전부터 긴장했던 탓인지 결혼식이 3시인데 4시에 예식장에 도착하는 꿈을 꾸기도 하고, 자꾸 순서를 틀리는 꿈을 꾸었습니다. 다행히 실수는 없었고, 결혼식은 아름답게 진행되었습니다. 여러분은 결혼식의 하이라이트가 무엇이라고 생각하시나요? 저는 주례사도, 축가도 아니라고 생각합니다. 오히려 결혼 서약입니다. 신부와 신랑이 주례자에게 혹은 서로에게 다짐하는 서약입니다. "신랑 OOO군, 그대는 신부 OOO양을 그대의 아내로 맞아, 그대의 생명이 다할 때까지 언제 어디서나 어떤 형편에서든지 사랑하고 존중히 여기며 도와주고 위로하면서 남편의 책임을 다할 것과 일정한 부부의 대의와 정조를 굳게 지킬 것을 서약합니까?" "예, 서약합니다." 또 신랑이 신부에게 약속합니다. "하나님과 이 모든 증인 앞에서 나 OOO은 그대 OOO을 아내로 맞아, 우리가 사는 날 동안 기쁠 때나 슬플 때나 건강할 때나 병들었을 때나 부유할 때나 가난할 때나 항상 그대를 사랑하고 성실한 남편이 될 것을 지금 서약합니다." 이 얼마나 엄숙하고 진실한 맹세인지요. 모든 하객이 신랑과 신부의 서약을 지켜보는 증인입니다.

그런데 놀라운 것은 요즘에 이 서약이 왠지 고리타분하고 낯설게만 느껴집니다. 너무나도 많은 부부가 이 약속 이후에 갈라서기 때문입니다. 이혼율이 점차로 증가하고 있습니다. 그뿐이 아닙니다. 별거가 늘어가고 있으며, 비록 가정은 깨어지지 않았지만 남편과 아내의 불륜과 외도가 심각합니다. 한국의 남성과 여성들의 50% 안팎에 가까운 사람들이 불륜과 외도의 경험이 있다는 충격적인 보고서도 있습니다. 현대인들은 도덕 불감증에 걸린 것 같습니다. 참으로 안타까운 일입니다.

예수님 당시에도 이와 비슷한 일이 종종 일어났습니다.

어느 날 예수님이 성전에 들어오셔서 백성들을 가르치고 계셨습니다. 그런데 서기관들과 바리새인들이 음행 중에 잡힌 여자를 끌고 왔습니다. 본문에 보면, 시간이 매우 이른 아침입니다. 그러니 이 여인은 음행 중에 잡혀서 옷도 제대로 입지 못한 채 현행범으로 붙잡혀 온 것입니다. 서기관들과 바리새인들이 평소에 간음 혐의를 받고 있던 이 여인을 노리고 있다가, 밤새 기다려 새벽에 현장에서 여인을 체포한 것일 가능성이 큽니다. 예수님을 고소할 미끼로 사용하려는 계획이었습니다.

왜 서기관들과 바리새인들이 이렇게 치밀하게 계획을 꾸몄을까요? 오늘 본문 말씀에 보면, 이들은 예수님을 궁지에 몰아넣으려고 했습니다. 그들은 예수님에게 질문합니다. "서기관들과 바리새인들이 음행 중에 잡힌 여자를 끌고 와서 가운데 세우고 예수께 말하되 선생이여 이 여자가 간음하다가 현장에서 잡혔나이다 모세는 율법에 이러한 여자를 돌로 치라 명하였거니와 선생은 어떻게 말하겠나이까 그들이 이렇게 말함은 고발할 조건을 얻고자 하여 예수를 시험함이러라"(요 8:3-6a). 그들은 예수님이 어떻게 대답하는가에 따라 예수님을 고발하고자 했습니다. 정작 그들의 관심은 이 여인이 수치를 당하는 문제나 혹 형벌을 주는 데 있다기보다는, 예수님을 걸고 넘어갈 방책을 찾았던 것입니다. 어쨌든 예수님은 둘 중의 하나로 대답하셔야 했습니다. 모세의 율법은 간음한 여인을, 옷을 다 벗겨서 사람 앞에 세우고 돌로 쳐 죽이는 것이었습니다. 그러므로 예수님께서 모세의 율법대로 하라고 하신다면 과연 어떻게 될까요? 유대의 법은 지키는 것이지만, 로마의 법은 어기는 겁니다. 왜냐하면 당시에 로마법은 오직 황제나 총독의 명령과 지시에 따라서만 사형할 수 있었기 때문입니다. 그렇다면 예수님은 로마법을 어겼으니, 정치범이 되거나 혹은 살인교사범이 되는 겁니다. 반면에 여인을 놓아주라, 풀어주라고 예수님이 대답하신다면, 이것은 모세의 율법과 유대인의 전통을 어기는 것이므로 당연히 예수님은 범법자가 될 수밖에 없습니다. 이렇게 해도 저렇게 해도 예수님은 난처한 처지에 빠지게 됩니다. 바로 그 점을 서기관과 바리새인들이 노린 겁니다.

예수님의 반응은 어떠했나요? "예수께서 몸을 굽히사 손가락으로 땅에 쓰시니 그들이 묻기를 마지 아니하는지라 이에 일어나 이르시되 너희 중에 죄 없는 자가 먼저 돌로 치라 하시고 다시 몸을 굽혀 손가락으로 땅에 쓰시니 그들이 이 말씀을 듣고 양심의 가책을 느껴 어른으로 시작하여 젊은이까지 하나씩 하나씩 나가고 오직 예수와 그 가운데 섰는 여자만 남았더라"(요 8:6b-9). 예수님은 즉시 대답하지 않으셨습니다. 아무런 말씀도 하지 않으셨습니다. 그리고 땅바닥에 무언가를 쓰셨습니다. 아마도 "너희 중에 죄 없는 자가 먼저 돌로 치라"는 말씀을 기록하셨을 수도 있습니다. 또는 그저 그들을 상대하지 않으려는 듯 무시하는 태도였던 것으로 생각해 볼 수도 있겠습니다. 당시에는 글을 읽을 줄 아는 사람들이 별로 없었으므로, 예수님이 땅에 쓰신 글을 읽을 수 있는 사람들이 많지 않았을 겁니다. 그래서 그들은 예수님에게 계속해서 다그칩니다. 둘 중 하나를 선택하라고 합니다. 빨리 대답하라고 다그칩니다.

그때 예수님이 비로소 말문을 여십니다. "너희 중에 죄 없는 자가 먼저 돌로 치라"(요 8:7). 그러고는 다시 몸을 굽혀 손가락으로 땅에 무엇인가를 쓰십니다. 그러자 사람들 사이에서 작은 동요가 일어납니다. "죄 없는 자가 먼저 돌로 치라고? 가만히 있어 보자. 누가 먼저 저 여인을 돌로 칠 수 있을까? 다른 사람이 먼저 치면 나는 그 다음에 돌로 쳐야지." 그런데 그사이에 양심의 가책이 생깁니다. "너는 떳떳하냐? 너의 죄는 지금 어디 있느냐? 가슴에 손을 얹고 생각해 봐라. 너는 누구보다도 깨끗한 사람인가?" 사람들이 슬금슬금 서로의 눈치를 살핍니다. 그리고 뒷걸음을 치기 시작합니다. 그렇게도 목소리를 높여서 예수님을 다그치던 그 집요함이 누그러져 버립니다. 간음한 여인을 금방이라도 돌로 쳐 죽일 것 같았던 살기가 풀이 죽어버렸습니다. 하나씩 둘씩 그 자리를 피합니다. 서기관도 바리새인도 서둘러 자리를 뜹니다. 마침내 어른으로부터 시작하여 젊은이들까지 한 사람도 남지 않고 떠나가 버립니다. 그 많던 사람들이 다 떠나가고, 이제 성전 한복판에 예수님과 그 여인만이 남아 있습니다.

예수님께서 여인에게 묻습니다. "예수께서 일어나사 여자 외에 아무도 없는 것을 보시고 이르시되 여자여 너를 고발하던 그들이 어디 있느냐 너를 정죄한 자가 없느냐 대답하되 주여 없나이다 예수께서 이르시되 나도 너를 정죄하지 아니하노니 가서 다시는 죄를 범하지 말라 하시니라"(요 8:10-11). 예수님은 여인에게 그녀를 죽이려던 사람들이 아무도 없음을 확인시켜 주십니다. 그리고는 "나도 너를 정죄하지 아니하겠으니 다시는 죄를 범하지 말라"고 당부하십니다. 엄중히 경고하십니다. 오늘 본문의 이야기입니다. 어떤 분들은 이 본문을 갖고서 예수님 앞에서 모든 죄가 다 용서받을 수 있다고, 용서받지 못할 죄가 하나도 없다고 큰소리를 칩니다. 심지어 예수님은 간음죄마저도 허용하셨음이 틀림없다고 잘못 해석하기도 합니다. 또 어떤 분들은 예수님 사죄의 은혜가 지극히 크고 많음을 보여주는 본문이라고 목소리 높입니다.

우리는 오늘의 본문 말씀을 어떻게 이해해야 할까요? "그저 아무나 와도 좋소. 모든 죄를 다 씻어주겠소." 이렇게 예수님은 그저 우리 죄악의 쓰레기통임을 보여주는 것인가요? 우리는 오늘의 등장인물들 가운데 누구를 가장 닮았는지요? 예수님인가요? 간음한 여인인가요? 서기관과 바리새인일까요? 아니면 모여든 군중일까요? 우리는 여기서 무슨 교훈을 깨달을 수 있나요?

먼저, 이 세상에 죄 없는 자는 아무도 없습니다. 성경은 일찍이 명백하게 선언하고 있습니다. "모든 사람이 죄를 범하였으매 하나님의 영광에 이르지 못하더니"(롬 3:23). 우리 죄의 크고 작음의 문제일 뿐입니다. 많고 적음의 문제일 뿐입니다. 우리 가운데 세상에 태어나서 한 번도 죄를 짓지 않은 사람은 아무도 없습니다. 물론 예수님은 죄를 범하지 않으셨습니다. 그러나 아담과 하와 이후로 갓난아이로부터 할머니와 할아버지에 이르기까지 모두 죄를 행하며 살아갑니다. 그래서 바울은 탄식합니다. "내가 원하는 바 선은 행하지 아니하고 도리어 원하지 아니하는 바 악을 행하는도다, 오호라 나는 곤고한 사람이로다 이 사망의 몸에서 누가 나를 건져내랴"(롬 7:19, 24).

그렇습니다. 우리 모두는 죄의 문제로 씨름하고 있습니다. 물론 이 세상에 근본적으로 악한 사람은 없습니다. 그래서 학교에서 문제를 일으킨 아이의 부모를 소환하면 꼭 이렇게 말한다고 합니다. "원래 우리 애는 착해요. 법 없이도 살 아이인데, 그만 친구를 잘못 만나서." 사실 따지고 보면, 우리는 어느 정도는 다 착합니다. 그런데 착한 것하고 죄를 범하지 않는 것하고는 분명히 다릅니다. "쇼생크 탈출"이라는 유명한 영화에 보면, 죄수들이 한결같이 자기는 잘못이 없다고 합니다. 전과 18범도, 전과 36범도 다 무죄라고 주장합니다. 그들의 생각으로는 자기는 들켜버린 죄인이고,

감옥 밖에 있는 사람들은 들키지 않은 죄인이라는 겁니다.

오늘 본문에 나타난 여인도 분명 이유가 있었을 것입니다. 어쩌면 그 당시에 너무 가난해서, 성매매를 해야 집안의 생계를 유지할 수밖에 없는 딱한 사정이 있을 수도 있습니다. 아니면 상대 남자가 지독하게 유혹해서 그만 본의 아니게 순간적으로 넘어갈 수도 있습니다. 자신의 결혼이 지루하고 권태에 빠져서 한 번쯤 충동 삼아 저질렀을 수도 있습니다. 그러나 무엇보다도 그녀는 간음 현장에서 잡힌 현행범입니다. 무슨 이유로도 핑계할 수 없는 처지입니다. 수치감을 느끼도록 옷은 벗겨졌고, 찢어진 옷자락으로 몸 얼마를 가릴 수밖에 없는 큰 고통을 느껴야 했습니다. 차마 얼굴을 들지 못하고 두려움에 떨면서 이제 죽음만을 기다리는 신세입니다.

그런데 그녀의 가슴속에는 죄책감이 자리 잡고 있었습니다. 양심 한구석에서 들려오는 죄의식의 소리도 들립니다. "멈출 것을. 한 번 더 생각해 볼 것을. 이렇게 될 수도 있는 줄 알았는데, 왜 나는 멈추지 않고 달려왔을까?" 자신에 대한 환멸과 후회로 가득 찼습니다. 뿌리 깊은 죄의식이 심장의 박동처럼 양심을 두드립니다. 마찬가지입니다. 우리는 모두 죄 가운데 빠져 있습니다. 우리는 죄의식의 덫에 걸린 노예입니다. 간혹 잊어먹을 때도 있지만, 우리 양심은 우리가 죄인이라고 소리칩니다. 저도 죄인입니다. 우리 모두 죄인입니다. 아무리 그 무엇으로 가려도 지워지지 않는, 죄의 표지인 '주홍 글씨'가 우리 이마와 가슴에 새겨져 있는, 우리는 모두 죄인입니다.

다음으로, 우리는 사람들을 정죄할 권리가 없습니다. 죄인은 죄인을 판단하고 정죄할 수 없습니다. 서기관과 바리새인들은 간음한 여인을 정죄했습니다. 죽음으로 내몰기로 작정했습니다. 그런데 여러분! 왜 그들이 그토록 흥분하면서 앞장섰을까요? 그들은 예수님을 궁지에 몰아넣고자 했습니다. 동시에 그 여인을 공개적으로 망신시켰습니다. 실제로 당시에 서기관들과 바리새인들은 자신들이 가장 거룩한 척, 경건한 척했지만, 수시로 자기 아내의 조그마한 단점이나 흠을 잡아 이혼을 요구하고 새 장가를 들기도 했습니다. 당시에 여인들은 어떤 권리가 없었기 때문에 남편이 하자는 대로 따라야 했습니다. 오죽하면 예수님께서 아무런 명분이 없는 이혼증서를 주고 이혼을 밥 먹듯이

하는 유대인들에게 간음의 사유 외에는 이혼하지 말라고 명령하셨을까요?

우리는 남을 비방하는 사람들을 주의 깊게 살펴볼 필요가 있습니다. 어떤 사람들은 "정치인들이 돈을 좋아하고 다 썩었다"라고 비판합니다. 그런데 대체로 그렇게 목소리 큰 사람들이 더 재정 비리가 심합니다. 자기가 더 돈을 좋아합니다. 어떤 연예인의 성범죄가 기사화되면, 입에 거품을 물고 욕을 하는 사람들도 있습니다. 그 사람의 뒤를 알아보세요. 자기가 그 정욕의 덫에 걸려 있는 사람들이 많습니다. 자신이 고민하고 해결하지 못하는 바로 그 문제가 누군가에게 생기면, 마치 자기의 잘못이 드러난 것처럼 당황해하고 그래서 강력하게 방어하는 겁니다. 성경에도 그렇게 쓰여 있습니다. "그러므로 남을 판단하는 사람아, 누구를 막론하고 네가 핑계하지 못할 것은 남을 판단하는 것으로 네가 너를 정죄함이니 판단하는 네가 같은 일을 행함이니라"(롬 2:1).

우리는 남을 정죄할 때 자신의 모습도 돌아봐야 합니다. 자신의 들보는 보지 못하고 남의 눈의 티를 보고 비판할 때가 많기 때문입니다. 예수님은 말씀하셨습니다. "비판을 받지 아니하려거든 비판하지 말라 너희가 비판하는 그 비판으로 너희가 비판을 받을 것이요 너희가 헤아리는 그 헤아림으로 너희가 헤아림을 받을 것이니라"(마 7:1-2). 야고보도 권면합니다. "형제들아 서로 비방하지 말라 형제를 비방하는 자나 형제를 판단하는 자는 곧 율법을 비방하고 율법을 판단하는 것이라 네가 만일 율법을 판단하면 율법의 준행자가 아니요 재판관이로다 입법자와 재판관은 오직 한 분이시니 능히 구원하기도 하시며 멸하기도 하시느니라 너는 누구이기에 이웃을 판단하느냐"(약 4:11-12).

우리 가운데는 호시탐탐 상대방의 죄악을 찾아내려는 사람들도 있습니다. 일종의 관음증이라고 하잖아요? 연예인들의 불미스러운 일이 드러나면, 온통 신문과 TV와 요즘에는 인터넷과 유튜브에서 야단입니다. 직접 보지도 않았으면서 '~카더라' 소문을 갖고 누구누구는 어떻다고 낙인을 찍는 겁니다. 물론 행실이 좋지 않은 연예인도 있는 게 사실이지만, 남의 잘못을 들추고 호기심을 자극하며, 그것으로 그들을 함부로 정죄하는 것은 결단코 옳은 일은 아닙니다. 하나님의 말씀을 백성들에게 가르치고 그들을 올바르게 살아가도록 인도할 책임이 있는 서기관과 바리새인들은 밤새 여인을 지켜보다가 현장에 들이닥쳤습니다. 그들이 진정한 교육자요 지도자들이라면, 간음하기 전에 그 여인을 만나서 죄를 짓지 못하도록 선도했어야 하는 것 아닐까요? 그들은 혹시라도 간음한 여인과 별 차이 없는 부정하고 타락한 생활을 했던 것은 아닐까요? 자신들의 잘못은 감추어 두고 남의 잘못은 들추어내는 사악한 사람들은 아니었을까요? 그래서 하나님은 모든 판단을 하나님에게 맡기라고 하십니다. 우리가 지금 판단하는 게 잘못된 것일 수도 있고, 우리도 그와 똑같은 잘못을 범할 수 있기 때문입니다.

대체로 남을 정죄하기를 좋아하는 사람들은 남의 잘못이 가장 먼저 보입니다. 그래서 입을 열면 사람들을 비판하고 판단하며 헐뜯는 데 비상한 재주가 있습니다. 그런데 나중에 시간이 지나고 보면 그들의 잘못을 다 본인이 범하는 경우가 많습니다. 자기가 비판하는 그 잘못의 덫에 자기가 빠져 있습니다. 정죄와 판단은 하나님도 싫어하시고, 사람들도 싫어합니다.

우리는 비록 육체적으로는 간음죄를 범하지 않았을지라도, 마음으로 이미 죄를 지을 때가 얼마나 많았는지요? 눈으로 즐기며 탐닉하던 적은 없었을까요? 우리가 남의 물건을 훔치지는 않았다고 해도, 생각으로 탈취한 적이 얼마나 많았을까요? 우리의 의도는 그렇지 않았다고 해도, 얼마나 자주 거짓말하면서 살았는지요? 커다란 교만으로 우리의 어깨에 힘이 잔뜩 들어간 적은 없었나요? 경솔한 입술로 다른 사람에게 얼마나 상처를 입히는 말을 해 왔나요? 이기심의 노예가 되어 우리의 손이 안쪽으로 굽어지지는 않았나요? 시기와 질투로 우리의 눈꼬리가 올라간 적은 없었나요? 우리의 혀로 다른 사람들을 죽인 적은 없었나요? 그러므로 우리는 그 누구도 정죄하고 함부로 판단할 수 없습니다. 우리에게는 사람들을 정죄할 권한이 없습니다.

마지막으로, 오직 사죄는 예수님에게서 옵니다. 간음한 여인은 죽을 수도 있는 위기에서 예수님에 의해 구원을 얻었습니다. 수치와 고통으로부터 해방을 받았습니다. 요한은 말하고 있습니다. "하나님이 그 아들을 세상에 보내신 것은 세상을 심판하려 하심이 아니요 그로 말미암아 세상이 구원을 받게 하려 하심이라"(요 3:17). 그렇습니다. 예수님은 이 땅의 사람들을 정죄하고 심판하기 위해 오신 것이 아닙니다. 오히려 용서하고 구원하기 위해 오셨습니다.

"그러므로 이제 그리스도 예수 안에 있는 자에게는 결코 정죄함이 없나니 이는 그리스도 예수 안에 있는 생명의 성령의 법이 죄와 사망의 법에서 너를 해방하였음이라"(롬 8:1-2). 여기서 우리는 예수님의 의도를 잘 알아야 합니다. 그분은 십자가에서 온 인류를 위하여 죽기 전에, 모든 인류의 정죄와 심판을 대신 당하시기 훨씬 전에 간음한 한 여인의 죄를 사해 주셨습니다. 한 사람이라도 더 일찍 죄악의 고통에서 구원하기 위함이었습니다. 성난 수많은 사람의 시선과 금방이라도 잡아먹을 듯 달려드는 무리의 공격에서 자유롭게 해 주셨습니다.

여러분! 예수님께서 용서하지 못할 죄는 아무것도 없습니다. 그 어떤 사악하고 커다란 죄도 예수님 십자가의 피 앞에서는 힘을 잃어버립니다. 우리는 우리 죄가 너무 커서, 예수님 앞에 나아갈 수 없다고 생각하기도 합니다. 우리 죄의 뿌리가 너무 깊어서, 예수님이 용서하실 수 없다고 느끼기도 합니다. 그러나 예수님 사죄의 은혜가 어찌나 큰지 온 우주의 모든 죄를 다 씻을 수 있고, 우리 영혼의 모든 죄악을 다 용서하실 수 있습니다. 우리는 "간음죄는 도무지 안 되겠지, 살인죄는 불가능할 거야, 하나님 앞에 불경죄는 힘들 거야"라고 미리 생각해 버리고 마음을 접어 버립니다. 그런데 예수님은 그렇지 않으십니다. 우리의 생각과 다르십니다. 그래서 바울은 선언합니다. "불법이 사함을 받고 죄가 가리어짐을 받는 사람들은 복이 있고 주께서 그 죄를 인정하지 아니하실 사람은 복이 있도다 함과 같으니라"(롬 4:7-8). 예수님은 우리에게 사죄의 복을 주시고자 기다리고 계십니다. 깊은 죄책감과 죄의식에서 벗어나세요. 사람들의 눈을 두려워할 것이 아니라, 사람들의 정죄와 심판을 피하려고 할 것이 아니라, 예수님 앞에 마주 서보세요. 그분 안에 사죄로부터 오는 안식이 있습니다. 예수님 안에 숨으세요. 우리가 피할 도피성이요 안식처입니다.

무엇보다도 예수님은 우리에게 다시 한 번 기회를 주시는 분입니다. 간음한 여인에게는 사죄의 은혜와 함께, "나도 너를 정죄하지 아니하노니 가서 다시는 죄를 범하지 말라"(요 8:11b)라는 경고가 주어졌습니다. 전에도 베데스다 연못의 38년 된 병자의 병을 고치신 후에, 예수님은 병자에게 "보라 네가 나았으니 더 심한 것이 생기지 않게 다시는 죄를 범하지 말라"(요 5:14b)고 명령하셨습니다. 죽을 죄인을 살려주시고 용서받을 수 없는 죄인을 용서하신 후에, "다시는 죄를 범하지 말라"고 엄중히 명하십니다. 예수님은 우리가 마치 개가 그 먹은 것을 토하고 다시 그 토한 것을 먹듯이, 그렇게 죄를 대하지 않기를 원하십니다.

우리 스스로는 죄악의 힘을 이겨낼 수 없습니다. 아무리 의지를 갖고 노력해도 우리는 다시금 똑같은 죄악의 수렁에 빠져들게 됩니다. 죄는 한 번으로 끝나지 않고 중독처럼 우리를 사로잡습니다. 그러므로 우리는 죄악을 붙들고 씨름하려고 해서는 안 됩니다. 오히려 사죄의 은혜를 베푸신 예수님 안에 있어야 합니다. 놀라운 은혜를 경험할 때 비로소 우리는 죄악이 사로잡는 힘을 벗어날 수 있습니다.

간음했던 여인이 이 놀라운 예수님의 은혜를 경험한 뒤에 다시금 옛날 생활로 돌아갔다고 생각하시나요? 전혀 그렇지 않았을 겁니다. 아마도 요한은 다시 정결하게 된 여인의 달라진 삶을 보았을 것이고, 또 들었을 것입니다. 그랬기에 이렇게 성경에 반듯하게 기록해 놓은 것이 아닐까요? 그 여인은 "나 같은 죄인 살리신 주 은혜 놀라워 잃었던 생명 찾았고 광명을 얻었네 / 큰 죄악에서 건지신 주 은혜 고마워 나 처음 믿은 그 시간 귀하고 귀하다", 이렇게 찬양을 부르지 않았을까요?

그렇습니다. 오직 예수님의 놀라운 사죄의 은혜를 경험한 자만이 죄악을 이길 수 있습니다. 한없이 자비롭고 은혜로우시며 노하기를 더디 하시고 불쌍히 여기시는 예수님의 넓은 품 안에 안길 때, 우리는 죄악에 대한 간절한 욕망을 떨쳐낼 수 있습니다. 죄악의 중독된 습관에서 자유롭게 됩니다.

여러분! 더 좋은 게 있으면 그렇지 않은 것을 버리게 됩니다. 사죄의 은혜가 더 크고 좋은 것입니다. 죄악의 유혹은 더럽고 추합니다. 우리는 이제 스스로 죄악을 버릴 수 있습니다. "가서 다시는 죄를 범하지 말라"는 말씀은 이제 멍에가 아니라, 자유선언입니다. 예수님과 친밀한 사이가 되어 거룩함의 능력을 경험하라는 말씀이기 때문입니다. 진정한 경건의 능력은 오직 십자가 보혈의 샘물에 온몸을 적실 때 나타납니다. 죄악을 용서 받고 싶으신가요? 그리스도의 십자가 앞으로 나오세요. 죄악을 용서받으셨나요? 십자가 보혈의 능력을 의지하여 예수님과 동행하세요. 그때 용서받은 자로서 죄악을 이기며 살아갈 수 있습니다.

누가 죄 없는 자일까요? 간음한 여인일까요? 서기관과

바리새인일까요? 모여든 군중일까요? 이 세상에 아무도 죄 없는 자는 없습니다. 그러므로 우리는 그 누구도 정죄하거나 심판할 자격도 권리도 없습니다. 오직 사죄의 은혜는 예수님에게서 옵니다. 간음한 여인에게 베푸셨던 사죄의 은혜를 경험하시길 바랍니다. 그때 우리는 다시 시작할 수 있습니다. 죄 없는 자가 아니라, 죄를 용서받은 자로서 다시 죄를 범하지 않도록 예수님과 동행하는 믿음의 사람이 되시길 바랍니다. 아멘!

𝄞 함께 찬양드립니다(305장).

나 같은 죄인 살리신 주 은혜 놀라워
잃었던 생명 찾았고 광명을 얻었네

큰 죄악에서 건지신 주 은혜 고마워
나 처음 믿은 그 시간 귀하고 귀하다

이제껏 내가 산 것도 주님의 은혜라
또 나를 장차 본향에 인도해 주시리

거기서 우리 영원히 주님의 은혜로

해처럼 밝게 살면서 주 찬양하리라

2. 우물가의 여인

(요 4:5-24)

최근에 한국 사회의 종교인구와 종교적 성향을 설문 조사를 통해 분석한 자료에 의하면, 기독교 전체 인구는 약 30%로 한국 사회의 최대 종교임이 확인되었습니다. 그런데 신앙생활의 동기를 묻는 문항에 대해서 개신교인 가운데 45.5%는 "구원과 영생을 위해서"라고 답했습니다. 불교인의 74%와 천주교인의 73.2%는 "마음의 평안을 위해서"라고 대답했다고 합니다. 그렇다면 종교를 믿지 않는 사람들은 왜 종교를 갖지 않는 것일까요? 그 이유를 다음과 같이 들고 있습니다. 첫째로 "바빠서"(16.9%), 둘째로 "필요성을 못 느껴서"(16.3%), 그리고 "종교에 관심이 없어서"(11.8%)라고 합니다. 그러니 아예 종교에는 관심도 없는 사람들도 있고, 필요성을 못 느끼는 사람들이 있는가 하면, 너무 바빠서 교회나 성당, 혹은 사찰에 가지 않는 사람들이 적지 않습니다. 그뿐 아니라 그저 마음에 평안을 얻기 위해서 신앙생활을 하는 사람들도 많습니다.

여러분은 이들 가운데 어디에 속하는지요? 신앙생활하는 것이 '구원과 영생을 얻기 위해서'인가요? 아니면 '마음에 평안을 얻기 위해서'인가요? 우리 주변을 돌아보면 매우 다양한 사람들이 있습니다. 이렇게 저렇게 권해 보기도 하고 복음을 아무리 들려주어도 눈 하나 깜짝 않고 움직이지 않는 사람들, 평생에 교회 문턱 한 번 밟아보지 않는 사람들, 죽을 때까지 완강하게 하나님을 거절하는 사람들도 있습니다. 그런가 하면 우연히 지나다가 한 번 "밑져야 본전이다"라고 생각해서 예수님의 말씀을 증언했는데, 그 자리에서 복음을 받아들이고 예수님을 영접하는 사람들도 있습니다. 심지어는 누구에게도 복음을 들어본 적이 없는데, 자기 발로 교회에 찾아와서 착실하게 신앙생활을 하는 사람들도 있습니다.

종교개혁자 장 칼뱅은 이 세상 모든 사람은 그 영혼에

"종교의 씨앗"이 심겨 있다고 했습니다. 철학자인 파스칼도 말하기를, 인간은 마치 달걀의 공기구멍과도 같은 부분을 영혼에 지니고 있다고 합니다. 우리의 영혼 속에는 오직 하나님으로만 채워질 수 있는 공기구멍이 있습니다. 러시아의 대 문학가인 톨스토이 역시 사람들은 정도와 수준의 차이일 뿐 한 사람도 빼놓지 않고 영혼의 텅 빈 장소가 있다고 했습니다. 이렇게 우리는 이 땅의 것으로는 채워지지 않는 빈 구멍을 지닌 사람들입니다.

전도서 기자는 말합니다. "하나님이 모든 것을 지으시되 때를 따라 아름답게 하셨고 또 사람들에게는 영원을 사모하는 마음을 주셨느니라"(전 3:11a). 이 땅에 발을 딛고 살고 있지만, 우리의 눈은 하늘을 바라보며 살아가게끔 되어 있습니다. 과거와 현재, 그리고 미래의 시간의 한가운데 놓여 있지만, 영원을 의식하는 삶을 살아야 한다는 말입니다. 왜냐하면 우리의 삶은 여기서 그냥 헛되이 끝나지 않고 영원한 생명, 즉 영생에 잇대어 있기 때문입니다.

우리는 날마다 영적인 갈증을 느끼며 살아갑니다. 그런데 그렇지 않은 것처럼 보이는 사람들도 많습니다. 일평생을 살아도 하나님에 대해서 일말의 관심도 없는 사람들입니다. 아무리 복음을 들려주어도 마음을 닫고 열어놓지 않는 사람들입니다.

오늘 본문 말씀에 나타난 우물가의 여인은 영적인 갈증으로 가득 찬 사람이었습니다. 우연히 예수님을 만난 뒤에 그 여인은 달라졌습니다. 새로운 사람이 되었습니다. 도대체 무슨 일이 있었던 것일까요? 예수님과 여인, 둘 사이에 어떤 대화가 오갔을까요? "사마리아에 있는 수가라 하는 동네에 이르시니 야곱이 그 아들 요셉에게 준 땅이 가깝고 거기 또 야곱의 우물이 있더라 예수께서 길 가시다가 피곤하여 우물곁에 그대로 앉으시니 때가 여섯 시쯤 되었더라 사마리아 여자 한 사람이 물을 길으러 왔으매 예수께서 물을 좀 달라 하시니 이는 제자들이 먹을 것을 사러 그 동네에 들어갔음이러라" (요 4:5-8).

어느 날 예수님이 갈릴리로 가시기 위해서 멀리 돌아가지 않고 가까운 사마리아 땅을 지나가시게 되었습니다. 사마리아는 유대 땅 근처에 있는데, 여기 나오는 세겜 땅은 예루살렘에서 약 65km 떨어진 곳에 있다고 합니다. 에발 산과 그리심 산이 마주하고 있는 곳으로, 옛날에 아브라함이 가나안 땅에 들어가서 돈을 주고 산 땅입니다. 그곳에서 아브라함과 야곱이 제단을 쌓았고, 야곱이 요셉에게 물려준 땅입니다.

왕정 시대에는 북이스라엘 지파가 모여서 여호와를 예배했던 정치와 종교의 중심지였습니다. 그러나 후에 북이스라엘을 멸망시킨 앗수르라는 나라가 이곳에 메데와 페르시아 사람들을 이주시켜서 이스라엘 사람들과 혼인하게 함으로써 혼혈족이 나오게 됩니다. 그래서 유대인들이 '사마리아인이다'라고 하면, 이방의 더러운 피와 섞인 사람들이라는 경멸의 뜻이 포함되어 있습니다. 유대인들과 사마리아인들은 서로 좋아하지 않았고 상종하지도 않았습니다. 여행할 때 사마리아 지방을 통과해서 가지 않는 게 경건한 유대인들의 습관이었습니다.

그러나 예수님은 사마리아를 지나가시다가 사마리아 여인을 만나 대화하십니다. 당시에 유대인들은 집 바깥에서 여인과 만나서 대화하는 것이 금지되어 있었다고 합니다. 심지어 자기 아내와 만나도 말을 붙이거나 아는 척하지 않았다고 합니다. 그런데 바깥 여인에게, 더구나 사마리아 여인에게 말을 거시는 예수님입니다. 그러자 여인이 질문합니다. "사마리아 여자가 이르되 당신은 유대인으로서 어찌하여 사마리아 여자인 나에게 물을 달라 하나이까 하니 이는 유대인이 사마리아인과 상종하지 아니함이러라"(요 4:9). 수가라는 동네에 사는 이 여인은 사람들이 물 길으러 나오는 시간을 피해 한낮에 우물가로 나옵니다. 이곳은 사막이라서 한낮에는 햇볕이 매우 따가워서 서늘할 때 사람들이 물 길으러 옵니다. 예수님은 무척 피곤하셨고 우물곁에 앉으셨는데, 제자들은 양식을 구하러 동네로 들어갔습니다. 그런데 유대인 남자 행색의 예수님이 말을 건네다니, 깜짝 놀랄 일입니다.

예수님이 여인의 질문에 대답하십니다. "예수께서 대답하여 이르시되 네가 만일 하나님의 선물과 또 네게 물 좀 달라 하는 이가 누구인 줄 알았더라면 네가 그에게 구하였을 것이요 그가 생수를 너에게 주었으리라 여자가 이르되 주여 물 길을 그릇도 없고 이 우물은 깊은데 어디서 당신이 생수를 얻겠사옵나이까 우리 조상 야곱이 이 우물을 우리에게 주셨고 또 여기서 자기와 자기 아들들과 짐승이 다 마셨는데 당신이 야곱보다 더 크니이까 예수께서 대답하여 이르시되 이 물을 마시는 자마다 다시 목마르려니와 내가 주는 물을 마시는 자는 영원히 목마르지 아니하리니 내가 주는 물은 그 속에서 영생하도록 솟아나는 샘물이 되리라"(요 4:10-14). 예수님은 처음에는 여인에게 물을 달라고 청했다가, 오히려 이제는 자신이 물을 주시겠다고 하십니다. 그러자 우물가의 여인은 야곱이 판 우물의 물보다 더 좋은 물을 주시겠다는 예수님이 과연 야곱보다 더 큰 자인가를 묻습니다. 예수님은 그 물은 영생하도록 솟아나는 샘물이 될 것이라고 말씀하십니다. 그러자 "여자가 이르되 주여 그런 물을 내게 주사 목마르지도 않고 또 여기 물 길으러 오지도 않게 하옵소서 이르시되 가서 네 남편을 불러 오라 여자가 대답하여 이르되 나는 남편이 없나이다 예수께서 이르시되 네가 남편이 없다 하는 말이 옳도다 너에게 남편이 다섯이 있었고 지금 있는 자도 네 남편이 아니니 네 말이 참되도다"(요 4:15-18). 예수님은 여기서 도대체 무슨 말씀을 하시는 것일까요? 우물가의 여인은 도대체 어떤 여성일까요?

먼저, 우물가의 여인은 영적인 갈증으로 가득 찬 여인이었습니다. TV에서 이온 음료를 광고할 때, "2%가 부족할 때"라는 캐치프레이즈를 사용합니다. 2%가 부족할 때 마시는 음료라는 뜻입니다. 우리 몸은 약 80%가 물로 이루어져 있어서 하루에 약 2리터 정도의 물을 섭취해야 제대로 수분 공급이 이루어집니다. 물을 적게 먹거나 혹 너무 짜게 먹으면 쉽게 갈증이 생깁니다. 그래서 군대에서 한여름에 훈련할 때 뜨거운 햇볕에서 탈진하지 않도록 소금을 먹습니다. 갈증을 해소하기 위해서입니다. 그런데 똑같은 흰색이지만 소금 대신에 설탕을 먹으면 그야말로 야단납니다. 목이 타들어 갑니다. 눈이 뒤집힙니다. 잘못하면 죽습니다. 처음에는 달콤했지만, 나중에는 독입니다.

마찬가지로 세상 사람들은 영혼의 갈증을 다른 것들로 채우고 있습니다. 더 많이 갖고, 더 많이 누리며, 더 큰 힘을 얻으려 합니다. 돈과 명예와 권력과 성욕으로 채우기 위해서 몸부림칩니다. 우리는 TV와 영화와 인터넷과 백화점의 홍수 속에 마구 떠내려갑니다. 특히 홈쇼핑을 보세요. 지금 사지 않으면 당장 무슨 일이 날 것처럼 야단입니다. "2분 남았습니다. 오늘이 2024년 마지막 세일입니다. 다시는 이런 기회가 없습니다." TV 앞에 앉아 있는 사람들의 허기진 욕구를 미끼 삼아 잔뜩 갈증을 일으킵니다. 드디어 참지 못하고 마지막 마감 시간을 30초 앞두고 주문합니다. 그러면 막 타오르던 갈증이 식을 것 같았는데, 화면이 바뀌면 다시 똑같은 일이 반복됩니다. 일종의 쇼핑 중독증이라고 하잖아요? 뇌과학자들은 우리 뇌의 특정 부위에서 물건을 보면 사지 않고는 못 배길 정도로 자극하는 호르몬이 분비된다고 주장합니다. 그래서 어떤 사람은 인터넷쇼핑, 홈쇼핑으로 마구 물건을 구매해 놓고는 집에다 잔뜩 썩히면서 신용불량자가 되기도 한답니다.

성경은 말합니다. "내 백성이 두 가지 악을 행하였나니 곧 그들이 생수의 근원 되는 나를 버린 것과 스스로 웅덩이를 판 것인데 그것은 그 물을 가두지 못할 터진 웅덩이들이니라"(렘 2:13). 세상 사람들이 진정한 생수가 되시는 하나님을 버리고 나름대로 웅덩이를 팠는데, 그것은 물을 가두지 못하고 계속 터져서 새어버리는 웅덩이라는 겁니다. 두 손에 잔뜩 움켜쥐었는데, 어디론가 다 새어나가는 바람처럼 말입니다.

우물가의 여인은 세상의 이것저것에 관심도 가져보고, 이 남편 저 남편을 따라가 보기도 했습니다. 이 사람은 내게 많은 돈을 줄 수 있을 거라고 믿었지만 꽝이었습니다. 제비족이었습니다. 이 사람은 나에게 따스한 사랑의 품이 되어줄 거라고 기대했지만 또 꽝이었습니다. 마구 폭력을 행하는 사람이었습니다. 이 남자는 나를 성적으로 만족시켜 줄 수 있을 거라고 생각했지만 경제적으로 무능한 사람이었습니다. 이 사람은 얼굴짱이요, 몸짱이니 그야말로 사람들 앞에서 내 자존심을 세워 줄 거라고 기대했지만 바람둥이입니다. 이 사람은 마음 하나는 착하니 나를 이해해 주겠지, 그런데 또 꽝입니다. 마마보이처럼 아무것도 혼자서 할 줄 모르는 사람입니다. 결국은 다 헤어지고, 이제 지금은 여섯 번째 남자인데, 딱히 별 특징도 없는 사람하고 만나 교제하는 중입니다. 그 누구도 이 여인을 만족시켜 줄 수 없었습니다. 오죽하면 남편을 다섯이나 갈아치운 여인이라는 손가락질을 받아야 했을까요? 달콤한 설탕을 입에 털어 넣었다가, 그만 약이 아니라 독이 되어버린 삶이었습니다.

어째서일까요? 진정한 물을 마시지 못했기 때문입니다. 갈증의 원인을 제대로 찾지 못했기 때문입니다. 성경은 말합니다. "주 여호와의 말씀이니라 보라 날이 이를지라 내가 기근을 땅에 보내리니 양식이 없어 주림이 아니며 물이 없어 갈함이 아니요 여호와의 말씀을 듣지 못한 기갈이라 사람이 이 바다에서 저 바다까지, 북쪽에서 동쪽까지 비틀

거리며 여호와의 말씀을 구하려고 돌아다녀도 얻지 못하리니"(암 8:11-12). 영생의 물인 하나님의 말씀을 듣지 못할 때 기근이 옵니다. 갈증이 생깁니다. 그것을 알지 못하고 사람들은 생수 대신에 청량음료와 탄산음료로 목을 축입니다. 그것은 잠시뿐, 또 다른 갈증이 찾아옵니다. 무엇이 삶의 진정한 만족인지, 참된 가치인지를 깨닫지 못하기 때문입니다. 우물가의 여인은 삶의 갈증으로 말미암아 실패한 여인이었습니다.

다음으로, 우물가의 여인은 삶의 무의미에 시달리는 여인이었습니다. 소위 "허무 개그"라는 것이 있잖아요? 무언가 진지하게 나올 것 같았는데, 이야기를 듣고 보니 "썰렁"하고 그야말로 허무해집니다. 하루하루를 살다 보면 무언가 나을 것만 같았는데, 밤에 잠자리에 누우면 그야말로 "모든 것이 다 헛되다"라는 느낌으로 가득합니다. 전도서 기자는 말합니다. "헛되고 헛되며 헛되고 헛되니 모든 것이 헛되도다 해 아래에서 수고하는 모든 수고가 사람에게 무엇이 유익한가, 내가 해 아래에서 행하는 모든 일을 보았노라 모두 다 헛되어 바람을 잡으려는 것이로다, 사람이 해 아래에서 행하는 모든 수고와 마음에 애쓰는 것이 무슨 소득이 있으랴 일평생에 근심하며 수고하는 것이 슬픔뿐이라 그의 마음이 밤에도 쉬지 못하나니 이것도 헛되도다"(전 1:2-3, 14, 2:22-23).

우리는 이른 아침에 일어나 허덕이며 열심히 살아갑니다. 저녁이면 우리는 "내가 대체 무엇을 위해 살았나? 이렇게 살아가는 것이 맞는가? 내 삶이 참으로 의미 있는 것인가?" 자신에게 물어보곤 합니다. 우물가의 여인은 답을 찾을 수 없었습니다. 남편을 다섯이나 바꿔 보았어도 마찬가지였습니다. 더구나 동네 사람의 손가락질을 받으며 사람들과 단절된 상태에서 친구 하나 없는 이 여인은 진정한 사랑을 발견하지 못했던 겁니다. 사랑을 주고받아 보지도 못했고, 따스한 위로와 인정과 격려도 받아보지 못했습니다. 여러분! 우리의 삶의 의미는 어디에서 오는 것일까요? 오직 사랑으로부터 옵니다. 사랑하고 사랑받을 때, 우리는 삶의 의미를 느낍니다. 우물가의 여인은 많은 것들을 추구해 봤지만 허사였습니다. 허무가 그 여인의 삶의 방식이었습니다. 삶의 의미를 찾지 못했기 때문입니다.

마지막으로, 우물가의 여인은 참된 것을 찾는 여인이었습니다. 그렇지만 우물가의 여인은 다른 사람과는 달랐습니다. 여인의 영혼 깊은 곳에는 참된 것, 귀한 것, 좋은 것을 찾는 욕구와 소망이 있었습니다. "여자가 이르되 주여 내가 보니 선지자로소이다 우리 조상들은 이 산에서 예배하였는데 당신들의 말은 예배할 곳이 예루살렘에 있다 하더이다 예수께서 이르시되 여자여 내 말을 믿으라 이 산에서도 말고 예루살렘에서도 말고 너희가 아버지께 예배할 때가 이르리라 너희는 알지 못하는 것을 예배하고 우리는 아는 것을 예배하노니 이는 구원이 유대인에게서 남이라 아버지께 참되게 예배하는 자들은 영과 진리로 예배할 때가 오나니 곧 이때라 아버지께서는 자기에게 이렇게 예배하는 자들을 찾으시느니라 하나님은 영이시니 예배하는 자가 영과 진리로 예배할지니라"(요 4:19-24).

여인은 비록 겉으로는 실패한 인생처럼 보였지만, 다른 사람들과는 달리 영적인 관심이 있었던 사람입니다. 하나님을 예배하는 것에 관심이 있었습니다. 당시에 사마리아 사람들은 그리심 산에서 예배를 드려야 하나님께 바르게 예배를 드리는 것이라고 했고, 유대인들은 "아니다. 예루살렘에서 드려야 된다"라고 서로 나뉘어 따로따로 예배를 드렸습니다.

그런데 예수님은 말씀하셨습니다. "장소가 중요한 게 아니다. 두세 사람이 모여도 그 사람들이 하나님 아버지에게 예배를 드린다면 참된 예배가 될 것이다." "두세 사람이 내 이름으로 모인 곳에는 나도 그들 중에 있느니라"(마 18:20). "무엇보다도 언젠가 때가 이르면, 성령 안에서 예수의 이름으로 하나님 아버지께 참되게 예배하게 될 것이다. 하나님은 이렇게 참되게 예배하는 자들을 찾으실 것이다."

이제 마음이 열린 우물가의 여인은 예수님께 종교적인 질문을 던집니다. 여러분! 우리가 위대한 스승을 만나게 되면, 자신이 가장 궁금하게 여기는 것을 질문하겠지요? 달라이 라마라는 세계적으로 유명한 승려가 설법하면, 미국에서도 4, 5만 명씩 모입니다. 수많은 청중이 서로 손을 들고 질문을 하려 합니다. 자기가 가장 중요하게 여기는 관심사를 묻는 것입니다. 우물가의 여인은 예수님을 드디어 선지자요, 선생님으로 인정합니다. 그렇다고 해서 이제 남자 잘 만나는 법, 사나이를 잘 유혹하는 법, 돈 잘 버는 법, 이런 것들을 묻지 않았습니다. "우리가 어디서 예배해야 하나요?" 이것은 매우 종교적인 질문입니다. 여인의 영혼에 심겨 있는 종교의 씨앗이 시들지 않았음을 봅니다. 영적인 갈증이 식지 않은 여인이었음이 틀림없습니다. 그랬기에 예수님의 말씀을 듣고는, 이제 그 여인은 자신의 관심사였던 문제가 풀리자, 물동이를 버리고 동네로 들어가서 사람들에게 예수님을 소개합니다. "여자가 물동이를 버려두고 동네로 들어가서 사람들에게 이르되 내가 행한 모든 일을 내게 말한 사람을 와서 보라 이는 그리스도가 아니냐"(28-29절). 창피도 무릅쓰고, 거절당할 것도 감수하고, 그동안 왕래가 없었던 동네 사람들에게 먼저 가서 예수님을 소개합니다. 비록 예수님의 모든 말씀을 다 이해하지는 못했지만, 이제 자신의 영적인 숙제가 풀리자 비로소 자유롭게 되었습니다. 이전과 다른 새로운 사람이 되었습니다.

왜 우물가의 여인은 이렇게 달라졌을까요? 이는 영생의 물을 주시는 예수님을 만났기 때문입니다.

먼저, 영생의 물을 주시는 예수님은 영적인 갈증을 채우시는 분입니다. 우리 영혼의 공기구멍은 오직 예수님으로만 채워질 수 있습니다. 예수님은 영생하도록 솟아나는 샘물을 주십니다. "예수께서 대답하여 이르시되 이 물을 마시는 자마다 다시 목마르려니와 내가 주는 물을 마시는 자는 영원히 목마르지 아니하리니 내가 주는 물은 그 속에서 영생하도록 솟아나는 샘물이 되리라"(요 4:13-14). 계속해서 다른 곳에서도 말씀하십니다. "나를 믿는 자는 성경에 이름과 같이 그 배에서 생수의 강이 흘러나오리라 하시니"(요 7:38). 일찍이 선지자들도 "나는 목마른 자에게 물을 주며 마른 땅에 시내가 흐르게 하며"(사 44:3a)라고 했습니다. "가련하고 가난한 자가 물을 구하되 물이 없어서 갈증으로 그들의 혀가 마를 때에 나 여호와가 그들에게 응답하겠고 나 이스라엘의 하나님이 그들을 버리지 아니할 것이라 내가 헐벗은 산에 강을 내며 골짜기 가운데에 샘이 나게 하며 광야가 못이 되게 하며 마른 땅이 샘 근원이 되게 할 것이며"(사 41:17-18).

예수님은 영원한 생명의 물입니다. 저 생명수의 강으로부터 날마다 우리에게 생수를 공급해 주십니다. 생수의 근원이시기 때문입니다. "또 그가 수정 같이 맑은 생명수의 강을 내게 보이니 하나님과 및 어린양의 보좌로부터 나와서 길 가운데로 흐르더라 강 좌우에 생명 나무가 있어 열두 가지 열매를 맺되 달마다 그 열매를 맺고 그 나무 잎사귀들은 만국을 치료하기 위하여 있더라"(계 22:1-2). "그들이 다시는 주리지도 아니하며 목마르지도 아니하고 해나 아무 뜨거운 기운에 상하지도 아니하리니 이는 보좌 가운데 계신 어린양이 그들의 목자가 되사 생명수 샘으로 인도하시고 하나님께서 그들의 눈에서 모든 눈물을 씻어 주실 것임이라"(계 7:16-17). 그렇습니다. 예수님은 생수의 근원으로서 우리의 영적인 갈증을 채우시는 분입니다.

다음으로, 영생의 물을 주시는 예수님은 삶의 의미를 주시는 분입니다. 예수님은 우리에게 사랑을 주십니다. 그렇습니다. 결국은 사랑입니다. 우리의 삶의 모든 문제의 정답은 사랑으로부터 옵니다. 우리는 사랑할 때 갈증이 해소됩니다. 우리 영혼의 먹거리는 사랑입니다. 그것은 간식이 아니라 주식입니다. 이 땅의 그 무엇도 사랑보다 의미 있는 것은 없습니다. 예수님은 우리에게 그것을 가르쳐 주시기 위해 이 땅에 찾아오셨습니다. "하나님이 세상을 이처럼 사랑하사 독생자를 주셨으니 이는 그를 믿는 자마다 멸망하지 않고 영생을 얻게 하려 하심이라"(요 3:16). 예수님의 사랑을 발견하고 그 안에 거할 때, 우리는 영생의 물을 공급받게 됩니다. 그리하여 이 세상 것들을 지나치게 사랑하지 않게 됩니다.

요한은 말합니다. "이 세상이나 세상에 있는 것들을 사랑하지 말라 누구든지 세상을 사랑하면 아버지의 사랑이 그 안에 있지 아니하니 이는 세상에 있는 모든 것이 육신의 정욕과 안목의 정욕과 이생의 자랑이니 다 아버지께로부터 온 것이 아니요. 세상으로부터 온 것이라 이 세상도, 그 정욕도 지나가되 오직 하나님의 뜻을 행하는 자는 영원히 거하느니라"(요일 2:15-17). 허무한 이 세상 한복판에서 우리가 죽지 않고 살 수 있는 것은, 오직 사랑 그 자체이신 예수님이 우리의 삶의 의미일 때만 가능합니다. 매일의 삶의 방향과 목적을 인도해 주시고 우리의 삶의 가치를 가르쳐 주시기 때문입니다.

마지막으로, 영생의 물을 주시는 예수님은 참된 분입니다. 예수님은 우리에게 삶의 참된 것을 가르쳐 주십니다. 참된 지혜와 지식은 하나님을 바르게 예배하고 아는 것입니다. 우리가 하나님을 예배할 때, 진리 가운데 있게 됩니다. 이는 오직 예수님 안에 있을 때 가능합니다. "또 증거는 이것이니 하나님이 우리에게 영생을 주신 것과 이 생명이 그의 아들 안에 있는 그것이니라 아들이 있는 자에게는 생명이 있고 하나님의 아들이 없는 자에게는 생명이 없느니라"(요일 5:11-12). "내 아버지의 뜻은 아들을 보고 믿는 자마다 영생을 얻는 이것이니 마지막 날에 내가 이를 다시 살리리라 하시니라"(요 6:40). 그렇습니다. 우물가의 여인은 영생의 물을 주시는 예수님을 만나서 영혼의 공기구멍을 채우게 되었습니다. 거짓된 공기가 아니라 영원한 생명을 주시는 진짜 공기가 주입되었습니다. 그것이 채워질 때만 참으로 우리는 하나님을 예배하고 섬기며 사랑할 수 있습니다. 아무리 우리의 영혼에 종교의 씨앗이 심겨 있어도 영생의 물이 부어지지 않으면 자랄 수 없습니다. 아무리 공기구멍이 크다 해도 채워지지 않으면 소용이 없습니다. 참된 것을 찾았던 우물가의 여인은 드디어 영생의 물에 몸을 적셨습니다. 진짜 생명의 공기에 접촉되었습니다. 자유를 얻게 되었습니다.

이사야는 우리에게 외치고 있습니다. "오호라 너희 모

든 목마른 자들아 물로 나아오라 돈 없는 자도 오라 너희는 와서 사 먹되 돈 없이, 값없이 와서 포도주와 젖을 사라 너희가 어찌하여 양식이 아닌 것을 위하여 은을 달아주며 배부르게 하지 못할 것을 위하여 수고하느냐 내게 듣고 들을지어다 그리하면 너희가 좋은 것을 먹을 것이며 너희 자신들이 기름진 것으로 즐거움을 얻으리라 너희는 귀를 기울이고 내게로 나아와 들으라 그리하면 너희의 영혼이 살리라"(사 55:1-3a). "너희는 여호와를 만날 만한 때에 찾으라 가까이 계실 때에 그를 부르라"(사 55:6). 오늘 우물가의 여인처럼 헛된 것을 찾아 헤매던 우리도 영생의 물을 주시는 예수님 앞으로 나아가지 않으시렵니까? 그리하여 참된 자유를 얻게 되시길 바랍니다.

𝄞 함께 찬양드립니다.

우물가의 여인처럼 난 구했네 헛되고 헛된 것들을
그때 주님 하신 말씀 내 샘에 와 생수를 마셔라
오 주님 채우소서 나의 잔을 높이 듭니다
하늘 양식 내게 채워 주소서 넘치도록 채워 주소서

많고 많은 사람들이 찾았었네 헛되고 헛된 것들을
주 안에 감추인 보배 세상 것과 난 비길 수 없네
오 주님 채우소서 나의 잔을 높이 듭니다
하늘 양식 내게 채워 주소서 넘치도록 채워 주소서

내 친구여 거기서 돌아오라 내 주의 넓은 품으로
우리 주님 너를 반겨 그 넓은 품에 안아 주시리
오 주님 채우소서 나의 잔을 높이 듭니다
하늘 양식 내게 채워 주소서 넘치도록 채워 주소서

3. 향유를 부은 여인

(요 12:1-8)

여러분! 간혹 어느 집에 식사 초대를 받으신 적이 있는지요? 요즘에는 음식 준비가 귀찮고 번거롭다고 해서 보통은 식당에서 식사 접대를 하곤 합니다. 그러나 예나 지금이나 동서를 막론하고 아주 귀한 손님을 대접할 때는 집에서 음식을 준비합니다. 이렇게 자기 집을 개방한다는 것은 손님과 매우 가까운 사이든지 아니면 특별한 관계를 맺고 싶은 경우입니다.

예수님이 돌아가시기 얼마 전에 식사 초대를 받으셨습니다. 예루살렘 근처의 베다니라는 동네에 사는 시몬이라는 사람의 집이었습니다. 이곳은 죽은 나사로가 무덤에서 다시 살아난 곳입니다. 시몬은 이전에 문둥병 환자였는데, 예수님에게서 고침을 받은 사람이었습니다. 전설에 따르면, 시몬이 나사로의 부친이었다, 혹은 마르다의 남편이었다는 얘기들도 있습니다. 그 시몬의 집에서 예수님을 위하여 잔치를 벌입니다. 아마도 죽은 나사로를 다시 살려주신 것에 감사하고 축하하는 잔치였을 겁니다. 예수님이 주인공이십니다. 마르다는 음식을 만들기 위해서 주방 봉사를 하고, 나사로는 예수님과 제자들과 함께 앉아 음식을 먹을 준비를 하고 있습니다. 그때 마리아는 이런 행동을 했습니다. "지극히 비싼 향유 곧 순전한 나드 한 근을 가져다가 예수의 발에 붓고 자기 머리털로 그의 발을 닦으니 향유 냄새가 집에 가득하더라"(요 12:3). 오늘 말씀은 마리아가 예수님에게 향유를 부은 사건입니다.

이스라엘에서는 식사할 때 다리를 쭉 뻗고 왼쪽으로 기대어 앉습니다. 서로의 발이 잘 보입니다. 더운 나라이고 사막 기후이기에 샌들을 신고 다녀서 대부분 발이 더러워져 있습니다. 따라서 주인이 손님을 정중히 환대하기 위해서는 발 씻을 물을 먼저 떠다 주어야 합니다. 그리고 주인이 손님 볼의 양쪽에든지 아니면 한쪽에다가 입을 맞추어야 합니다. 이는 "나는 당신을 진심으로 환영합니다"라는 뜻입니다. 맨 마지막으로 손님이 앉으면, 기름을 내어다가 솜에 묻혀서 머리에 발라 드리기도 하고 기름을 부어 드리기도 합니다. 참 특이하지 않나요? 이것이 이스라엘에서 손님을 환영하는 절차이며, 이스라엘의 풍습입니다.

그런데 정작 손님을 초대한 주인인 시몬은 이러한 환대의 절차를 밟지 않았나 봅니다. 발 씻을 물도 주지 않았고, 머리에 기름을 붓지도 않았습니다. 마리아는 이 모습을 지켜보고는, 자신의 향유가 든 옥합을 깨뜨렸습니다. 옥합은 입구와 목이 가늘고 긴 모양을 한 둥근 병인데, 향유를 사용하려면 뚜껑이 밀봉되어 있기 때문에 목과 뚜껑을 깨뜨려야 합니다. 나드 기름은 당시에 매우 귀한 것이었습니다. 주로 인도에서 자라는 나르도 스타키스 자타만시라는 식물에서 채취한 것인데, 가격도 매우 비쌉니다. 본문에 보면 그 값이 300데나리온에 해당한다고 했습니다. 한 데나리온은 노동자 한 사람의 하루 품값이니, 안식일을 빼면 거의 일 년 품삯과 맞먹는 셈입니다. 요즘 돈으로 환산하여 하루 일당을 10만 원으로 치면, 약 3,000만 원에 가까운 돈입니다. 그러므로 마리아에게는 향유 든 옥합이 매우 소중한 것이었습니다. 어쩌면 그녀의 결혼자금이었는지도 모릅니다. 그렇게 소중한 것으로 예수님의 머리에 부었을 뿐 아니라 그것이 흘러 발까지 내려왔고, 자기 머리털로 예수님의 발을 씻어 드렸습니다. 어찌나 그 향기가 진하든지 온 집안에 가득하다고 했습니다.

어느 해 여름에 있었던 일입니다. 어느 젊은 대학생이 교회에서 여름 수련회 기간에 중고등부 학생들을 데리고 물놀이하고 있었다고 합니다. 그런데 갑자기 어떤 어린아이가 물에 빠져 떠내려가는 것을 보고 사촌 형과 함께 물속으로 뛰어들었습니다. 결국에는 그 아이를 구하고 자신은 물에 빠져 죽었습니다. 익사 사고가 난 겁니다. 놀라운 것은 사람들이 죽은 대학생의 주변에 모여들었는데, 그 아이의 엄마는 물에서 건져낸 자신의 아이를 데리고 어디론가 사라져 버렸습니다. 시간이 흐른 후 TV에서 죽은 대학생의 어머니와 누나가 이렇게 말하는 것을 들었습니다. "우리는 어떤 보상을 바라는 게 아닙니다. 우리 아이는 비록 그렇게 갔지만, 그 살아난 아이의 엄마가 한 번이라도 찾아와서 고맙다는 말 한마디라도 해 주면 좋겠습니다." 그 아이의 엄마는 아마 큰 보상을 요구받게 될 것이 두려워서 나타나지 못하는지도 모르겠습니다. 그렇지만 사람이라면 최소한 고맙다는 말 한마디는 할 수 있어야 하는데, 무척 아쉽습니다. 감사가 사라진 시대입니다.

제게 선한 영향을 주셨던 목사님이 늘 하시던 말씀이 있습니다. "어떤 사람이 인격적인 사람인가를 알려면, 그 사람이 감사하는 사람인가를 보라." 그렇습니다. 감사는 그 사람의 인격을 나타냅니다. 한 사람의 인격 성숙도는 감사의 수준과 정도에 놓여 있습니다. 심지어 말하지 못하는 짐승도 때로 주인의 사랑과 배려에 감사하지 않나요?

이전에 죽었던 나사로가 무덤에서 다시 살아난 놀라운 일을 겪은 후에, 마리아는 그 고마움을 어떻게 달리 표현할 방법이 없었습니다. "예수님! 고맙습니다." 이렇게 입술로만 마디를 한들 그 은혜를 다 갚을 수 있을까요? 마리아는 자기에게 가장 귀한 재산목록 1호인 옥합을 깨뜨려 예수님에게 감사를 표현했습니다. 다른 그 무엇도 아닌 오빠의 생명을 다시 되돌려주신 예수님의 은혜를 갚을 길은 그 방법밖에는 없었습니다. 더 크고 귀한 것을 받았기에, 그것보다 덜한 것은 얼마든지 드릴 수 있었습니다.

예수님의 은혜를 받은 자는 감사할 수 있습니다. 우리를 위하여 자기 몸을 드리신 그 거룩한 행동을 생각할 때마다 감사하지 않을 수 없습니다. 굳이 그 길을 선택하지 않으실 수도 있었는데, 기꺼이 자기 살을 찢기시고 피를 흘려 십자가에 달려 돌아가심으로 우리를 사랑하셨던 예수님의 은혜로운 행동이 우리를 감동하게 합니다. 자신의 생명으로 우리의 생명을 다시 살리신 그 값진 행동을 우리가 무엇으로 보답할 수 있을까요? 우리 생명을 드리는 일 말고는 달리 갚을 길이 없습니다.

여러분! 우리 생명의 값어치는 얼마나 될까요? 제 몸값이 얼마나 될까요? 유명 연예인이 CF 하나 찍으면 10억 원을 받는다고 하잖아요? 그러니 최소한 몸값이 10억 원 이상은 되겠지요? 걸어 다니는 기업이라고 하는 아이돌은 한 해에만 수백억 원을 번다고 합니다. 세계 최고 부자인 빌 게이츠 마이크로 소프트 사장은 재산이 수천조 원 이상이 됩니다. 적어도 그 사람의 몸값은 자기의 재산 이상이지 않을까요? 그렇다고 해서 저의 생명과 빌 게이츠 생명의 값이 차이가 나는 건 아닙니다. 물론 생명 보험 회사는 사람의 값을 매깁니다. 그러니 비행기 사고가 나서 죽거나 교통사고가 나서 죽으면, 똑같이 죽었어도 보상금이 다릅니다.

그들의 계산법이 있습니다. 연봉이 얼마인가, 노동이 가능한 사람인가 아닌가, 앞으로 얼마나 더 살 수 있는 사람인가에 따라서 사람값이 달라집니다.

그러나 저의 생명과 빌 게이츠의 생명은 똑같습니다. 저의 생명의 값은 수천조 원, 아니 그 이상보다 더 많습니다. 하나밖에 없는 생명의 값은 이 세상의 그 무엇과도 비교할 수가 없습니다. 사람의 생명은 천하보다 귀하다고 했습니다. 하늘과 땅을 다 주어도 못사는 것이 사람의 생명입니다. 그 생명을 주신 분이 우리의 하나님입니다. 죽을 수밖에 없던 나를 다시 살리사 영원한 생명을 허락하신 분이 우리의 예수님입니다. 날마다 생명의 길로 인도하시는 분이 우리의 성령님입니다. 그래서 우리는 찬양하지 않을 수 없습니다. "성자의 귀한 몸 날 위하여 버리신 그 사랑 고마워라 내 머리 숙여서 주님께 비는 말 나 무엇 주님께 바치리까 / 만 가지 은혜를 받았으니 내 평생 슬프나 즐거우나 이 몸을 온전히 주님께 바쳐서 주님만 위하여 늘 살겠네."

성도 중에 예수님께 자신의 돈을 헌금하는 분들이 많습니다. 그것은 참으로 놀라운 일입니다. 눈에 보이지 않는 분에게 감사한다는 것은 그리 쉬운 일이 아닙니다. 게다가 이 세상에서 가장 필수적이고 소중한 돈을 드린다는 것은 대단한 일입니다. 제가 아는 어느 교인이 식당을 운영하는데, 김밥과 한식을 주로 합니다. 그분의 믿음이 얼마나 순수한지 모릅니다. 요즘 경기가 참 어렵잖아요? 그런데 바로 맞은편에 김밥과 한식을 저렴하게 파는 프랜차이즈 식당이 들어섰습니다. 그럼에도 그 집사님의 식당이 오히려 이전보다 더 장사가 잘된다고 합니다. 이유를 물어보니, 그분은 하나님께 헌금을 드리는 것을 매우 기뻐하는 분이었습니다. 매일 저녁 십일조를 떼어 주일에 드리는 것이 유일한 낙이랍니다. 남편은 중풍으로 9년째 쓰러져 있는데, 하루에 24시간 영업을 하면서도 예배를 드리러 가는 주일만 손꼽아 기다린다고 합니다.

장사하는 분들이 월급쟁이보다 훨씬 더 인색할 때가 많습니다. 어째서 그럴까요? 피를 말려가면서 한 푼 두 푼 모은 것을 쉽게 쓰지 못합니다. 그것을 하나님께 아낌없이 드리는 것은 대단한 일이 아닐 수 없습니다. 그러나 생각해 보세요. 수천조 원 생명을 내게 주신 하나님께 우리가 드리는 것은 하나님에게는 사실 껌값도 안 됩니다. 우리가 평생 헌금을 아무리 열심히 한다 해도 수천조 원이 되겠습니까?

아마도 다 못 갚고 죽을 겁니다. 그러므로 마리아는 그 예수님의 은혜에 감사하여 자신의 전 재산을 다 드렸습니다. 어쩌면 이제부터는 빈털터리가 될 수도 있습니다. 그러나 천하보다 귀한 오빠의 생명을 다시 돌려주신 예수님께 드릴 수 있는 최상의 예물을 드렸습니다.

이렇게 마리아는 이루 값을 헤아릴 수 없는 은혜를 자신의 전 재산을 드려 갚고자 했습니다. 그것만이 아닙니다. 그녀가 보여준 참된 예배의 모습은 아름답기까지 합니다. 예수님께 돈을 드리는 것이 그렇게 쉬운 일은 아니지만, 그보다 더 귀한 것은 마음을 드리는 겁니다. 마리아는 예수님의 머리에 향유를 붓고 난 후에 자신의 머리털로 예수님의 발을 씻겨 드렸습니다. 당시 유대 사회에서 여인의 머리털은 그 여인의 인격을 상징하는 것이었다고 합니다. 그러니 마리아가 자신의 머리털로 예수님의 발을 씻겨 드렸다는 것은, 예수님을 위해 모든 수치심을 다 잊고 자신의 모든 존재를 다 드렸다는 겁니다. 엎드려 경배하는 것과도 같습니다. 전적인 헌신을 뜻합니다.

예수님은 말씀하셨습니다. "네 마음을 다하고 목숨을 다하고 뜻을 다하여 주 너의 하나님을 사랑하라"(마 22:37).

여러분! 사랑한다는 건 무엇일까요? 그건 심장이 움직이는 것입니다. 가슴으로 하는 것입니다. 마리아는 예수님에 대한 감사와 사랑으로 가슴이 움직였습니다. 그리하여 그녀의 온몸이 그 사랑을 표현하게 되었습니다. 자신의 머리털로 예수님의 더러운 발을 씻기까지 낮은 자세를 취하게 되었습니다. 그것은 전인격적인 헌신입니다. 지성과 감성과 의지를 드린 것입니다. 마음과 목숨과 뜻과 힘을 다한 예배입니다.

저는 요즘에 찬송을 드릴 때면 가끔 입을 다물고 찬송을 부르지 못할 때가 있습니다. 특히 찬송가 가운데, "내 죄 속해 주신 주께 힘과 정성 다하니 나의 온갖 언행심사 주를 위한 것일세 내게 있는 모든 것을 주를 위해 바치리 내게 있는 모든 것을 주를 위해 바치리 / 나의 손과 발을 드려 주의 명령 행하고 오직 주만 바라보며 주만 찬양하겠네 항상 주를 찬송하며 이 몸 바치오리다 항상 주를 찬송하며 이 몸 바치오리다", "날 대속하신 예수께 내 생명 모두 드리니 늘 진실하게 하소서 내 구주 예수여 나 구주 위해 살리라 내 기쁨 한량 없으리 내 갈 길 인도하소서 내 구주 예수여"라는 가사의 찬송을 부르기가 참 어렵습니다. 도대체 얼마큼 나는 예수님께 나의 마음과 뜻과 힘을 드리는지 궁금합니다. 입술로는 다 드린다고 하면서도, 행동과 진실함으로는 전혀 못 드리는 하루하루가 아닐런지요.

예수님을 때로 이용하고 그분으로부터 무엇인가를 끊임없이 얻어내려고 할 뿐, 내게 주어진 것들을 감사하며 기꺼이 예수님께 드리는 일에 턱없이 게으른 나는 아닌지요? 하나님의 저울에 달아본다면, 나의 드림은 어느 정도가 될까요? 늘 모자라지 않나요? 언제 한 번 제대로 나의 머리털로 예수님의 발을 씻겨 드린 적이 있었나요? 나의 지성과 감성과 의지가 통째로 예수님 앞에 낮아져서 오직 예수님만을 위하여 쓰임 받은 적이 있었나요? 조금 떼어 드리면서도 아까워서 벌벌 떨었던 인색함은 없었나요?

마리아는 그녀에게 가장 귀한 마음을 예수님에게 드렸습니다. 그러자 갑자기 무리가 술렁이기 시작했습니다. 특히 예수님의 제자 가운데 가룟 유다가 "이 향유를 어찌하여 삼백 데나리온에 팔아 가난한 자들에게 주지 아니하였느냐"(12:5)라고 말했습니다. "이렇게 말함은 가난한 자들을 생각함이 아니요 그는 도둑이라 돈궤를 맡고 거기 넣는 것을 훔쳐 감이러라"(12:6). 마리아의 행위에 대해 대놓고 비난하기 시작합니다. 예수님에게 비싼 향유를 붓는 대신에, 그것으로 가난한 사람들을 구제할 수 있다고 합니다. 마리아의 헌신을 헛된 낭비라고 생각하고 있습니다. 사실 그렇지 않나요? 오늘도 굶주린 노숙자들에게는 밥이 필요합니다. 한 번 붓고 말아버릴 향유를 팔아 3,000만 원 정도가 된다면, 그것으로 노숙자 100명을 한 달 정도 먹여 살릴 수 있지 않습니까? 그것이 평소에 예수님이 가르치신 가난한 자를 생각하라는 뜻에 더 부합되는 것이 아닐까요? 가룟 유다의 생각에도 일리가 있지 않나요?

그런데 예수님은 말씀하십니다. "예수께서 이르시되 그를 가만두어 나의 장례할 날을 위하여 그것을 간직하게 하라 가난한 자들은 항상 너희와 함께 있거니와 나는 항상 있지 아니하리라 하시니라"(요 12:7-8). 무슨 뜻인가요? 예수님은 마리아의 행동을 귀하게 여기셨습니다. 감사와 사랑의 행위를 통해 매우 큰 기쁨을 얻으셨습니다. 그 행동을 예수님의 장례식을 위한 준비였다고 해석하십니다. 이스라엘은 예로부터 머리에 기름 부음을 받는 사람이 정해져 있지 않습니까? 왕이나 제사장, 그리고 선지자들이 머리에 기름 부음을 받았습니다. 마리아는 단순하게 자신의 감사와 사랑의 마음을 담아 손님에게 머리에 기름을 부었지만, 예수님은 마리아가 왕이요 제사장이며 선지자이신 자신의 머리에 기름 부은 사건으로 해석하십니다. 이제 곧 십자가에서 죽고 부활하실 예수님은 이스라엘의 왕이요, 만인의 제사장이며, 영원한 선지자로 등극하실 것인데, 마리아가 이를 준비했다고 말씀하십니다. 비록 마리아는 자기 행동의 의미를 깨닫지 못했지만, 그 사건이 의미하는 상징을 예수님이 말씀해 주셨습니다. 이는 모든 사람을 구원하기 위한 십자가의 죽음, 곧 우주적 사건의 예표입니다.

때로 우리의 헌신과 봉사는 사람들의 오해를 사기도 합니다. 사람들은 자기 나름대로 평가하기 좋아합니다. 자신의 관심에 따라 상대를 이해하기 때문입니다. 예수님의 제자들 가운데 가룟 유다는 당시에 재정회계였습니다. 돈을 맡은 자였습니다. 그래선지 모든 걸 돈과 관련지어 생각합니다. 사사건건 돈과 관계되어 머리가 돌아갑니다. 오늘 성경을 기록한 요한은 가룟 유다의 속셈이 사실은 3,000만 원이라는 거액에 욕심이 있었으며, 이미 그동안 슬쩍슬쩍 예수님이 맡기신 돈을 빼돌렸음을 말해줍니다.

그렇습니다. 우리가 유난히 버럭 화를 내는 것은 우리가 바로 그것에 관심을 쏟고 있기 때문입니다. 한 푼이라도 더 모아야겠다고 생각하고 있던 가룟 유다에게 마리아의 행동은 그야말로 어리석고 헛된 낭비, 그 자체였습니다. 충격입니다. 오히려 그 마음을 감추려고 그럴듯한 명분을 내세웁니다. 가난한 사람들을 구제하는 일에 쓰면 더 효과적일 거라고 말입니다. 선행을 가장한 비난입니다.

우리의 봉사와 헌신을 사람들이 몰라줄 때도 많습니다. 자신들의 눈으로 우리를 바라보기 때문입니다. 교회에서 열심히 일하면, "혹시 장로 되려고 저러는 것 아냐? 여전도회 회장 하려고 미리 운동하는 것 아냐? 목사님에게 잘 보이려고 그런 것 같아." 이러면서 수군댑니다. 우리의 행동에 사사건건 시비를 걸기도 합니다. 헌금을 많이 드리면 그것도 흉을 봅니다. "애들 교육은 어쩌려고 무조건 갖다 바친대." 교회에서 시간을 많이 드리면, "아예 교회에서 사네, 살아"라고 하면서 우리가 헌신하는 동기를 의심하며 자신이 하지 못하는 일을 하는 사람들에게 오히려 등을 돌립니다. 그래서 우리는 때로 상처받기도 합니다. 칭찬하고 격려해 주어도 모자란 사람들이 가룟 유다처럼 화를 내며 다가올 때도 있습니다.

그러나 예수님은 그렇지 않으십니다. 마리아는 자기 행동에 숨겨진 깊은 뜻을 미처 알지도 못했지만, 예수님은 그것을 꿰뚫어보셨습니다. 마리아는 자신의 전 재산을 드려 예수님의 장례를 준비함으로써, 비록 가난한 노숙자들을 먹여 살린 것은 아니었지만 온 인류의 구원을 위해 봉사하였습니다. 옥합을 깨뜨려서 팔아 가난한 노숙자들을 먹여 보았자 겨우 100명을 30일 정도, 한 사람을 300일 정도 도와줄 수 있습니다. 그러나 예수님께 드림으로써, 예수님의 죽음으로 말미암아 온 인류의 생명을 살리는 일에 동참할 수 있었습니다. 그래서 예수님은 "가난한 자들은 항상 너희와 함께 있거니와 나는 항상 있지 아니하리라"(8절)라고 말씀하셨습니다. 이는 가난한 사람들에게 마음을 쓰지 말고 또 그들을 도와주지 말라는 것이 아닙니다. 그들은 우리와 함께 있어 언제든지 손을 펴고 도울 수 있지만, 이제 곧 십자가로 향하는 예수님의 발길은 한 번뿐이요, 그 거룩한 행동을 준비하는 것도 단 한 번뿐이라는 말씀입니다.

여러분! 예수님을 향한 순수한 열정과 사랑이 있다면, 사람들의 오해와 비난에 흔들리지 마세요. 사람들을 두려워하지 마세요. 세상 사람들은 알아주지 않아도 예수님은 모든 걸 아신다는 사실에 안심하세요. 우리의 속뜻이 선한 것이라면 결단코 굽히지 마세요. 사람들의 그럴듯한 명분에 속아 넘어가지 마세요. 오히려 하나님의 거룩하신 뜻을 먼저 생각하세요. 그 뜻에 자신을 드리세요. 우리가 행하는 작은 헌신이 때로는 예수님께 매우 큰 것이 될 수도 있음을 기억하세요. 사실 마리아는 자신의 기름 부음이 예수님의 장사를 준비하는 것이 될 수도 있다는 것을 전혀 상상하지 못했을 것입니다. 물론 그 자리에 있던 제자들도 까마득히 몰랐습니다. 그런데 예수님은 마리아의 행동을 단순한 감사와 사랑의 행위를 넘어서 자신의 십자가 사건과 연관시키십니다. 마리아의 행위를 하나의 아름다운 선행 정도가 아니라, 복음이 전파되는 곳마다 영원히 기념하도록 승화시켜 주셨습니다. 마가복음의 같은 본문은 말합니다. "내가 진실로 너희에게 이르노니 온 천하에 어디서든지 복음이 전파되는 곳에는 이 여자가 행한 일도 말하여 그를 기억하리라 하시니라"(막 14:9). 실제로 예수님의 말씀처럼 지난 2천 년 동안 복음이 전파되는 곳에서는 옥합을 깨뜨린 마리아의 이야기가 계속 선포되고 있습니다. 마리아의 행동이 기억되고 있습니다.

때로 우리가 행하는 감사와 사랑과 헌신의 행위가 예수님의 마음을 크게 얻을 수 있습니다. 그 뜻이 무엇인지도 모르고 그저 순종하는 마음으로 행하는 헌신이 하나님께 오래오래 기억될 수 있습니다. 우리 눈에는 작고 사소한 것처럼 보인다고 할지라도, 하나님 앞에서는 가장 귀하고 큰 기쁨이 될 수 있습니다. 우리의 작은 헌신이 하나님의 큰 계획과 섭리 속에서 아름답게 사용될 수도 있습니다. 그러므로 하나님 앞에서는 헌신에 있어서 크고 작음의 차이가 없습니다. 단지 우리의 눈에 그렇게 보일 뿐입니다. 우리의 헌신에 대해서 하나님은 반드시 응답해 주십니다.

마리아는 그저 오빠를 다시 살려 주신 예수님에 대한 감사와 사랑으로 가득 차서 자신의 전 재산을 다 드렸습니다. 재산만이 아니라 자신의 전 존재를 마음과 힘을 다하여 드렸습니다. 그것이 예수님의 마음에 쏙 들었습니다. 본의 아니게 영원한 구원의 십자가의 길을 예비하게 되었습니다. 가룟 유다를 비롯한 제자들은 헛된 낭비라고 화를 내며 비난했지만, 예수님은 그렇지 않으셨습니다. 오히려 마리아의 행동이 영원히 기억되리라고 말씀하셨습니다.

여러분은 예수님께 무엇을 드렸나요? 무엇을 드리길 원

하나요? 아직도 아까운 마음이 여전히 마음에 자리 잡고 있나요? 돈과 함께 마음과 힘도 드리고 있나요? 입술과 혀의 봉사만으로 하나님을 만족시켜 드리려고 하지 않나요? 때로 하나님의 시선보다 사람들의 오해와 비난을 더 두려워하지는 않나요? 우리의 작은 봉사와 헌신이 옥합을 깨뜨려 향유를 부은 마리아의 행동처럼 하나님께 기억되고 사람들에게도 기억되는 아름다운 드림이 되길 소원합니다. 나의 옥합은 무엇입니까? 언제 어떻게 깨뜨릴 것입니까? 향유를 부어 예수님의 머리뿐 아니라 발까지도 씻겨 드릴 각오가 되어 있습니까?

𝄞 함께 찬양드립니다.

내게 있는 향유 옥합 주께 가져와
그 발 위에 입 맞추고 깨뜨립니다
나를 위해 험한 산길 오르신 그 발
걸음마다 크신 사랑 새겨 놓았네

내게 있는 향유 옥합 주께 가져와

그 발 위에 입 맞추고 깨뜨립니다
나를 위해 십자가에 달리신 그 발
흘린 피로 나의 죄를 대속하셨네

내게 있는 향유 옥합 주께 가져와
그 발 위에 입 맞추고 깨뜨립니다
주님 다시 이 땅 위에 임하실 그때
주의 크신 사랑으로 날 받아 주소서

4. 구원이 이 집에 이르렀으니

(눅 19:1-10)

여러분! 살아오면서 혹시 막차를 타보신 적이 있나요? 그날 막차를 놓치면 다음 날을 기다려야 하고 마땅히 머물 곳도 여의찮은데, 그만 몇 분 차이로 막차를 놓쳐버렸을 때의 난감함을 겪어 보셨나요? 다행스럽게도 간발의 차이로 막차에 올라탔을 때의 기분 또한 대단합니다. 적어도 그 순간만큼은 인생의 모든 걸 다 이룬 것처럼 흐뭇하고 만족스러울 것입니다. 오늘 본문 말씀은 구원의 막차 탄 사나이가 등장합니다. 예수님의 공생애 3년 반이 끝나갈 무렵, 십자가에서 돌아가시기 직전 마지막 주간에 마지막 기회를 잡은 사람이 있습니다.

어느 날 예수님께서 여리고를 통과해서 지나가게 되었습니다. 예수님께서 마지막으로 유월절 기간에 예루살렘에 오르시기 직전에 통과해야 할 지역이 바로 여리고였습니다. 실제로 예수님은 공생애 기간 수많은 사람과 무리를 만나셨습니다. 예수님을 만났던 사람들에게는 크고 작은 변화가 일어났습니다. 어떤 사람에게는 치유와 회복이 이루어졌고, 어떤 사람에게는 삶의 진정한 의미가 생겼으며, 어떤 사람들에게는 관계의 회복이 이루어지기도 했습니다. 바로 여리고에서 그러한 변화의 삶을 경험하게 된 구원의 막차 탄 사람이 있었으니, 그 이름은 삭개오입니다.

삭개오는 원래 헬라어 "작카이오스"에서 온 말입니다. 이는 '순결한', '무죄한'이라는 뜻이 있는 히브리어 '작카이'에서 유래된 것으로, '깨끗한 자', '의로운 자'라는 뜻입니다. 그러나 삭개오는 예수님을 만나기 전에는 그 이름대로 살지 못했습니다. 이름의 값을 못했다는 말입니다. '허가받은 도둑'이었습니다.

삭개오는 세리장이었습니다. 당시에 여리고는 세금을 거두는 관리들이 로마로부터 파견되어 늘 상주하고 있었습니다. 세리들은 요단강 동편 지역에서 유대 땅으로 들어오는 물품에 대해서 통관세를 받는 일을 했습니다. 삭개오는 세리들의 우두머리였습니다. 요즘 말로는 국세청의 여리고 지청장 정도 될 것입니다. 당시 이스라엘은 로마의 식민지였지 않습니까? 로마제국은 각 지역의 총독을 두고 그 관할 하에 세리가 세금을 거두도록 했습니다. 그들은 유대인 세리들을 뽑아서 자기 백성으로부터 세금을 걷어 로마 당국에 내도록 일정량을 배분하여 할당했습니다.

로마 당국에 내는 세금은 유대인들에게는 커다란 부담과 고통이었습니다. 왜냐하면 유대인 세리들은 할당량을 채우기 위해서 갖은 방법을 동원했고, 대부분 그 정한 양 이상의 세금을 추징하고 남는 것을 착복하는 수법을 사용했기 때문입니다. 이중의 착취가 이루어졌습니다. 따라서 대체로 세리들은 부자가 되었는데, 로마 당국과 유대인들 사이에서 단순히 생계를 유지할 뿐 아니라 커다란 부를 축적하는 일종의 계급을 형성했습니다. 그러므로 로마 당국에 대해서는 충복이 될 수 있었지만, 유대인들에게는 원성의 대상이 되었습니다. 매국노요 강도와도 같은 존재입니다.

당시 유대인들은 세리를 사람으로 취급하지 않았습니다. 세리들과는 함께 앉아 어울리지도 않았으며, 식사도 같이 하지 않았습니다. 세리가 지나가면 멀리 서서 멸시에 찬 시선으로 응시하며 아예 외면해 버리는 게 일상이었습니다. 유대인들은 세리들이 '선택된' 이스라엘 백성이 아니라고, 하나님 나라에 들어올 수 없는 자들이라고 아예 못을 박았습니다. 세리들은 동족이 아니며, 마치 이방인과도 같은 존재요, 창녀와도 같은 죄인들이었습니다. 그래서 유대인들 가운데 세리와 창기들은 자기들끼리 어울릴 수밖에 없었습니다. 왜냐하면 세상 사람들이 그들을 상대해 주지 않았기 때문입니다. 세리와 같은 죄인들과 교제하는 것을 수치로 알았고, 그렇게 되면 그들과 같은 부류로 여겨지게 되는 것이기에 자기 집에 초대한다거나, 또는 세리의 집에 놀러 간다는 것은 상상도 하지 못할 일이었습니다. 세리들은 유대인 사회에 소속될 수 없었습니다. 부와 권력은 가졌으나, 사회적으로는 주변인들이었습니다. 로마인들과도 어깨를 나란히 하여 어울릴 수 없었을 뿐 아니라 유대인들에게서도 배척당하는, 어느 사회에도 끼어들 수 없는 소외된 사람들이었습니다.

물론 그들에게도 기회는 주어졌습니다. 요단강에서 회개를 외치며 세례를 베풀었던 세례 요한 앞에 많은 세리가 찾아왔었기 때문입니다. 누가에 의하면, 세리들이 세례를 받고 싶어 세례 요한에게 와서, "우리가 무엇을 해야 할까요?"라고 물었습니다. 그때 요한은 "정한 세금 외에는 거두지 말라"고 대답했습니다. 이제까지는 착취와 착복을 일삼았던 세리들에게 그렇게 살지 말라고 권유하였습니다. 이때 적지 않은 세리들이 세례를 받고 자신의 행위를 돌이켰음직합니다. 그랬기에 세례를 받고 회개의 삶을 살기 시작한 그들은 누구보다도 예수님의 말씀을 적극적으로 받아들일 수 있었을 것입니다. 실제로 예수님의 열두 제자 중에 전직 세리 출신인 마태 혹은 레위가 포함되어 있지 않습니까?

예수님은 수차례 세리의 집에 가셔서 함께 식사하고 모인 그들에게 말씀을 베푸셨습니다. 바리새인들의 비방과 야유에도 불구하고, 예수님은 그들의 시선에 아랑곳하지 않으시고 그들과 함께하셨습니다. 오히려 '세리와 창기와 죄인들의 친구'라는 별명을 듣는 걸 싫어하지 않으셨던 것 같습니다. 그때마다 귀에 따갑도록 자신이 이 땅에 오신 것은 병약하고 소외되어 잃어버린 사람들을 위해 오신 것이라는 사실을 반복해서 말씀하셨습니다.

삭개오는 세리장이었으며 세리들의 감독이었기에, 아마

도 자기 아래에 있는 어떤 세리가 폭리를 취하는지, 또 어떤 세리가 정해진 세금대로 거두어들이는지 어느 정도 알 수 있었을 것입니다. 그 자신도 아랫사람들로부터 소위 상납을 받는 일에 익숙해 있었습니다. 세리장이 되기 위해 젊었을 적부터 꽤 실적을 거두고 승승장구하여 악역을 감당하는 일에 누구보다도 앞장섰습니다. 아랫사람들을 자기 사람으로 만들고, 그들의 상납에 미소 지으며 반대급부를 제공하는 일에도 능숙했습니다. 예를 들면, 정해진 세금을 깎아 주는 일입니다. 그러면 세리의 착취 폭이 더 커지기 때문입니다. 그 대신 상납이 적은 다른 지역의 세리에게 세금을 더 부과하는 방식의 수법입니다. 그는 어쩌면 세리들 사이에서도 악명이 높은 착취의 대부였을지도 모릅니다. 그는 그 누구보다도 힘들이지 않고 남의 등을 쳐서 돈을 모으는 방법을 알고 있었으며, 황금의 맛을 충분히 맛보고 누리던 사람이었습니다. 그는 악당 중에 악인이었을 것입니다.

우리는 서기장 삭개오가 세례 요한 앞에 갔었는지는 알 수 없습니다. 그러나 그가 세례 요한의 회개 메시지를 알고 있었으리라고 추측해 볼 수는 있습니다. 당시 온 예루살렘과 유대가 떠들썩했던 세례 요한의 회개 세례에 대해서 삭개오가 몰랐다고는 생각할 수 없을 것입니다. 혹 그는 멀리서 요한의 메시지를 들었는지도 모릅니다. 아니면 다른 세리들을 통해서 들었을 수도 있습니다. 어느 때부터인지 이전에는 고분고분 상납을 잘하던 어떤 세리들이 이젠 상납하지 않겠다고 버티는 자들이 생겨났습니다. 세례 요한의 메시지를 듣고 회개한 자들이 정해진 세금 이외에는 거두어들이지 않겠다고 결심했기에, 이제 삭개오에게 상납할 여유가 없어진 것입니다. 삭개오는 처음에는 그들이 괘씸하다고 생각했을지도 모릅니다. 그러나 점점 시간이 흐를수록 마음이 흔들리기 시작했습니다.

삭개오 자신도 오랫동안 세리 일을 하면서, 마음속으로는 이게 몹쓸 짓이라는 생각이 들었습니다. 때로는 양심의 가책도 일어나곤 했습니다. 한 푼 두 푼 쌓여 가는 돈만큼 늘어가는 죄책감이 마음 한구석에 깊이 자리 잡고 있었습니다. 처자식 때문이라고는 하지만, 이제 돈을 벌 수 있는 만큼 벌었고 쌓아둘 곳도 마땅치 않은 부자이기도 했습니다. 때로 밀려오는 공허감에 잠 못 이루는 밤도 적지 않았습니다. “이렇게 몹쓸 짓만 골라서 하다가는 결국 제명에 죽지 못하는 게 아닐까?” 하는 불안과 공포로 잠자리에서 벌떡 일어난 적도 있었습니다.

무엇보다도 아무리 돈을 벌어도 만족함이 없다는 게 문제였습니다. 밤마다 금고를 열어보아도 아직 모자란 것 같고, 더 채우기 위해 내일은 더 일을 많이 해야겠다고 자신을 재촉하는 삶의 연속이었습니다. 아무리 쌓아도 다함이 없는 재물의 욕심과 채워지지 않는 불만족이 그의 인생 딜레마였습니다. 거기에다가 그는 돈밖에 모르는 사람으로 소문이 나 있었습니다. 물론 이웃 사람들이 그를 상대하지 않았지만, 그 역시 동네 사람들을 상대하지 않았습니다. 이웃 사람들은 세리장에다가 부자인 그를 멀리했고, 그는 동네 사람들과 교제하는 일에 관심을 두지도 않았습니다. 게다가 그는 신체적 약점이 있었는데, 키가 무척 작은 사람이었습니다. 난쟁이 정도라고 상상하시면 좋을 것입니다. 아마도 어린 시절부터 아이들의 놀림을 받으며 자랐을 것입니다. 머리는 좋은데 키는 작고, 친구들에게 소외된 삭개오에게는 출세에 대한 강한 욕망이 있었습니다. "너희들이 지금 나를 놀리지만 두고 보아라. 이다음에 내가 출세하면 너희들이 나를 우습게 여기지 못하겠지." 삭개오의 신체 왜소 콤플렉스와 출세에 대한 강한 야망은 매국노가 되어서라도 돈을 벌어야 하겠다는 그의 인생 선택에서 드러납니다. 그는 죽으라고 공부했고, 취직했으며, 마침내 성공했습니다. 어쩌면 예수님을 만나게 될 즈음에 그는 인생의 정점에 있었을 가능성이 큽니다. 아마도 50대쯤 되어 보입니다.

그에게는 친구가 하나도 없었습니다. 당시에 세리들은 일반 유대인들과 교제하지 못했습니다. 자기들끼리 따로 어울렸습니다. 그런데 삭개오는 여느 세리들과도 어울리지 못했습니다. 왜냐하면 악명 높은 세리장과 마음 터놓고 함께 밥 먹을 수 있는 세리는 얼마 되지 않기 때문입니다. 삭개오의 외로움은 뿌리 깊은 것이었습니다. 어쩌면 한 번도 이웃집에 초대받아 간 적 없고, 자기 집에 사람들을 초대해 본 적이 없는 삭개오였는지도 모릅니다. 그는 상관이었지만 진심으로 따르는 부하 하나 없는, 부자였지만 사회적 교제는 가난한 참으로 외로운 사람이었습니다. 그뿐 아니라 늘 자기 외모에 대한 콤플렉스 때문에, 남 앞에 나서길 꺼리는 비사교적인 성격의 소유자였습니다. 그는 겉으로는 다 가진 것처럼 보였지만, 실상 속은 허한 사람이었습니다.

그런 그에게 예수님에 관한 소문은 가히 충격적이었습니다. 입에서 입으로 전해지는 예수님 이야기는 삭개오의 귀에도 들려왔습니다. 수많은 무리가 예수님을 따르고, 많은 병자가 낫고, 심지어 귀신 들린 자들이 치유되고, 빵 다섯 덩이와 물고기 두 마리로 수만 명이 배부르게 먹고도 남는 일이 있었다는 겁니다. 더욱이 죽은 자들을 몇 명이나 다시 살렸다는, 믿지 못할 소문이 떠돌아 삭개오에게 전해졌습니다. 아마도 예수님을 만나 본 어떤 세리를 통해서 예수님이 세리들과 심지어 창기들과도 어울려 식사하고 교제를 나누는 선생이라는 이야기를 듣게 되었을 것입니다. 그리고 예수님이 바리새인과 서기관들을 날카롭게 비판하면서, 자기의 사역의 목적은 소외된 자들을 구원하기 위한 것이라고 반복적으로 힘주어 말씀하신다는 소문도 듣게 되었습니다. 예수님을 만나서 그분의 말씀을 들었던 세리들 가운데 이제 자기는 정한 세금 외에는 거두어들이지 않을 것이며, 착취와 착복을 하지 않겠노라고 다짐하면서 변화된 몇몇 세리들의 모습에, 삭개오는 그만 놀라지 않을 수 없었습니다.

아마도 예수님은 세리들과 식사하며 교제할 때, 그들에게 하나님 나라의 삶의 방식에 관해 말씀하셨을 것입니다. 하나님의 정의와 사랑에 대해 언급하셨습니다. 그중에 몇

몇 세리들은 마음의 가책을 느끼고, 이미 어긋나 있는 자기들 삶의 방식을 어떻게 고칠 수 있는지를 예수님께 질문했을 것입니다. 이에 대해서 예수님은 그들에게 정해진 세금 외에 추징하고 착복하는 것은 죄악이라고 설명하셨습니다. 당시 예수님을 만난 세리들에게 가장 큰 삶의 문제는 그들의 직업의 정당성 문제였습니다. 자신들의 그릇된 삶의 방식에 대한 고뇌를 털어놓았을 가능성이 큽니다. 그에 대한 예수님의 대답은 무엇이었을까요? 물론 세리라는 직업을 당장 그만두라는 것은 전혀 아니었을 것입니다. 오히려 그들 직업의 자리에서 정직하고 근면하되, 착취와 착복을 통해서 정당하지 못한 부를 쌓는 것을 금하셨습니다.

삭개오는 이제 예수님에 대한 작은 호기심을 갖게 되었습니다. 그분을 만나고 싶다는 열망이 생겼습니다. 자기 인생의 깊은 고뇌를 털어놓고 싶은 소망이 생겨났습니다. 그분에게 가면 자신의 문제가 해결될지도 모른다는 희망을 품게 되었습니다. 그러나 삭개오는 일반인들에게 상당히 알려진 인물입니다. 그야말로 세리장인 삭개오입니다. 그러니 예수님을 공개적으로 찾아뵐 수는 없었습니다. 남들의 시선을 의식하지 않을 수 없었습니다. 무엇보다도 자기에 대한 예수님의 반응에 대해서 확신이 서질 않습니다. 그랬기에 그는 예수님을 만날 기회를 얻지 못했습니다.

어느 날 반가운 소식이 들려옵니다. 예수님이 여리고를 지나가신다는 소식입니다. 그것도 자기가 사는 동네 어귀를 통과하신다고 합니다. 삭개오는 흥분을 감출 수 없었습니다. 얼마나 오랫동안 기다려 오던 만남인가요? 소문 그대로라면 예수님의 얼굴만이라도 한 번 보는 게 얼마나 큰 영광인가요? 그는 밤새 잠을 못 이루었습니다. 설렘과 기대로 가득 찼기 때문입니다. 드디어 이른 아침부터 밖에 나와서 서성이며 기다립니다. 오후쯤 멀리서 예수님이 많은 무리와 함께 걸어오시는 모습이 보입니다. 일찍부터 동네 사람들이 몰려들고, 키 작은 삭개오의 시야를 가리기 시작합니다. 사람들 사이에서 발 디딜 틈도 없습니다. "이러다간 예수님의 얼굴도 볼 수 없겠다. 그렇다고 사람들 앞에 나설 수도 없고." 그때 삭개오는 생각해 냅니다. "옳지. 돌무화과나무 위에 올라가야겠다. 그러면 예수를 가장 잘 볼 수 있고, 또 사람들의 눈에 띄지 않겠지." 삭개오는 예수님이 오시는 길 앞으로 달려가서 돌무화과나무에 오릅니다. 그리고 숨죽이며 기다립니다. 빽빽하게 들어선 무리와 웅

성거리는 군중 틈에서 갑자기 예수님의 얼굴이 눈에 들어옵니다. "아 저분이구나." 그런데 예수님이 서서히 그가 매달려 있는 돌무화과나무 쪽으로 다가오십니다. 갑자기 삭개오 앞에 멈추어 서시고는 자기 쪽을 올려다보시며 입을 여십니다. "삭개오야, 속히 내려오라. 내가 오늘 네 집에 머물러야 하겠다."

이 무슨 일인가요? 예수님이 자기의 이름을 불러 주셨습니다. "내가 돌무화과나무 위에 올라가 있다는 사실을 어떻게 아셨을까? 그리고 내 집에 들어오셔서 머무시겠다니." 삭개오는 너무 놀라 입을 다물지 못합니다. 그야말로 어안이 벙벙합니다. 돌무화과나무 아래 수많은 눈동자가 자기를 바라보고 있습니다. 너무 계면쩍습니다. 피할 수도 없고, 몸 둘 바를 모르겠습니다. 삭개오는 돌무화과나무에서 급히 내려와서 예수님 앞에 섭니다. 이게 꿈인가 생시인가요? 예수님의 다정한 눈빛에 삭개오의 마음이 금방 녹아 버립니다. 삭개오는 기뻐 어쩔 줄을 모릅니다. 예수님과 제자들과 무리를 자기의 집으로 모시기 위해 안내합니다. 감출 수 없는 흥분 속에서 예수님과 대화를 나눕니다. 따가운 주변 사람들의 시선에 눈길을 줄 여유도 없이 예수님의 말씀에 정성껏 귀를 기울입니다.

세상에 태어나서 한 번도 제대로 잔치를 벌여본 적 없는 삭개오가 온갖 정성을 다해서 예수님과 제자들, 그리고 함께 찾아온 사람들을 즐겁게 대접합니다. 집안이 온통 축제 분위기입니다. 예수님은 삭개오와 사람들 앞에서 말씀하시고, 서로 묻고 대답합니다. 마침내 삭개오의 마음이 열리기 시작합니다. 오랫동안 아무에게도 열지 못하던 그의 마음이 서서히 열립니다. 무거운 자책감에 시달리던 그의 가슴에 한 줄기 빛이 찾아오기 시작합니다. 예수님이 말씀하시는 구원에 마음이 끌립니다. 하나님 나라의 의에 대해 깨닫게 됩니다. 어리석은 부자보다 가난해도 성실하게 의를 행하는 사람의 복에 대해 듣게 됩니다. 진정한 복은 사람의 소유에 있는 것이 아니라, 인간관계의 회복과 평화에서 온다는 사실을 발견합니다. 구약의 율법 정신은 하나님을 사랑하고 이웃을 자신처럼 사랑하는 데 있다는 말씀을 듣게 됩니다. 하나님께서는 제사와 안식일 준수보다 더 인자와 공의를 행하는 것을 좋아하신다는 말씀에 삭개오는 설득됩니다.

드디어 삭개오는 자기 삶이 얼마나 하나님의 말씀으로

부터 멀리 있었는지를 깨닫게 되었습니다. 왜 그토록 오랫동안 삶의 기쁨과 만족 없는 삶을 살아왔는지, 그 이유를 발견하게 됩니다. 부와 권력을 함께 쥐어 보았지만, 참된 인생의 의미를 찾지 못한 채 허무와 상실 속에 머물러 있었던 지난날이 머리를 스쳐 지나갑니다. 예수님의 말씀 속에 담긴 진리와 힘을 접하게 되자, 삭개오는 그동안에 쌓아놓은 자아가 무너지기 시작합니다. 출세욕과 권력욕에 가득 차 있었으나, 실제로는 콤플렉스투성이인 자기 실제 모습을 마주하게 됩니다.

'내겐 변화가 필요하다. 이대로는 안 된다.' 예수님을 만나기 전까지는 아무런 문제도 없는 줄 알았던 자신에게 그야말로 심각한 문제들이 있음을 발견하게 되었습니다. 유대 동족과 동료와 부하들에 대한 착취라는 숨겨둔 죄책감이 솟아오릅니다. 가난에 찌든 분노한 유대인들의 시선이 떠올라 양심이 조여듭니다. 잠시 호흡을 몰아쉽니다. 그러나 예수님은 아무것도 모르는 척 삭개오의 반응을 지켜보십니다.

드디어 삭개오가 결심합니다. '내가 모은 재산의 절반을 가난한 자들에게 주어야겠다. 그리고 혹 내가 등쳐먹은 것이 있었다면 4배로 갚겠다.' 물론 자기 재산이 아까운 생각도 들었을 것입니다. 지금 말고 나중에 늙어서 자식들에게 나누어주고 난 뒤에 남으면 그중에 일부를 가난한 사람들에게 나누어주겠다고 마음먹을 수도 있었을 것입니다. 이왕 이렇게 살아온 과거는 그렇다 치고, 이제 앞으로는 착취하지 않고 잘하면 될 것 아닌가라고 생각할 수도 있었습니다. 그러나 삭개오는 즉각적으로 반응했습니다. 어차피 재물은 가질수록 더 갖고 싶고, 갖고 있으면 좀처럼 내어놓기 힘든 법입니다. 그는 말합니다. "주여 보시옵소서 내 소유의 절반을 가난한 자들에게 주겠사오며 만일 누구의 것을 속여 빼앗은 일이 있으면 네 갑절이나 갚겠나이다"(눅 19:8).

게다가 삭개오의 재산 규모는 적지 않습니다. 그런데 재산 일부가 아닌, 절반을 내어놓겠다고 말합니다. 덧붙여 그동안 과다 징수했거나 세리장이라는 직책을 이용해서 탈법과 밀수출을 자행하는 자들을 당국에 고소한다고 협박하여 그들로부터 뒷돈을 챙겼던 것은 도둑질과 마찬가지이므로, 율법대로 4배를 돌려주어 갚겠다고 합니다. 실제로 율법에 따르면, 부당하게 남의 것을 취했을 경우 그것의 1/5만 더 보태어 배상하면 됩니다. 삭개오는 양을 훔치거나 매매한 경우에 배상하는 법을 자신에게 적용하여 네

배로 갚겠다고 합니다. 잠시 멈추어 생각해 봅시다. 일평생 돈에 목숨을 걸었던 사람이 이제 돈을 두 주먹에서 내려놓는다는 것인가요? 온갖 수단과 방법을 가리지 않고 억척스럽게 긁어모으던, 재물에 매였던 자신을 스스로 풀어놓는다고요? 참으로 과감한 결정이 아닐 수 없습니다. 과거는 묻어두고 앞으로 잘하겠다는 것도 아닙니다. 철저히 과거까지 돌이키겠다는 의지입니다. 거기에는 미래의 새로운 삶에 대한 다짐이 포함되어 있습니다. 그렇게 마음만 먹고 행동은 나중으로 미루는 것도 아닙니다. 지금 당장 실천하겠다고 합니다. 예수님 앞에 나가고 하나님의 말씀대로 살아가는 데 가장 큰 걸림돌이었던 그의 호주머니부터 회개하겠다는 말입니다.

그러자 예수님이 말씀하십니다. "오늘 구원이 이 집에 이르렀으니 이 사람도 아브라함의 자손임이로다"(눅 19:9). 예수님의 반응도 즉각적입니다. 삭개오가 재산을 다 나누어 주고 난 뒤에, 그걸 확인을 해보고 최종적으로 "구원이 이르겠다"라고 말씀하지 않으셨습니다. 삭개오가 회개를 결단한 순간에 이미 구원이 시작되었음을 예수님은 선언하셨습니다. 예수님은 삭개오 개인만 구원에 이르겠다고 하지 않으셨습니다. 삭개오의 행동으로 말미암아 삭개오의 온 가족이 함께 구원을 얻게 되었다고 선언하셨습니다. 유대인들에게 마치 이방인처럼 따돌림받고 아브라함의 자손에서 제외되는 것처럼 여겨진 삭개오에게 예수님께서는 그 역시 아브라함의 자손이라고 파격적인 선언을 하십니다.

여러분! 과연 삭개오가 자신의 말 그대로 실천했을까요? 분명 그랬다고 말할 수 있습니다. 왜냐하면 누가가 복음서를 기록할 당시에는 삭개오 사건이 이미 많은 사람의 입에 오르내렸던 시기였기 때문입니다. 만약 삭개오가 행동으로 옮기지 않았더라면, 그는 희대의 사기꾼으로 불렸을 것입니다. 그저 한때의 자선 부도 수표쯤으로 여겨져 기록할 만한 가치도 없었을 것이기 때문입니다. 누가가 그의 기록을 담았다는 것은 충분히 역사적으로 고증되고, 또 그럴 만한 가치가 있었기 때문이 아닐까요?

그렇다면 예수님을 만난 이후의 삭개오의 삶은 어떠했을까요? 무엇보다도 그는 자신의 말대로 최선을 다해 실천했을 것입니다. 가난한 자들에게 자신의 재산의 절반을 나누어주었을 것입니다. 탈취한 재물을 4배나 더하여 갚는 일을 했을 것입니다. 그 이후로 정한 세금 이외에는 착취와 착복의 수단으로 삼지 않았을 것입니다. 이전에 상납받던 부하들에게도 무리하게 요구하지 않았을 것입니다. 무엇보다 자기 동네 사람들과도 이제 사이좋게 지낼 수 있게 되었습니다. 이렇게 달라진 삭개오의 모습에 동네 사람들의 눈이 휘둥그레졌을 것입니다. 길거리에서 만나면 환한 미소로 인사를 주고받았을 것입니다. 삭개오는 이제 키는 작지만 마음은 큰 "작은 거인"으로 소문나게 되었습니다. 잠 못 이루는 밤도, 불안에 떨던 새벽도 이제 더는 찾아오지 않았습니다. 웃음꽃 피는 화목한 가정을 이루어갈 수 있었습니다. 소유와 재물에 얽매이고 찌든 인생의 어둠에서 벗어나 삶의 진정한 의미에 눈을 뜬 밝은 미소의 삭개오를 보면서, 만나는 사람마다 예수님께서 그의 집에 머무셨던 사실을 기억할 것입니다. 사람들은 길거리를 지나며 삭개오가 올라갔던 그 돌무화과나무 앞에서, "이게 그 유명한 삭개오의 돌무화과나무란다"라고 아이들에게 이야기해 주곤 했을 것입니다. 그래서 "삭개오의 돌무화과나무"는 오늘 우리에게도 다정한 이웃입니다.

여러분! 삭개오와 구원의 이야기에서 우리는 무엇을 배울 수 있을까요?

먼저, 예수님과의 만남은 우연이 아닙니다. 그렇습니다. 삭개오와 예수님의 만남은 단지 우연이 아닙니다. 실은 오랫동안 삭개오가 예수님을 찾고 있었습니다. 자신의 상처를 치유하고 아픔을 감싸며 죄책감을 풀어 주고 삶의 새로운 의미를 찾을 수 있도록 도와줄 수 있는 바로 그 사람, 예수님을 말입니다. 그랬기에 예수님이 돌아가시기 바로 직전에 예수님을 만나게 된 것입니다.

우리가 예수님을 만나게 된 것도 결단코 우연이 아닙니다. 다 이유가 있습니다. 우리는 예수님을 만나지 않으면 안 되는 절박한 필요가 있었던 사람들입니다. 인생의 어두운 그림자가 사라지고, 상처가 하나씩 둘씩 치유되며, 사람의 근본적인 방향이 전환되는 결정적인 만남이 오직 예수님을 통해서 이루어졌습니다. 예수님이 오신 것은 "잃어버린 자를 찾아 구원하기" 위함입니다. 그런 의미에서 우리는 다 막차 탄 사람입니다.

다음으로, 우리 자신의 약점이 예수님을 만날 수 있는 결정적인 동기가 될 수 있습니다. 삭개오는 키가 매우 작았습니다. 이웃들에게는 죄인으로 여겨졌고 사람 취급도 받지 못했습니다. 사람들과 한자리에서 어울릴 수도 없었습니다. 그런데 바로 그 약점들이 예수님을 만날 수 있는 더할 나위 없는 장점이 되지 않았나요? 돌무화과나무에 오르지 않았다면 어떻게 예수님의 눈에 띄고, 자기 집에 예수님을 모실 수 있었을까요?

우리는 모두 다 하나님과 사람들 앞에서 크고 작건 간에 약점을 갖고 있습니다. 평소에 우리는 그 약점으로 인해서 자신감을 잃고 미래의 삶에 도전하기를 두려워합니다. 늘 자신의 약점을 핑계 대면서 말입니다. 그러나 오늘 삭개오의 경우에서처럼, 오히려 약점이 복이 되는 일도 있습니다. 예수님 안에 있으면, 나의 약점이 예수님의 눈에 띄고 예수님의 손길이 닿을 수 있는 거룩한 장점이 될 수 있습니다.

사실 우리 가운데 약점이 없으면 예수님을 만나기가 참 힘듭니다. 스스로 약점이 없다고 생각하는 사람들은 예수님 앞에 나아오지 않습니다. 그러므로 우리의 약점들을 부끄러워하지 맙시다. 바울은 말합니다. "형제들아 너희를 부르심을 보라 육체를 따라 지혜로운 자가 많지 아니하며 능한 자가 많지 아니하며 문벌 좋은 자가 많지 아니하도다 그러나 하나님께서 세상의 미련한 것들을 택하사 지혜 있는 자들을 부끄럽게 하려 하시고 세상의 약한 것들을 택하사 강한 것들을 부끄럽게 하려 하시며 하나님께서 세상의 천한 것들과 멸시받는 것들과 없는 것들을 택하사 있는 것들을 폐하려 하시나니 이는 아무 육체도 하나님 앞에서 자랑하지 못하게 하려 하심이라"(고전 1:26-29).

마지막으로, 삭개오의 구원은 전인적인 구원입니다. 삭개오는 예수님을 만난 뒤에 영혼의 구원을 얻은 것으로 끝나지 않았습니다. 양심과 영혼의 죄책감에서 해방되는 사죄의 은혜만을 받은 게 아닙니다. 먼저 재물의 회개가 이루어졌습니다. 아니, 삶의 방식과 태도와 가치관의 변화가 찾아왔습니다. 이웃과의 관계가 회복되었습니다. 이전과는 딴판인 생활의 활력이 찾아왔습니다. 이것을 우리는 전인적인 구원이라고 부릅니다. 마음만이 아니라 행동이, 생각만이 아니라 실천이 뒤따르는 구원입니다. 그리하여 마침내 가족의 구원에까지 이르게 되었습니다. 한 사람의 회개로 말미암아 개인의 구원만이 아니라 공동체의 구원이 뒤따라오게 되었습니다. 나 한 사람의 구원이 온 동네의 분위기를 변화시키고, 가족 전체를 구원하는 시발점이 될 수 있습니다. 이 얼마나 놀라운 복인지요. 우리도 이 구원에 참여합시다. 한 사람도 빠짐없이 구원의 막차를 놓치지 말고 타고서 천국까지 함께 갑시다. 그리고 예수님이 가져오신 구원에 날마다 감사하며 전인적인 구원을 이루어갑시다. 아멘.

𝄞 함께 찬양드립니다(287장).

예수 앞에 나오면 죄사함 받으며
주의 품에 안기어 편히 쉬리라
우리 주만 믿으면 모두 구원 얻으며
영생 복락 면류관 확실히 받겠네

예수 앞에 나와서 은총을 받으며
맘에 기쁨 넘치어 감사하리라
우리 주만 믿으면 모두 구원 얻으며
영생 복락 면류관 확실히 받겠네

예수 앞에 설 때에 흰 옷을 입으며
밝고 빛난 내 집에 길이 살리라
우리 주만 믿으면 모두 구원 얻으며
영생 복락 면류관 확실히 받겠네

Ⅲ

이토록 뜻밖의 기적

가장 좋은 포도주로

그들의 원대로 주시니라

놀라운 일을 보았도다

어떻게 큰 일을 행하셨는지

1. 가장 좋은 포도주로

(요 2:1-11)

오래전에 저는 한 후배 여 목사의 결혼식에 참석했습니다. 여섯 살 연하의 남성과 결혼하는 신부의 웃음꽃이 만발한 결혼식이었습니다. 신부의 나이가 마흔이니 그럴 만도 하겠지요? 그 신부가 가르치던 청년부 학생들이 축가로 "오! 해피 데이(Oh! Happy Day)"를 신나게 불렀습니다. 진짜 "오! 해피 데이"였습니다.

예식이 끝나고 식당에 가서 밥을 먹는데, 음식도 제법 맛이 있고 괜찮았습니다. 그런데 결혼식에 가보면, 예식보다 식사에 더 많은 신경을 쓰는 사람들도 있잖아요? 성격이 급한 사람들은 예식에 참여하지도 않고 일단 식사부터 먼저 합니다. 그것도 모자라서 예식이 끝나고 한 번 더 먹는 경우가 있다고 합니다. 그래서 결혼식 음식이 너무 맛있으면 손님들에게는 기쁨이지만, 음식이 쉽게 동이 날 염려도 있습니다. 실제로 가끔 음식이 모자라는 경우가 있습니다. 제가 미국에서 동생처럼 지내던 후배 목사가 있었는데, 노총각으로 있다가 결혼하게 되었습니다. 손님을 500명으로 예상했는데, 그만 700명이 왔습니다. 하객들 가운데 어쩔 수 없이 아예 먼저 자리를 뜨는 사람들도 많았고, 나중에 먹는 사람들은 대충 집어먹고 말았습니다. "먹는 것에서 인심 난다"라고 하니, 음식은 넉넉하게 준비해야 하는 것 같습니다.

오늘 본문 말씀에서도 비슷한 상황이 일어났습니다. "사흘째 되던 날 갈릴리 가나에 혼례가 있어 예수의 어머니도 거기 계시고 예수와 그 제자들도 혼례에 청함을 받았더니 포도주가 떨어진지라"(요 2:1-3a). 이스라엘은 혼인잔치를 우리처럼 하루에 끝내지 않고 7일 동안 합니다. 동네잔치인 셈입니다. "원님 덕분에 나팔 분다"라고 해서, 평소에 잘 못 먹던 가난한 사람들도 이 기간만큼은 눈치 보지 않고 배불리 먹을 기회였습니다. 특히 유대인들 가운데

서민들은 가난으로 쉬지 않는 중노동을 해야 했기에 이 한 주간의 축제가 삶에 큰 즐거움과 위로를 안겨주는 시간이었습니다. 마리아는 이 기간 내내 혼인 잔치가 있는 이 집에 계속 머물러 있었던 것 같습니다. 아마도 주인과 매우 가까운 친척 관계가 아니었을까 싶습니다.

그런데 그 집이 매우 부잣집은 아니었던 것 같습니다. 아무리 손님이 많이 왔다고 해도 여분의 포도주가 있을 텐데, 그렇지 못했던 것으로 보아 살림이 넉넉한 집은 아니었나 봅니다. 이제 예수님과 제자들이 혼인 잔치에 초대받았습니다. 아마 예수님과 요한과 야고보는 이 집 주인과 친척이었을 것이며, 베드로와 안드레 역시 갈릴리 가나 사람으로 어느 정도 친분이 있었기에 초대를 받지 않았나 싶습니다. 옛날 우리 조상들처럼 동네잔치에 서로 나 몰라라 하지 않고 상부상조하는 풍습 탓일 것입니다.

잔칫집에 포도주가 떨어졌습니다. 포도주는 유대인들의 일상적인 음료였습니다(창14:18; 신 14:26; 마 11:19). 사막지대인지라 물이 귀한 이스라엘 사람들에게는 포도주가 갈증을 풀어 주는 물과 같은 역할을 합니다. 그뿐 아니라 잔치에서 분위기를 흥겹게 하는 중요한 역할을 하기도 합니다. 당시에 랍비들은 "포도주가 없으면 기쁨이 없다"라고 말했을 정도로 잔치에서 포도주는 필수품이었습니다. 그런데 포도주가 바닥이 났다는 것은 이제 잔치가 흥이 깨지고, 집주인은 큰 욕을 들어야 할 상황임을 말해줍니다. 즐겁던 잔치는 일시에 뒤죽박죽이 되어버리고 수습 불가능의 상황이 되어버렸습니다. 특히 당시 고대 근동 지방의 사람들에게는 포도주가 대단히 중요한 음료이기에, 그 포도주를 충분히 공급하지 않고 도중에 끊어버린다든지 하면, 자칫 하객들이 주인이 자신들을 무시한 것으로 오해했다고 합니다. "어떻게 포도주를 조금 내오다가 마는 거야? 우리를 매우 소홀하게 대접하는 게 아닌가?" 만일 하객들이 이 일에 대해서 법관에게 고발하기라도 하면, 법관이 "손님을 그렇게 소홀하게 대접하는 경우가 어디 있느냐?" 하고 벌금을 물릴 수도 있었다고 합니다.

어쨌든 벌금을 내고 안 내고의 문제를 떠나서 이것은 보통 일이 아닙니다. 주인의 얼굴은 울상이 되었고, 정신이 없습니다. 이때 예수님의 어머니 마리아가 나섭니다. 마리아는 주방 일을 돕고 있었을 터이기에, 누구보다도 포도주가 떨어진 사실을 먼저 알 수 있었습니다. 마리아는 이제 예수님에게 상의합니다. "예수의 어머니가 예수에게 이르되 저들에게 포도주가 없다 하니 예수께서 이르시되 여자여 나와 무슨 상관이 있나이까 내 때가 아직 이르지 아니하였나이다"(요 2:3b-4). 당시에 예수님은 아버지 요셉이 죽은 후 실질적인 가장 노릇을 했던 것 같습니다. 따라서 마리아는 어려움을 만날 때마다 큰아들인 예수님과 상의했던 것으로 보는 게 자연스럽습니다. 그런데 놀랍게도 예수님은 "여자여 나와 무슨 상관이 있나이까 내 때가 아직 이르지 아니하였나이다"(요 2:4b)라고 대답합니다. 여기서 어머니에게 "여자여"라고 반말한다고 이상하게 생각하는 사람들도 있지만, 그런 뜻은 아닙니다. 헬라어로 "귀나이"라는 말인데, 거칠고 무례한 어법이 아니라 존경의 호칭입니다. 영어나 한글로 정확하게 옮길 수 없기에 이렇게 표현된 것이니, 바르게 번역해 보겠습니다. "사랑하는 여인이여!(dear woman)"

"나와 무슨 상관이 있나이까?"라는 예수님의 말씀은 "이 일은 나와 어머니에게 무슨 상관이 있나요? 가만히 내버려 두십시오. 내가 이것을 지금까지 행하지 않은 까닭은 내 때가 아직 이르지 못한 탓입니다"라고 해석될 수 있습니다.

달리 말하면, "내 때가 이르면, 내가 이것을 하겠다"라는 말입니다. 이것은 무슨 뜻일까요? 마리아는 인간적인 목적을 가지고 예수님을 찾아왔습니다. 남의 어려움을 그저 지나치지 않고 자신의 문제로 간주하는, 그 착하고 따스한 마음씨, 그리고 후덕한 마음과 동정심으로 나아갔습니다. 그러나 예수님은 자기의 일을 인간적인 요구에 따라 함부로 하지 않고자 하셨습니다. 예수님은 하나님과의 관계가 더 중요했습니다. 자신이 하나님의 아들이심을 알리는 기적을 행하는데, 하나님과 상의하고 하나님의 뜻을 따르는 일이 더 중요했던 것입니다. 이 일은 하나님의 일이기에, 아무리 일이 급하다고 서둘러 재촉하는 것은, 비록 어머니의 요청이라 할지라도 거절할 수밖에 없었습니다. 예수님은 언제든지 하나님의 시간표에 맞추어 사신 분입니다. 일을 앞당기지도 늦추지도 않고, "때"를 중시하는 분입니다. 정확한 때, 정확한 장소, 정확한 상황에서 일을 행하시는 분이 예수님입니다.

마리아는 하인들에게 예수님이 말씀하시는 대로 그대로 하라고 부탁해 두었습니다. 예수님은 하인들에게 여섯 개 돌 항아리에 물을 가득 채우라고 명령하셨고, 그다음에는 물을 떠서 가져다주라고 하셨습니다. 하인들이 그대로 했더니, 물이 변하여 포도주가 되었습니다. 더구나 포도주가 이전 것보다 훨씬 더 맛이 있었던 것 같습니다. 오죽하면 최고 전문가인 연회장이 신랑을 칭찬했겠어요. 대부분 잔치 전반부에는 맛있는 술을 내놓지만, 시간이 흐를수록 취한 사람들에게 좀 덜 좋은 포도주를 내놓는 것이 상식인데, 이런 상식을 깨뜨린 것입니다. 이렇게 해서 결혼 잔치는 이제 새로워졌습니다. 잃었던 기쁨을 다시 찾았고, 당혹스럽던 문제가 깨끗이 해결되었습니다. 이를 통해서 하나님께 영광이 돌려졌고, 제자들이 예수님을 믿었다는 이야기입니다. 진짜 해피엔딩입니다. 우리는 예수님의 갈릴리 가나의 혼인 잔치의 이야기를 통해 무엇을 배울 수 있을까요? 본문이 우리에게 가르쳐 주는 교훈은 무엇일까요?

먼저, 우리 인생의 문제 해결자는 오직 예수님입니다. 마리아는 문제를 갖고 예수님 앞으로 나아갔습니다. 우리도 마리아처럼 우리의 문제와 주변의 문제들을 갖고 나아가야 합니다. 사실 우리는 스스로 우리의 문제들을 해결하려고 몸부림칩니다. 그럼에도 종종 실패하곤 합니다. 우리의 문제가 너무 크고 중요해서 예수님이 다루지 못하리라고 생각하기도 합니다. 이는 우리의 교만이면서 동시에 예수님을 무시하는 행동입니다. 아니면 너무 사소하고 하찮아서 예수님께 맡겨 드리기에 미안하다고 생각하여 자기 혼자 주물럭댑니다. 우리 편에서는 겸양일지 모르지만, 이 역시 예수님을 믿지 못하는 행동입니다. 둘 다 믿음이 없거나 적은 탓입니다.

예수님은 이 세상 한복판에 우리를 홀로 남겨두기를 원하지 않으십니다. 우리 삶의 사사건건에 함께하시고, 우리와 함께 삶의 온갖 퀴즈를 풀기를 바라십니다. TV에 나오는 〈퀴즈왕〉이라는 프로그램이 있었습니다. 그중에 ARS를 이용해서 정답을 푸는 과정이 있습니다. 정확하게 답을 모를 때, 자동응답 전화기로 누군가의 도움을 받아 답을 푸는 것입니다. 그런데 번호를 잘못 선택하면, 괜히 그 사람 때문에 답을 못 풀고 탈락하게 됩니다. 예수님은 우리가 도움을 청할 분입니다. 예수님이 정답을 알고 계십니다. 못 맞추는 문제가 없습니다. 실수나 착각이 없으십니다. 우리에게 가장 긴급하고, 가장 필수적이며, 가장 적절한 답을 알려 주십니다.

여러분은 삶에 문제가 생기면 누구에게 가장 먼저 달려가나요? 누가 여러분의 상담자인가요? 마리아는 포도주가 떨어졌다는 소식을 접하고는, 곧바로 이웃집이나 그 동네에서 포도주를 비축하고 있을 법한 유력자의 집으로 달려가지 않았습니다. 또 주방 대책회의를 소집하지도 않았습니다. '축제 분위기를 깰 것인가? 말 것인가? 결혼 하객들에게 포도주가 떨어진 사정을 설명하고 양해를 구해야 할 것인가? 말 것인가? 아니면 지금 당장이라도 돈이 얼마가 들던지 포도주를 사야 할 것인가?'에 관해 머리를 맞대고 상의하지도 않았습니다. 가장 먼저 예수님이 떠올랐습니다.

마리아는 기억력이 무척 좋은 여성이었음이 틀림없습니다. 아기 예수님이 태어날 때부터 가브리엘의 이야기(눅 1:26-38)나 목자들의 이야기(눅 2:16-19), 그리고 동방박사들의 이야기(마 2:1-11), 성전에서 만난 시므온과 여 선지 안나의 예언(눅 2:27-38)을 하나도 잊지 않고 마음속에 간직했던 마리아는 이제 예수님이 무언가 하나님의 일을 해야 할 때가 되었다고 생각할 수도 있습니다. 무엇보다도 발을 동동 굴러야 할 사람은 결혼 예식 주최 측인데, 오히려 마리아가 해결사로 나섭니다. 남의 일이니 강 건너 불구경하듯이 바라볼 수도 있었을 텐데, 두 손을 놓아버리지 않고 자기 일처럼 달려듭니다. 마리아의 남에 대한 배려와 관심, 그리고 사랑이 돋보입니다.

우리가 있는 곳 어디에서나 우리는 우리의 문제뿐 아니라 남의 문제, 가족의 문제, 교회의 문제, 그리고 나라의 문제들을 가지고 예수님 앞으로 나아가야 합니다. 예수님이 문제의 해결사이기 때문입니다. 예수님이 풀지 못할 문제는 이 땅에 없습니다. 빨리 예수님에게로 달려가십시다.

다음으로, 예수님 안에 있으면 질적인 변화가 일어납니다. 소위 기적이 일어납니다. 본문은 물이 변하여 포도주가 되었다고 말합니다. 그 물이 어떤 물일까요? 유대인들은 정결 예법을 갖고 있었는데, 그들은 씻는 일을 매우 중시했습니다. 외출해서 돌아오든지, 식사 전후에 부지런히 씻었습니다(요 3:25; 엡 5:26; 히 1:3). 특히 사막지대는 모래가 많아서 더럽잖아요? 그래서 손과 발을 씻었는데, 바리새인들은 발뒤꿈치까지 깨끗이 닦았다고 합니다. 그것을 위해서 집마다 하나에 두세 통 들어가는 물을 담아두는 큰 항아리가 여러 개 있었습니다. 여기서 한 통은 40리터에 해당하니까, 한 항아리에 보통 100리터쯤 들어갑니다. 비교적 많은 양입니다. 그런데 항아리의 아귀까지 물을 가득 채우라는 것은 거기에 아무것도 섞이지 않았다는 것을 의미합니다. 물 이외에는 아무것도 다른 것이 들어가지 않았다는 것을 강조하는 것입니다. 이제는 떠서 연회장에게 가져다주라고 하셨으니, 하인들은 며칠을 기다리지 않고 곧바로 움직인 것입니다. 물을 채우고 곧바로 물을 떠서 가져다주었는데 포도주로 변했다는 말입니다. 여러분! 이 사실을 믿을 수 있나요?

저는 충북 옥천에서 자랐는데, "옥천"은 "포도"가 유명합니다. 어렸을 적부터 포도 과수원에 자주 다녔고, 포도주를 만드는 과정을 종종 지켜보았습니다. 포도주를 만드는 방법을 아시나요? 포도를 따서 포도주 공장에서는 장화를 신고 밟아댑니다. 설탕을 넣고 으깬 뒤에 항아리에 담가두면, 상당한 시간이 지나서 거품이 나고 발효가 됩니다. 그러면 물 88%와 에틴 알코올 12%가 담긴 포도주가 됩니다. 그런데 금방 꺼내면 떫고 제맛이 나지 않습니다. 몇 달이고 몇 년이고 오래 묵을수록 맛이 깊어집니다.

예수님은 전혀 이런 절차를 거치지 않으셨습니다. 포도

주 만드는 법에 대한 기초 상식이 생략되었습니다. 과정도, 노동도, 시간도, 재료도 생략된 기적이 일어났습니다. 과연 이런 기적은 가능한 것일까요? 사실 이것은 첫 시작에 불과합니다. 예수님은 요한복음에서 7가지의 위대한 기적을 행하셨습니다. 왕의 신하의 아들을 고치고, 베데스다 연못가의 환자를 고치며, 광야에서 물고기 두 마리와 보리 떡 다섯 개로 수만 명을 먹이셨습니다. 소경의 눈을 뜨게 하셨고, 심지어는 죽은 나사로를 무덤에서 다시 살리셨습니다. 그렇다면 이까짓 것쯤은 '식은 죽 먹기' 아닐까요? 시체를 다시 살리신 예수님께서 살아 있는 것들을 가지고 무엇인들 못하시겠습니까? 예수님 자신도 말씀하셨습니다. "너희가 만일 믿음이 있다면 산을 옮기어 바다로 던질 수 있다"라고 말입니다.

이전에 외국에서 쓰나미로 사람들이 지푸라기처럼 해일에 밀려서 떠내려갈 때, 저는 잠시 생각해 보았습니다. 만일 예수님이 거기에 계셨다면, "손가락 하나로 가리키기만 했어도 해일이 멈추어 섰을 텐데"라고 말입니다. 하나님의 역사는 하나님 자신에게는 별것이 아닙니다. 그것을 바라보는 우리에게만 기적입니다. 그것은 우리의 지식과 경험과 상식과 능력을 초월하는 것이기 때문입니다.

"믿음 안에서는 불가능이 없다"라는 게 신앙의 기적입니다. 심지어 예수님은 "너희가 나를 믿으면 내가 하는 일도 할 것이요, 내가 행한 것보다도 더 큰 일을 할 수 있다"라고 말씀하셨습니다. 예수님 안에 있으면 가능합니다. 물론 아무 때나 이렇게 세상이 마구 흔들리는 것은 아닙니다. 그렇게 되면 세상이 각종 재해의 경우처럼 그야말로 아수라장이 되기 때문입니다. 하나님은 창조와 질서의 하나님이기 때문에 아무렇게나 기적이 일어나는 것을 원하지 않습니다. 다만 특별한 때, 매우 필요한 상황에서 때로 기적을 베푸십니다. 물로 포도주가 된 것은 바로 이런 경우입니다. 예수님이 새롭게 변화를 가져오는 분임을 만천하에 드러내 보여준 사건입니다. 물이 포도주가 되었듯이, 그리스도 안에 있으면 누구든지 새로운 피조물이 됩니다. 바울은 말하고 있습니다. "그런즉 누구든지 그리스도 안에 있으면 새로운 피조물이라 이전 것은 지나갔으니 보라 새 것이 되었도다"(고후 5:17).

우연히 제가 어느 식당에서 식사하는데, 바로 옆 테이블에 네 명의 손님이 술을 잔뜩 먹고 고래고래 소리를 질러

대면서 이야기하고 있었습니다. 어찌나 시끄럽던지 인상이 찌푸려지고 자리를 박차고 일어나고 싶을 정도였습니다. 아마 대단한 술꾼들인 모양입니다. 그중에 한 명은 술만 들어가면 차를 몰고 나간다고 합니다. 그래서 운전면허 정지가 되어 다음 달에 면허시험을 보러 간다고 자랑스럽게 이야기합니다. 제가 거의 식사를 마칠 때쯤이었습니다. 제 귀가 솔깃해지는 얘기가 들려옵니다. 그분들이 다 직업군인 출신이었는데, 지금은 모두 사회생활을 하고 있습니다. 모 중대장 얘기를 하는데, 그 사람이 확 달라졌다는 것입니다. 내용을 들어보니, 뇌성마비 환자 아들을 둔 그 중대장이 그 아이를 잃고는 예수를 믿게 되었다고 합니다. 그들의 표현으로는, 마치 "미친개"처럼 달라졌다고 합니다. 지금은 장로가 되었지만, 그분이 옛날에 같이 술 먹을 때 아주 고약한 술버릇이 있었다고 합니다. 술 먹은 사람들의 지갑의 돈을 빼내서 훔쳐 간다는 겁니다. '그랬던 그 사람이' 이제는 일주일에 세 번씩 빠짐없이 전화해 온답니다. "건강 관리해라. 예수 믿어라." 그래서 아주 귀찮아 죽겠다는 겁니다. "그 사람이 정말 달라졌다"는 겁니다. 자기들과 한솥밥을 먹던 바로 그 술꾼이 예수님을 믿고 구원받아 새 사람이 되었다는 사실을 다른 술꾼들의 증언을 통해 듣게 되었습니다. 이게 "물이 변하여 포도주가 되는" 역사가 아니고 무엇이겠습니까? 물이 변하여 포도주가 됩니다. 질적인 화학 변화입니다.

마지막으로, 예수님은 사람들의 순종을 통하여 역사하십니다. 여러분! 만약에 하인들이 마리아의 권고에도 불구하고 예수님의 명령을 우습게 여겨서 그대로 따르지 않았다면 어떻게 되었을까요? 물론 그렇다면 예수님은 다른 사람들이나 다른 방법을 통해서 사역하셨을 것입니다. 그러나 중요한 사실은 예수님은 마술사처럼 홀로 일하지 않으신다는 것입니다. 사람들, 심지어 아무것도 모르는 하인들의 순종을 통해서도 일하시는 분이 예수님입니다. 예수님은 자신의 영광스러운 사역에 있어서 인간들의 동참을 원하십니다.

예수님의 어머니 마리아는 문제를 발견하고 그것의 해결을 위하여 믿음으로 예수님께 나아가면서 동시에 하인들에게 철저히 순종하라고 권고합니다. "그의 어머니가 하인들에게 이르되 너희에게 무슨 말씀을 하시든지 그대로 하라 하니라"(요 2:5). 여러분! 이 장면에서 우리는 30여 년 전에 가브리엘을 만났던 마리아의 모습이 떠오르지 않나요? 남성을 알지 못하던 자신에게 성령으로 잉태될 것이라는 말씀에, "주의 여종이오니 말씀대로 내게 이루어지이다"라고 응답했던 믿음의 여인, 순종의 여인이 30여 년이 지난 후에도 여전합니다. 마리아의 태도가 어찌나 단호했던지 영문을 알지 못한 하인들이 이제 마리아의 권고를 듣게 됩니다. "거기에 유대인의 정결 예식을 따라 두세 통 드는 돌 항아리 여섯이 놓였는지라 예수께서 그들에게 이르시되 항아리에 물을 채우라 하신즉 아귀까지 채우니 이제는 떠서 연회장에게 갖다주라 하시매 갖다주었더니 연회장은 물로 된 포도주를 맛보고도 어디서 났는지 알지 못하되 물 떠온 하인들은 알더라"(요 2:6-9a). 참 놀라운 일이 아닌가요? 하인들은 두 가지 일을 했습니다. 예수님의 명령을 따라 물을 항아리에 채웠고, 그것을 떠서 연회장에게 가져다주었습니다. 그것은 특별한 일이 아닙니다. 물을 갖다 붓고 물을 떠서 가져다주는 것, 그것은 포도주를 만드는 일에 아무런 도움이 되지 않습니다. 그냥 일상적인 일입니다. 그런데 별 의미도 없는 그 일을 통해서, 단지 그대로 순종했기에 물이 변하여 포도주가 되는 역사에 참여하게 되었습니다.

때로 우리는 대단한 일도 아닌데, 특별한 일도 아닌데, 그저 평범한 수고와 봉사를 통해서도 하나님의 기적을 낳는 일에 참여하게 됩니다. 그게 무슨 뜻인지 예수님은 하인들에게 알려 주지 않으셨습니다. 그냥 말씀만 하셨습니다. 우리도 예수님을 따르면서 예수님의 뜻을 다 이해하지 못한 채로 움직이는 경우가 많습니다. 그런데 지나고 보면 다 하나님의 뜻이 들어 있었습니다. 하나님 앞에서 그저 평범한 일을 묵묵히 행하는 것, 그 순종 가운데 하나님의 역사가 일어납니다. 하나님은 우리와 함께 손잡고 일하십니다.

여기서 짚고 넘어가야 할 것이 있습니다. 물이 포도주로 변한 시점이 하인들이 연회장에게 가져다주기 이전인가, 아니면 가져다주고 난 이후인가의 문제입니다. 만일 연회장에게 가져다주고 난 이후였다면, 정말 하인들은 대단한 사람들입니다. 당장 포도주가 필요한 사람들에게 엉뚱한 물을 가져다주는, 그야말로 모험을 한 것입니다. 그러나 거기에는 깊은 뜻이 담겨 있습니다. 종에게는 책임이 없습니다. 일을 시킨 주인의 책임입니다. 다시 말하면, 물을 가져다주었는데 포도주로 변하지 않았다면, 그것은 하인들의 책임이 아니라 예수님의 책임이라는 겁니다. 그렇습니다. 일하는 우리가 모든 걸 다 책임질 필요는 없습니다. 그저 우리가 할 일을 하고는, 그 결과를 예수님에게 맡겨 드리는 것이 중요합니다. 예수님께서 다 알아서 책임져 주실 것입니다. 왜냐하면 예수님의 명예가 달린 문제이기 때문입니다. 우리는 하나님의 말씀대로 순종하고, 예수님은 일을 이루어가실 것입니다.

본문의 등장인물 가운데 주연은 예수님의 어머니 마리아, 예수님, 그리고 예수님의 제자들이고, 조연은 하인들, 연회장, 그리고 신랑입니다. "연회장이 신랑을 불러 말하되 사람마다 먼저 좋은 포도주를 내고 취한 후에 낮은 것을 내거늘 그대는 지금까지 좋은 포도주를 두었도다 하니라 예수께서 이 첫 표적을 갈릴리 가나에서 행하여 그의 영광을 나타내시매 제자들이 그를 믿으니라"(요 2:9b-11). 여기서 제자들은 도대체 무엇을 하고 있나요? 예수님의 주변에 둘러서 있을 뿐이지, 마리아처럼 예수님께 문제를 들고 나간 것도 아니고, 하인들처럼 순종한 것도 아닌데, 어떻게 제자들이 주연에 해당할 수 있을까요? 제자들은 이 모든 과정을 직접 눈으로 보았고, 귀로 들었으며, 입으로 맛보았습니다. 특히 여러 제자 중 가장 오래도록 살았던 요한의 증언이 바로 본문 말씀입니다. 그랬기에 처음에 멋모르고 예수님을 따라나섰던 제자들에게 이 첫 번째 예수님의 이적은 그들에게 믿음을 불어 넣어준 사건이었습니다. "우와! 예수님은 보통 분이 아니네. 하나님과도 같으신 분이야!" 이렇게 하나님의 영광을 찬양하며 확실히 믿게 되었습니다. 이것은 예수님의 자기 과시나 쇼맨십이 목적이 아니라, 결국은 예수님의 제자들, 곧 우리의 믿음을 위한 것임을 말해줍니다.

오늘 갈릴리 가나의 혼인 잔치 이야기는 그저 한 편의 동화나 신문 기사의 가십거리가 아닙니다. 바로 우리의 믿음을 초청하는 이야기입니다. 요한복음 20장 31절은 이렇게 말합니다. "오직 이것을 기록함은 너희로 예수께서 하나님의 아들 그리스도이심을 믿게 하려 함이요 또 너희로 믿고 그 이름을 힘입어 생명을 얻게 하려 함이니라."

본문 말씀은 예수님에 의해 일어나는 풍성한 구원과 은혜의 기쁨이 잘 드러나 있습니다. 해피엔딩입니다. 처음보다 나중이 더 좋은 이야기입니다. 온갖 문제로 둘러싸여 있는 삶의 현실 속에서 당황하고 힘겨워하는 우리에게 큰 위로가 되는 말씀입니다. 모든 문제를 갖고 주저하지 말고 예수님 앞으로 나아갑시다. 예수님 안에 있으면 질적인 화학 변화가 일어납니다. 매 순간 그저 예수님이 하라는 대로 순종합시다. 그리하면 예수님께서 그 일을 맡아 책임져 주실 것입니다. 끝까지 믿으세요. 그리고 순종하세요. 물이 변하여 포도주가 되는 일은 우리에게도 가능합니다. 왜냐하면 예수님이 그렇게 하셨기 때문입니다. 물이 변하여 포도주가 됩니다. 아멘!

𝄞 함께 찬양드립니다.

예수님이 말씀하시니 물이 변하여 포도주 됐네
예수님이 말씀하시니 물이 변하여 포도주 됐네
예수님 예수님 나에게도 말씀하셔서
새롭게 새롭게 변화시켜 주소서

2. 그들의 원대로 주시니라

(요 6:1-15)

오늘 본문 말씀에서 예수님은 수만 명의 밥의 문제를 해결한 영웅으로 등장합니다. 유월절이 가까운 4월 초순에 제자들과 함께 계셨던 예수님의 말씀을 듣기 위해서 남자의 수만 약 5천 명이 되는 군중이 디베랴 들판으로 찾아왔습니다. 당시 유대 풍습은 여자와 아이는 사람 취급을 하지 않았습니다. 왜냐하면 그들이 남성의 소유라고 생각했기 때문입니다. 그래서 여자와 아이는 사람 수에도 들지 못합니다. 우리나라처럼 가부장적인 문화를 지니고 있었습니다. 그러니 모인 군중 전체의 수는 약 2, 3만 명 정도가 되리라 추측할 수 있습니다. 아무래도 여인들의 수가 5천 명은 넘을 것이고, 부모의 손을 잡고 따라온 아이들만 해도 한 집에 둘 셋은 넘을 테니까, 만 명은 족히 넘으리라고 생각됩니다.

모인 사람들이 시간이 가는 줄도 모르고 예수님의 말씀을 즐겨 듣습니다. 정오도 지났고 밥 먹는 것도 잊어버린 채 열중했습니다. 그런데 시간이 더 지나서 날이 저물어 가니, 옆 사람 뱃속에서 꼬르륵꼬르륵 소리가 들려옵니다. 이윽고 자기 뱃속에서도 꼬르륵 장단을 맞춥니다. 엄마의 등에 업힌 아이들이 배가 고프다고 난리입니다. 보채는 아이들을 달래보지만, 근처에는 먹을 것을 파는 시장도 없고, 마을까지 가려면 한참 걸립니다. 사람들을 그냥 돌려보내면, 집까지 가기 전에 기진맥진할 것 같습니다.

그때 예수님께서 빌립이라는 제자에게 물어보셨습니다. "빌립에게 이르시되 우리가 어디서 떡을 사서 이 사람들을 먹이겠느냐 하시니"(요 6:5b). 다시 말하면, 이 사람들을 다 먹이려면 어떻게 해야 하느냐, 이렇게 물어보신 것입니다. 빌립이 대답했습니다. "빌립이 대답하되 각 사람으로 조금씩 받게 할지라도 이백 데나리온의 떡이 부족하리이다"(요 6:7). 여기서 한 데나리온은 이스라엘의 화폐 단위인데, 한 사람의 하루 품값이었습니다. 그러니 한 사람의 200일 품값이라는 얘기입니다. 요즘 우리나라 돈으로 환산해서 하루 일당을 10만 원으로 치면, 2,000만 원 정도가 든다는 겁니다. 결단코 적은 돈이 아닙니다. 요새는 사실 2만 명 정도의 사람들이 최저 식사 비용인 5,000원 식사를 한다면, 아마 1억 정도가 들 것입니다. 그러니 무리를 먹인다는 것은 감히 엄두도 못 낼 일입니다. 예수님과 제자들이 돈이 많았던 것도 아니고, 아무리 돈이 있어도 유대인들의 식사인 떡을 구할 수도 없다는 게 문제였습니다. 사람들이 배고파 죽을 지경이 되었는데, 아무도 그 문제를 해결할 수 있는 사람이 없었습니다.

이렇게 제자들이 우왕좌왕하고 있을 때였습니다. "제자 중 하나 곧 시몬 베드로의 형제 안드레가 예수께 여짜오되 여기 한 아이가 있어 보리 떡 다섯 개와 물고기 두 마리를 가지고 있나이다 그러나 그것이 이 많은 사람에게 얼마나 되겠사옵나이까"(요 6:8-9)라고 말합니다. 한 어린아이가 아침에 집에서 나올 때 엄마가 싸준 도시락이 있었는데, 거기에 있던 생선 두 마리와 보리 떡 다섯 개를 제자인 안드레에게 주었습니다. 그러나 그것이 그 어린아이의 밥은 될 수 있겠지만, 2만 명이나 되는 사람들에게 무엇이 될 수 있을까요?

그런데 놀라운 일이 일어났습니다. 예수님은 그 어린 아이의 갸륵한 마음을 보셨습니다. 그리고 사람들의 배고픈 심정을 헤아리셨습니다. 그들을 불쌍히 여기셨습니다. "예수께서 이르시되 이 사람들로 앉게 하라 하시니 그곳에 잔디가 많은지라 사람들이 앉으니 수가 오천 명쯤 되더라 예수께서 떡을 가져 축사하신 후에 앉아 있는 자들에게 나눠주시고 물고기도 그렇게 그들의 원대로 주시니라 그들이 배부른 후에 예수께서 제자들에게 이르시되 남은 조각을 거두고 버리는 것이 없게 하라 하시므로 이에 거두니 보리 떡 다섯 개로 먹고 남은 조각이 열두 바구니에 찼더라"(요 6:10-13).

당시 유대인들은 비스듬히 눕든지, 앉아서 식사하는 풍습이 있었습니다. 그래서 예수님은 식사할 수 있는 준비 태세를 지니도록 사람들을 앉게 하시고는, 떡과 생선을 갖고 하늘을 우러러 하나님 아버지께 기도하셨습니다. 축복하시자 놀랍게도 보리 떡과 생선이 그치지 않고 줄지도 않고 계속 나눌 수 있었습니다. 생명의 떡 잔치가 일어난 것입니다. 다 배불리 먹고 난 후에 남은 조각을 거두고 나니,

열두 바구니에 가득 찼다고 했습니다. 참으로 놀라운 일이 아닌가요? 이를 일컬어서 오병이어의 기적이라고 합니다.

어떤 신학자는 이것은 실제로 일어난 일이 아니라고 주장합니다. 다들 아침에 집에서 나올 때 도시락을 싸 왔는데, 안 가져온 사람들도 많았다는 겁니다. 자기 혼자만 먹기 민망해서 안 내놓고 있었는데, 한 어린아이가 먼저 내놓자 다들 감춰 두었던 도시락을 내놓아서 도시락을 안 가져온 사람도 모두 다 함께 조금씩 나누어 먹었다고 말합니다. 그런데 그것을 예수님이 기적을 일으키신 것으로 믿게 되었다는 식으로 해석합니다. 여러분은 어떻게 생각하시나요?

저는 이것을 실제로 일어난 것이라고 믿습니다. 왜냐하면 이러한 내용은 오늘 본문 한 군데만이 아니고 마태복음, 마가복음, 누가복음에 다 기록되어 있기 때문입니다. 다른 본문에서는 물고기 두 마리와 보리 떡 일곱 개로 4천 명이 먹은 기록도 있습니다. 한 사람도 아니고 네 명이 사실과 다른 기록을 똑같이 남겨 놓았을 리는 만무합니다.

오병이어의 기적은 4복음서에 다 기록되어 있습니다. 제자들과 사람들이 다 눈으로 직접 목격한 사실이라는 증거입니다. 오죽하면 군중이 이 기적을 보고 놀라서 예수님을 자신들의 왕으로 삼으려고 했을까요? 실제로 유대인들은 옛날 선지자들 가운데 엘리야나 엘리사 같은 선지자들이 음식을 먹게 했던 기적을 행했다고 믿었기에, 예수님도 선지자가 아닐까 생각했고, 그랬기에 왕으로 모시려고 했습니다. 이 기적을 일으키신 후에 더 많은 사람이 예수님을 따라다니기 시작했습니다.

여러분, 오늘날에도 이런 기적은 일어날 수 있을까요? 생명의 떡 잔치는 우리에게 무엇을 말해주나요? 우리는 오늘 말씀 속에서 무엇을 깨달을 수 있을까요?

먼저, 생명의 떡 잔치는 어린아이의 마음으로부터 일어났습니다. 예수님의 말씀을 듣기 위해서 약 2만 명의 사람이 한곳에 모여 있었습니다. 진지하게 경청하는 사람들도 있었지만, 앉아서 건성으로 듣는 사람들도 있었을 겁니다. 예수님을 그저 구경하러 온 사람들도 있었습니다. 무슨 말인지 알아듣지도 못했지만, 많은 사람이 한곳에 모여 있다는 것만으로도 저절로 흥이 나서 따라온 어린아이들도 무척 많았습니다. 그런데 그 가운데 한 소년만이 도시락을 내어놓았습니다. 본문에서 아이는 '파이다리온'으로 표현

되어 있는데, 이는 소년, 혹은 젊은 사람이니까 10대 소년으로 추정됩니다. 다시 말하면, 스스로 판단할 수 있고 행동할 수 있는 아이입니다. 어른들은 자기와 자기 식구들이 먹을 것만을 생각했습니다. 어른들은 계산적입니다. 이기적입니다. 앞뒤를 따지고 듭니다. 나 하나의 도시락을 내어놓아 봤자, 이 많은 사람에게는 아무런 소용이 없다고 일찌감치 마음을 접습니다.

그러나 이 소년은 달랐습니다. 이리저리 먹을 것에 대해 걱정하는 제자들의 이야기를 엿들은 아이는 자기가 배고픈 것은 아랑곳하지 않고 선뜻 도시락을 내어놓습니다. "이걸 내놓으면 예수님이 칭찬하실 거야. 이걸로 모든 사람을 먹일 수 있을 거야. 혹시 예수님은 병자도 치유하시고 물로 포도주를 만드셨던 분이니까, 아마 기적을 베푸실지도 몰라." 이런 생각은 미처 하지 못했을 것입니다. 그저 어린 마음에, 발을 동동 구르는 제자들에게 도움이 되길 바라는 마음이었습니다.

제가 오래전에 들은 얘기입니다. 유치부 아이들이 얼마나 순진한지 잘 알 수 있는 얘기입니다. 아이들에게 물어보았다고 합니다. 박수 소리와 손가락을 마주 두드리는 소리 가운데 어떤 소리가 더 큰가를 물었더니 "대한민국!"이 더 크다고 했답니다. 그게 아이들입니다. 예수님은 "너희가 어린아이와 같지 아니하면 천국에 들어갈 수 없다"라고 말씀하셨습니다. 천국 잔치는 이렇게 티 없이 맑고 깨끗한 어린아이의 마음으로부터 시작됩니다. 생명의 떡 잔치도 보리 떡 다섯 개와 물고기 두 마리를 기꺼이 아낌없이 드렸던 한 소년의 마음에서 일어났습니다. 계산적이고 합리적이며 손익계산에 빠른 어른들의 마음에는 천국 잔치가 없습니다. 빌립은 모든 걸 늘 계산합니다. 두뇌 회전이 빠르기에 순식간에 돈 계산이 나옵니다. 식대 200데나리온, 그러나 그뿐입니다. 아무런 문제도 해결할 수 없었습니다.

안드레도 마찬가지입니다. 소년이 가져온 물고기 두 마리와 보리 떡 다섯 개가 이 많은 사람에게 얼마나 되겠냐고 부정적인 얘기를 먼저 꺼냅니다. 계산이 맞지 않는다는 것입니다. 이것이 어른들의 세계입니다.

우리는 너무나 어른들의 세계에 길들여 있습니다. 모든 걸 계산하고 돈으로 따지고 드는 습관에 익숙해져 있습니다. 어린아이처럼 단순하고 순수한 마음을 품지 못하기 때문에, 우리 주변에는 도무지 기적과 같은 일이 일어나지 않습니다. 예수님이 기적을 행하실 수 없는 게 아니라, 우리의 빠른 두뇌와 강팍한 마음이 기적을 가로막습니다. 풍성한 삶의 기적을 경험하고 싶으신가요? 생명의 떡 잔치를 체험하고 싶으신가요? 어린아이의 마음으로 돌아가세요. 그 마음을 회복하세요. 단순하고 순수한 마음으로부터 생명의 떡 잔치는 비롯됩니다.

다음으로, 생명의 떡 잔치는 나눔으로부터 일어납니다. 여러분! 한 해에 아프리카와 아시아에서 굶어 죽어 가는 사람들이 얼마나 되는지 아시는지요? 전 세계의 부, 즉 재산의 80% 이상을 전 세계 인구의 1%가 갖고 있다는 사실을 알고 계시는지요? 1세계와 3세계 사이에 빈부의 격차를 아시는지요? 이전에 동남아에서 쓰나미의 피해를 본 사람들 가운데 상당수도 최저 빈곤층이었다고 하잖아요? 주로 해안지방에 가난한 사람들이 몰려 사는데, 갑자기 바닷물이 썰물이 되니 아이들이 너도나도 물고기를 주우러 바닷가로 몰려갔다가 그만 바닷물에 휩쓸려 들어갔다고 합니다. 그래서 지진이나 홍수나 해일의 피해도 대체로 부자들보다는 가난한 지역의 사람들이 더 많이, 자주 겪게 됩니다.

핵무기를 갖고 있다고 큰소리치는 북한 주민 2,600만 명 가운데 1/4 정도가 기아에 시달리고 있다고 합니다. 겨울에는 추위와 기아가 겹쳐서 더 큰 어려움을 겪게 됩니다. 그런데 우리나라의 쓰레기처리 비용이 한 해에 수조 원에 이르는 것을 알고 계시나요? 식당마다 음식쓰레기로 넘쳐납니다. 버릴 곳이 모자랍니다. 물론 우리 가운데도 결식아동들이 있는 게 사실이지만, 북한에 우리의 남아도는 식량을 보내주는 것은 정치적인 일이 아니라 인도적인 일입니다. 못 먹고 못사는 우리 북녘 동포들을 사랑하는 마음으로 나누는 것입니다.

어린 소년은 자기의 먹을 것을 나누었습니다. 실은 자기 것을 나누면, 자기 점심은 날아간 것 아니었을까요? 내놓은 만큼 자기 몫은 줄어들게 됩니다. 그런데 놀라운 것은 자신의 도시락이 수만 개로 불어난 것입니다. 자기뿐 아니라 모든 사람이 배불리 먹게 되었습니다. 수만 배나 남는 고효율 투자였던 셈입니다. 물론 어디 상상이나 했을까요? 이것이 사랑의 법칙이요 나눔의 원리입니다. 나눌수록 더욱 풍성해지며 베풀수록 더욱 충만해지는 것, 바로 사랑의 나눔입니다. 성경은 말합니다. "흩어 구제하여도 더욱 부하게 되는 일이 있나니 과도히 아껴도 가난하게 될 뿐이라 구제를 좋아하는 자는 풍족하여질 것이요 남을 윤택하게 하는 자는 자기도 윤택하여지리라"(잠 11:24-25).

사르밧 과부는 자신과 외아들, 두 식구가 한 끼밖에 먹을 수 없는 기름 몇 방울과 밀가루 한 줌을 나누었습니다. 자기들이 먼저 먹지 않고 떡을 만들어 엘리야에게 먼저 드린 후, 자기들의 것을 나중에 만들어 먹었습니다. 아주 적은 것을 나누었습니다. 그때 기적이 일어났습니다. 엘리야와 함께 있는 동안에 오랫동안 기름이 떨어지지 않았고 밀가루가 동나지 않았습니다. 먹어도 먹어도 남아 있던 기름과 밀가루는 오직 나눔에서 비롯되었습니다.

하나님은 우리가 드린 것을 갖고 일하십니다. 물론 홀로 아무 때나 모든 걸 다 하실 수 있지만, 그렇다고 해서 공중에서 곡예를 부리시는 분이 아닙니다. 사람들에게 시도 때도 없이 만나를 허락하지는 않습니다. 이스라엘 백성이 아무것도 할 수 없었을 때, 자신들의 땅을 갖지 못했을 때, 40년 동안 하늘에서 만나를 허락하셨습니다. 아무런 수고와 노력이 없던 사람들에게, "이게 웬 떡이냐?"를 외칠 수 있도록 하는 기적 말입니다. 예수님이 물고기 두 마리와 보리 떡 다섯 개로 수만 명을 먹이셨듯이, 사르밧 과부가 엘리야에게 드린 기름과 떡이 그치지 않았듯이, 우리가 무언가를 드린 상태에서 기적이 일어납니다. 문제 해결의 실마리는 우리가 두 손을 놓아버리고 아무것도 하지 않는 데 있지 않습니다. 오히려 우리 두 손에 이미 있는 것, 그것을 하나님께 먼저 드리는 데 있습니다. 돈이 걸림돌이 되시나요? 먼저 돈을 드리세요. 건강이 문제입니까? 먼저 건강을 드리세요. 지혜가 부족한가요? 먼저 지혜를 드리세요. 이미 주어져 있는 것을 하나님께 드리세요. 그때 우리가 드린 걸 가지고 하나님은 역사하십니다.

마찬가지입니다. 우리 주변의 사람들에게도 여러분이 가지고 있는 것을 나눠 보세요. 그럴 때마다 더 커집니다. 여러분은 무엇을 가지고 계시나요? 사랑의 나눔은 우리의 삶을 부자로 만들어 줍니다. 지혜를 나누세요. 믿음을 나누세요. 재물을 나누세요. 점점 불어납니다. 수만 배로 증식됩니다. 우리가 가지고 있는 것을 나눔으로써 더 풍성해지는 삶을 체험하는 나날이 되시기를 바랍니다.

마지막으로, 생명의 떡 잔치는 오직 예수님에게서 일어

납니다. 예수님은 자신의 손에서 수만 개의 떡이 술술 나오도록 하는 마술사가 아닙니다. 먹지도 않은 떡을 먹었다고 느끼도록 하는 최면술사도 아닙니다. 생명의 떡 잔치는 예수님 자신의 긍휼 사역입니다. 오늘 본문과 또 다른 본문에 보면, 예수님이 무리를 보시고 불쌍히 여기셨다고 합니다. 왜 불쌍히 여기셨을까요? 사람들이 이리저리 헤매는 것을 보시며 불쌍히 여기셨습니다. 마치 목자 없는 양처럼 길을 잃고 다니는 사람들, 먹을 게 여기 있나 저기 있나 하면서 떼를 지어 돌아다니는 양과도 같은 사람들을 불쌍히 여기십니다.

당시에 이스라엘 사람들은 진정한 지도자를 갖지 못했습니다. "내가 민중의 지도자다"라고 자칭하는 사람들은 혹 있었지만, 그들이 존경하고 따를 만한 위대한 지도자를 갖지 못했습니다. 정치적으로 불안하고 도덕적으로 혼란하며 종교적으로 타락했을 뿐 아니라, 하루하루 먹고살기도 힘든 세상이었습니다. 더구나 일거리 없는 민중의 삶은 대단히 서글펐습니다. 그나마 정신적으로 참된 가르침을 전해줄 수 있는 스승도 없었습니다. 이스라엘 사람들에게 참된 영적인 양식을 줄 만한 사람이 없었습니다. 그랬기에 예수님을 보면서, 혹 이 사람이 아닐까라고 반신반의하면서 따라나섰던 것입니다.

사람들이 밥만 먹고 살 수는 없지만, 밥이 없이는 살지 못한다는 것은 분명한 사실입니다. 예수님은 일찍이 마귀가 처음 자신을 시험하실 때 돌로 떡을 만들어 먹으라고 하자, 이를 단호히 거절하셨습니다.

그러나 이제 보리 떡 다섯 개로 수만 개의 떡을 만드시는 기적을 행하셨습니다. 돌로 떡을 만드시는 일은 자신의 배고픔을 해결하기 위한 것이지만, 보리 떡 다섯 개로 수만 명을 먹이신 것은 배고픈 다른 사람들을 위한 것입니다. 이 기적이고 정치적인 동기로 쇼를 하는 게 목적이 아니라, 굶주린 사람들에게 선을 베푸는 것이 예수님의 본심이었습니다. 그랬기에 군중이 예수님을 그들의 왕으로 삼으려는 것을 피해서 혼자 따로 산으로 가셨습니다. 군중의 인기를 위해서, 자신이 메시아라는 사실을 알려 주기 위해서 오병이어의 표적을 행하신 것이 아니라는 말입니다.

예수님은 오천 명, 아니 수만 명에게 떡을 배불리 먹이셨을 뿐 아니라, 바로 자신이 생명의 떡이라고 말씀하십니다. "예수께서 이르시되 나는 생명의 떡이니 내게 오는 자는 결코 주리지 아니할 터이요 나를 믿는 자는 영원히 목마르지 아니하리라"(요 6:35). "내가 곧 생명의 떡이니라 너희 조상들은 광야에서 만나를 먹었어도 죽었거니와 이는 하늘에서 내려오는 떡이니 사람으로 하여금 먹고 죽지 아니하게 하는 것이니라 나는 하늘에서 내려온 살아 있는 떡이니 사람이 이 떡을 먹으면 영생하리라 내가 줄 떡은 곧 세상의 생명을 위하는 내 살이니라 하시니라"(요 6:48-51).

그렇습니다. 예수님은 생명의 떡을 나누어주실 뿐 아니라, 곧 생명의 떡입니다. 광야에서 이스라엘 백성에게 하늘로부터 떡이 내렸습니다. 그리하여 40년 동안이나 매일 사람들의 굶주림의 문제를 해결해 주셨습니다. 먹거리를 베풀어주셨습니다. 생명의 떡 잔치였습니다. 그러나 만나를 먹고도 사람들은 결국 죽었습니다. 우리도 죽습니다. 그렇지만 생명의 떡이신 예수님은 하늘에서 내려온 살아 있는 떡입니다.

세상의 생명을 위해서 주시는 예수님의 생명이 곧 온 인류가 먹고 영원토록 살 수 있는 영생의 떡입니다. 죽어도 죽지 않으며, 무릇 살아서 믿는 자들에게 영원한 생명을 주시는 예수님의 몸이요 살입니다. 그래서 "내 아버지의 뜻은 아들을 보고 믿는 자마다 영생을 얻는 이것이니 마지막 날에 내가 이를 다시 살리리라"(요 6:40)고 말씀하십니다. 물론 예수님이 이 말씀을 하실 때, 무슨 말인지 알아듣는 자가 하나도 없었습니다. 그래서 떡을 먹고 찾아왔던 사람들 가운데 상당수가 예수님의 곁을 떠났습니다. 너무 이해하기가 어려웠기 때문입니다. 그들은 생명의 떡 잔치에 참여했지만, 생명의 떡이신 예수님을 진정으로 만나 뵙지 못했습니다. 밥은 먹었지만, 우리 생명의 밥이신 예수님을 인격적으로 체험하지 못한 것입니다. 그리하여 사람이 밥으로만 사는 것이 아니라, 하나님의 입에서 나오는 말씀으로 사는 것이라는 사실을 깨닫지 못했습니다. 밥에는 감사했지만, 정작 밥을 줄 수 있는 사람은 알아보지 못하는 어리석은 사람들의 모습입니다.

여러분! 생명의 떡이신 예수님을 믿으시나요? 그것이 하나님의 뜻입니다. 그것이 영원한 생명을 얻는 길입니다. 영원한 생명의 능력을 날마다 공급받는 방법입니다. 새 하늘과 새 땅에서 마시게 될 생명수를 지금 여기서 마시고, 생명 나무의 열매를 지금 여기서 따먹는 것입니다. 오직 예수님을 믿고 예수님 안에 있게 될 때 가능한 일입니다.

사람들은 보리 떡 다섯 개와 물고기 두 마리를 드린 아이가 아니라, 여전히 평범한 어른의 모습으로 살아갑니다. 그래서 예수님의 권세와 능력을 지금 여기서 체험하기 어렵습니다. 사랑의 나눔의 법칙을 지키지 않습니다. 나눔의 원리를 따라 살아가지 않습니다. 무엇보다도 생명의 떡 자체이신 예수님을 신뢰하지 않습니다.

그러나 한 번 믿어보세요. 왜 예수님이 생명의 공급자이며 후원자이신지 체험해 보세요. 한 끼의 밥이나 떡에만 마음을 쏟지 말고, 영원한 생명을 나누어주시는 예수님의 생명의 떡 잔치에 참여해 보세요. 예수님 사랑의 말씀이 생명의 떡입니다. 달고 오묘한 그 말씀이 날 사랑하신다는 말씀으로 이루어져 있습니다. 그 말씀을 듣고 읽을 때마다 생명의 힘이 불쑥 솟아납니다. 생명의 에너지인 기쁨의 호르몬인 엔돌핀이 생겨납니다.

우리는 밥만으로는 살지 못합니다. 사랑을 먹어야 삽니다. 사랑을 나누어야 건강해집니다. 생명의 떡 잔치입니다. 어린아이 같은 마음으로 생명의 떡 잔치를 시작합시다. 베풀고 나눔으로써 부자가 됩시다. 생명의 떡이신 예수님을 굳게 믿고 따라갑시다. 먹을 것 때문에 예수님을 좇았다가, 그렇지 않다고 쉽게 떠나버리는 군중처럼 되지 맙시다. 그리하여 마침내 새 하늘과 새 땅에서 이루어질 영원한 생명의 떡 잔치에 우리 모두 함께 참여합시다. 아멘!

𝄞 함께 찬양드립니다(136장).

가나의 혼인 잔치 찾아가신 주 예수여
이 시간 찾아오사 생명수로 채우소서
하늘 문을 여시고 은혜 내려 주소서
오 주여 넘치도록 가득 채워 주옵소서

빈들의 오병이어 넘치게 한 주 예수여
이 시간 찾아오사 넘치도록 주옵소서
하늘 문을 여시고 은혜 내려 주소서
오 주여 넘치도록 가득 채워 주옵소서

병든 자 찾아가서 고쳐 주신 주 예수여
이 시간 찾아오사 어루만져 주옵소서
하늘 문을 여시고 은혜 내려 주소서

오 주여 넘치도록 가득 채워 주옵소서

제자들 두려울 때 찾아가신 주 예수여
이 시간 찾아오사 주의 평안 주옵소서
하늘 문을 여시고 은혜 내려 주소서
오 주여 넘치도록 가득 채워 주옵소서

3. 놀라운 일을 보았도다

(눅 5:17-26)

오늘 본문 말씀은 친구 네 명의 인도함을 받은 어느 중풍 병자의 치유 이야기입니다. 예수님은 가버나움의 어느 집에서 사방에서 몰려든 사람들에게 말씀을 가르치고 계셨습니다. 그 말씀 사역 가운데 병을 고치는 치유의 능력이 함께 하고 있었습니다. 그때 한 중풍 병자가 네 명의 친구의 도움을 받아 침상에 누워 예수님의 손길을 기다립니다. 빽빽이 모여든 사람들로 인해 도무지 예수님 앞으로 중풍 병자를 데리고 갈 수 없었던 네 명의 친구는 머리를 짜냅니다. 마침내 지붕에 올라가서 천장을 벗기고 병자를 침상째 무리 가운데로 예수님 앞에 내려놓았습니다. 그러자 그 사람들의 믿음을 보신 예수님께서, "이 사람아, 네 죄 사함을 받았느니라"라고 선언하십니다. 그 자리에 함께 있던 바리새인들과 율법사들이 파르르 떨며 반응을 보입니다. 하나님 외에는 죄를 용서할 수 있는 분이 없는데, 그렇다면 이것은 신성 모독죄가 아니냐는 것입니다. 예수님께서는 자신이 땅에서 죄를 사할 수 있는 권세가 있음을 알게 하려 한 것이라고 말씀하시면서, 중풍 병자에게 "일어나 네 침상을 가지고 집으로 가라"고 명령하셨습니다. 예수님의 말씀대로 중풍 병자는 일어났고, 누웠던 침상을 들고 하나님께 영광을 돌리면서 집으로 돌아갔다는 이야기입니다.

오늘 말씀을 읽으면서 여러분은 무엇을 새롭게 깨달으셨나요? 이 사건이 오늘 우리에게 주는 의미는 무엇일까요?

먼저, 우리는 긍휼에 사로잡힌 중풍 병자의 네 친구의 믿음에 주목하지 않을 수 없습니다. 혼자 몸을 가눌 수 없었던 이 중풍 병자는 정말 오랫동안 병석에 누워 있었습니다. 뇌졸중 환자는 시간이 오래 지날수록 그만큼 치유와 회복이 더디다고 합니다. 몸이 더 굳어지지 않도록 계속해서 운동을 통해 재활 훈련도 해야 하고, 침술이나 약의 도움을 받아야 합니다. 오늘 본문에 나타난 중풍 병자는 아마도 오랫동안 정상적인 생활을 할 수 없었던 사람이었나 봅니다. 그랬기에 그를 바라보는 친구들의 한숨은 늘어갔고, 이제 마지막 수단으로 예수님의 안수를 선택하게 되었습니다.

예전에 금식 기도원에 가서 보면, 그야말로 눈물이 저절로 나옵니다. 병원에서 포기한 사람들이 자리다툼을 하면서 서로 강단 앞에 자리를 잡고는, 목사님이나 부흥강사의 안수 한 번 받아보려고 기를 쓰고 노력하는 모습을 볼 수 있습니다. 그 옆에는 지치고 지친 환자의 남편이나 아내, 자녀나 부모가 있습니다. 어쩌면 이들은 환자들을 지켜줄 수 있는 마지막 사람들입니다.

오늘 본문에는 친구들이 중풍 병자를 돕기 위해서 체면도 아랑곳하지 않고 위험을 무릅쓴 채 승부수를 던집니다. 여기서 두 가지를 생각해 볼 수 있습니다. 하나는 이 중풍 병자가 몸이 병들기 전에, 평소에 인간관계가 무척 좋았을 것으로 추측해 보는 것입니다. 사실 질병으로 오래 앓아누우면, 나중에는 자식들도 얼굴을 보지 않으려 합니다. 긴 병에 효자 없다는 것 아닙니까? 실제로 남편과 아내도 서로 등을 지게 되는 경우가 많습니다.

매우 유능한 TV 드라마 PD가 있었습니다. 어느 날 미국에서 아주 큰 교통사고가 나서 하반신 마비로 인해 지금은 휠체어를 타고 있습니다. 결국 몇 년을 못 버티고 아내가 이혼을 요구하더랍니다. 하물며 친구는 어떻겠습니까? 세상의 표현으로, 술 사주고 밥 사줄 때 친구입니다. 이렇게 오래 앓아누워 있으면, 처음에는 몇 번 체면치레로 문병을 오지만, 나중에는 아무도 찾아오지 않습니다. 오랫동안 병석에 누워 있던 욥이 가장 힘들었던 것 가운데 하나가 자신이 그렇게 잘해주었던 친구들의 발길이 뚝 끊어졌을 때가 아니었을까요?

오늘 본문의 중풍 병자는 참 좋은 친구들을 두었던 것 같습니다. 사실 친구 관계는 편하고 좋을 때는 잘 모릅니다. 정말 힘들고 어려울 때 참된 친구를 알아볼 수 있습니다. 요한복음에 나타난 38년 된 중풍 병자는 가족도 친구도 없었고, 그 어떤 도움도 받지 못했습니다. 그러나 본문의 중풍 병자는 친구의 전적인 도움으로 예수님의 치유에 접촉되었습니다. 아마도 자리에 앓아눕기 전에, 움직일 수도 없기 전에, 평소에 자기 친구들에게 많은 것을 베풀었을지도 모릅니다. 세상 사람들이 다 나를 떠나도 내 옆에 있어 줄

벗을 두었다는 것은, 이 중풍 병자의 소중한 자산이 아니고 무엇이겠습니까? 그러니까 "있을 때 잘해!"가 아니라, "건강할 때 잘해. 후회하지 말고. 안 아플 때 잘해!"입니다.

저도 미국에서 발목 부상으로 인해서 석 달 동안 깁스를 했습니다, 생전 처음 해보는 발목 깁스였기에 얼마나 불편했는지 모릅니다. 제가 유학 시절에는 가깝게 지내는 가정의 아이들의 생일 선물까지 챙겨주고 경조사를 빠짐없이 챙기는 등 나름대로 인간관계 관리를 꽤 잘했다고 생각했습니다. 그런데 제가 아플 때 보니까, 그렇지도 않습니다. 물론 여러 지인의 상당한 도움을 받았습니다. 그러나 어떤 사람들은 내가 그들에게 아무런 도움을 줄 수 없을 때, 저를 찾아오지 않았습니다. 그때 다짐한 게 있습니다. "나중에 누가 아프다고 하면 무조건 먼저 달려가자. 문병을 자주 하자."

이렇게 우리는 중풍 병자의 평소 행실이 그리 나쁘지 않았다고 추측해 볼 수 있습니다. 동시에 그가 긍휼이 매우 많은 친구를 곁에 두었음을 확인하게 됩니다. 사실 친구들이 집에 모여든 무리를 보고는, "에이, 오늘은 그만두자. 내일 다시 오자"라고 하면서 물러갈 수도 있습니다. 그러나 그들은 이제까지 참고 살아온 친구의 그 엄청난 고통을 하루 더 연장하고 싶지 않았습니다. 온갖 기대를 안고 찾아온 중풍 병자 친구를 다시 한 번 좌절과 체념의 수렁에 빠뜨리고 싶지 않았습니다. 어쩌면 자신들의 그 안타까운 마음이 곧 하나님의 마음일 것이라는 굳센 믿음도 있었을 것입니다. 그 하나님의 자비로운 마음이 예수님의 손길을 통하여 나타날 것이라는 확신이 있었습니다. 그러니까 친구들의 믿음은 인간을 향한 하나님의 사랑에 대한 믿음이었습니다. 병자와 약자와 가난한 사람들을 향한 아비와 어미의 마음에 대한 믿음이 지붕을 뜯어내고 천장을 벗겨내는 무리수도 감수하게 되었습니다. 바로 그 믿음에 예수님이 감동하셨고, OK 사인을 내시면서 치유의 역사가 일어났습니다. 중풍 병자를 바라보는 친구들의 가슴속에 있는 사랑의 열정이 예수님의 가슴속에 있는 사랑의 열정과 일치되었을 때, 생명의 기운이 다시 흘러 막혔던 기와 혈이 뚫리는 놀라운 기적이 일어났습니다.

그러므로 여러분! 우리가 최악의 상황에 놓여 있을 때 더욱 빛을 발하는 친구의 자산을 소유하세요. 아니, 먼저 그들의 좋은 친구가 되세요. 좋을 땐 마냥 좋을 수 있습니다. 그러나 힘들고 어려울 때, 한계 상황의 끝에서 내게 긍휼의 손을 내밀 수 있는 평생 좋은 친구들을 지금 여기서부터 만들어 가세요. 아니, 여러분 자신이 다른 사람의 긍휼과 연민으로 가득 찬 좋은 친구 명단에 이름을 올리세요. 아플 때, 홀로일 때, 삶을 포기하고 싶을 때, 여러분을 예수님 앞으로 이끌고 갈 사람이 필요하지 않을까요?

다음으로, 우리는 최상의 방법을 동원해서 환자를 구원한 친구들의 사랑에 주목해야 합니다. 본문 말씀에 보면, 중풍 병자를 사람들이 침상에 메고 왔는데, 도무지 무리 때문에 들어갈 수가 없었다고 했습니다. 예수님의 옆에 가까이 갈 수도 없었다는 말입니다. 우리도 TV에서 가끔 연예인들을 만나려고 떼를 지어 몰려드는 중고등학생들을 보잖아요? 인산인해라는 표현이 맞을 것입니다. 도무지 한 발자국도 전진할 수 없는 경우입니다. 한참을 망설이던 친구들은 마침내 한 가지 묘수를 생각해 냅니다. "이 사람들을 뚫고 갈 수 있는 정상적인 방법은 없어. 그러나 한 가지 방법이 있다면, 지붕에 올라가서 천장을 벗겨내고 예수님께 직접 나아가는 거야." 그들은 실제로 수많은 사람이 보는 앞에서 지붕에 올라가 천장을 벗겨내고, 중풍 병자를 침상째 무리 가운데 계신 예수님 앞에 내려놓았습니다.

여러분! 이것은 매우 위험한 일이었습니다. 지붕을 뜯어내고 위에서 아래로 내릴 때 자칫 잘못하면 큰 실수를 할 수도 있습니다. 그러다가 오히려 친구들이 다칠 수도 있습니다. 갑자기 지붕이 아래로 무너져 내릴 수도 있습니다. 그렇게 되면 그 아래에 있는 무리 중에 중상자가 생겨날 수도 있습니다. 중풍 병자 한 사람 살리려다가 오히려 여러 사람을 잡을 수도 있었습니다. 어디 그뿐입니까? 이것은 상당한 값을 치러야 하는 일입니다. 멀쩡한 지붕을 뜯어내고 구멍을 뚫어 침상을 아래로 내리면, 기물 훼손에 해당하기도 합니다. 아마 어느 정도 돈을 물어주어야 했을 것입니다. 집주인이 손해배상 청구를 한다면 꼼짝없이 배상해야 합니다.

무엇보다도 이것은 사람들의 이목을 끄는 일입니다. 수많은 사람 앞에서 그렇게 했는데도 낫지 않으면 이 무슨 창피한 일인가요? 이미 예수님이 온갖 병자들을 고치셨고 심지어 귀신들이 쫓겨나갔습니다. 그런데 이 중풍 병자가 낫지 않는다면 사람들은 예수님의 능력이 모자란 게 아니라, 이 환자가 무슨 심각한 문제가 있는 거라면서 수군거리지 않겠습니까? 만일 낫지 않으면 이렇게 무리한 일을 시도한 친구들의 입장은 또 뭐가 되겠습니까? 그러나 이들은 "모 아니면 도"였고, 이판사판이었습니다. 그 어떤 위험도 감수하고 값을 치를 각오이기에, 체면도 다 내려놓은 용기 있는 행동이었습니다.

여러분! 사람을 구원하는 일에는 희생이 따릅니다. 이 친구들은 시간과 에너지와 재물과 그들의 마음을 다 쏟아부었습니다. 그저 예수님에 대한 믿음만이 아니라, 친구들의 결정적인 지혜로운 방법이 통했던 것입니다. 사실 지붕을 뚫고 예수님을 만나는 방법 외에 다른 뾰족한 수가 없었기에, 그것은 가장 효과적인 방법이기도 했습니다. 사람들은 거저 예수님 앞에 나오지 않습니다. 누군가의 결정적인 희생이 있었기 때문에 가능한 일입니다.

예전에 "고구마 전도왕"이라는 별명이 붙은 김기동 집사님이 있습니다. 지금은 목사님이 되셨습니다. 원래 예수님을 믿던 이분은 신앙생활을 대충대충 했었습니다. 하나님을 떠나서 마음대로 살아갑니다. 그런데 어느 주일에 예배를 드리지 않고 일가족이 놀러 가다가 그만 크게 교통사고를 당하게 되었습니다. 거기에서 다시 살아난 뒤에,

"내가 이렇게 살아서는 안 되겠다!"라고 다짐합니다. 그래서 이제 만나는 사람들에게 전도합니다. 사업하는 사람이기에 무슨 건수라도 잡으면, 그것이 다 전도하는 기회가 되었습니다. 고구마는 다 익을 때까지 자꾸 찔러보아야 하잖아요? 한 번 해서 안 되면 또 한 번, 이렇게 해서 안 되면 저렇게 해봅니다. 결국 김기동 집사님의 전도 상대는 얼마 지나지 않아서 주님께로 돌아오더라는 겁니다. 물론 그 한 사람을 위해서 매일 중보기도를 드리고, 밥도 사고, 기업에 도움도 주고, 좋은 정보도 나누고, 가족끼리 여행도 가고, 별의별 방법을 다 동원했다고 합니다. 물론 모든 사람에게 똑같지는 않지만, 가장 적절한 방법을 찾아서 예수님 앞으로 나올 때까지, 고구마가 다 익을 때까지 끝까지 찔러보아야 합니다.

김 집사님도 사업하느라고 매우 바쁜 분입니다. 그러나 어떻게 고구마 전도왕이 되었을까요? 자신은 이미 한 번 죽었던 사람이라는 겁니다. 교통사고로 죽었을 사람이 다시 살림 받았으니, 자신의 남은 인생은 오직 사람들의 생명을 구원하는 일에 전부를 걸었다고 합니다. 사실 천하보다 더 귀한 게 무엇일까요? 사람의 생명이 아닐까요? 바로 자기 눈앞에 펼쳐진 죽음의 문턱에서, 생명이 끝나면 다 끝이라는 걸 체험한 이후에 비로소 생명을 사랑하게 된 것입니다. 그렇습니다. 생명을 살리는 일이 집을 고치는 것보다 더 소중하다고 판단했던 오늘 본문의 중풍 병자의 친구들과 같은 심정입니다.

가끔 기도원에 가면, 병원에서 포기한 사람들을 많이 보게 됩니다. 자기 병이 낫는다면 집도, 재산을 다 팔아도 아깝지 않다고 생각하는 사람들이 있습니다. 그렇습니다. 병이 낫기만 한다면 모든 게 다 사라져도 두렵지 않다고 생각하는 사람들도 많습니다. 오래전에 인기리에 방영되었던 TV 드라마 가운데 "굳세어라 금순아"라는 드라마가 있습니다. 병원장이 사랑하는 자기 아내를 살리려고, 아내의 친자식인 금순이의 신장 하나를 이식받기 위해서 6,000만 원을 줍니다. 주변에서 아무리 말려도, "사랑하는 아내를 구하기 위해서" 비인간적이라는 욕을 먹어 가면서까지도 애를 씁니다. 이것이 아마도 오늘 중풍 병자 친구들의 마음이었을 것입니다. 사람의 생명을 구하고 병을 고치기 위해서 가장 좋은 방법을 찾는 것입니다.

여러분! 우리는 어떤 방식으로 나의 친구를 주님께로 인도할지, 치유와 회복과 구원의 역사가 나타나게 할지 생각해 보세요. 공짜로 한순간에 주어지지 않습니다. 그에 따른 값을 치러야 합니다. 시간과 에너지와 재물과 사랑을 쏟아붓는 일입니다. 누군가의 사랑의 수고를 통해서, 그리고 희생을 통해서 생명의 치유가 가능하게 됩니다. 이것은 예수님이 말씀하신 선한 사마리아 사람의 비유에서도 찾아볼 수 있습니다. 강도 만난 이웃을 그냥 버려두고 가지 않고, 자기의 포도주와 기름을 그 상처에 부어 바르고, 환자를 자기 말에 태워 여관에 데리고 가고, 가서 회복될 때까지 드는 비용을 다 대면서 한 사람을 살리려는 사마리아인의 수고를 기억하시는지요. 예수님은 바로 이 사람이 너의 이웃이라고, 그러므로 "너도 가서 이와 같이 하라"고 명령하십니다.

세상에는 우리 손길을 기다리는 사람들이 많습니다. 머리를 짜내보세요. 가장 좋은 방법을 동원해 보세요. 이렇게 우리가 희생하는 방식이 그 열매를 맺을 때까지 계속해 보세요. 삶의 의미를 잃고 소망조차 없는 중풍 병자와도 같은 사람들의 가장 신실한 친구요, 가족이 되어주세요. 이것이 생명의 길입니다.

마지막으로, 우리는 중풍 병자에게서 사죄와 치유가 동시적으로 일어났음을 확인할 수 있습니다. 영혼의 죄의 문제가 풀리면 육신의 문제도 다 풀립니다. 육신과 영혼은 구별되지만, 분리될 수 없기 때문입니다. 우리 마음이 아프면 몸도 아픕니다. 몸이 병들면 마음도 병이 들게 됩니다. 성경에서도 마음의 근심은 뼈를 상하게 한다고 했고, 시기로 인해서 뼈가 썩게 된다고 했습니다.

결혼 안 한 노처녀가 밤마다 머리가 아프다고 합니다. 병원에 가면 이상이 없답니다. 알고 보니 결혼 스트레스에서 온 것입니다. 시어머니와 갈등 속에 있는 며느리가 위장병이 생깁니다. 다 마음의 병입니다. 동시에 몸이 너무 쇠약해지면 영혼도 쇠약해집니다. 기도할 힘도 없고 봉사할 기력이 없습니다. 그런데 예수님 잘 믿는 사람은 건강합니다. 기쁨과 평안이 넘치기 때문입니다. 몸이 건강해야 신앙생활도 잘할 수 있습니다.

자기 몸이 아프면 남에게 관심을 가질 수도 없고 그들을 사랑할 수도 없습니다. 그렇습니다. 영혼이 건강하면 육신도 건강해지고, 육신이 튼튼해야 영혼도 튼튼해집니다. 그래서 우리가 꼼짝하지 못할 때, 여러분의 자리를 들고 이

동하는 데 도움을 줄 수 있는 친구들을 만들어 가시면 좋겠습니다. 이렇게 예수님은 긍휼에 사로잡힌 친구들의 믿음을 통해 치유의 역사를 허락하셨습니다.

여기서 우리는 중풍 병자에게서 사죄와 치유가 동시적으로 일어났음을 확인할 수 있습니다. 뇌졸중의 원인은 여러 가지가 있습니다. 실제로 미국에서는 소리 없는 침묵의 살인자인 심장병으로 사망하는 사람들이 1년에 백만 명 이상이라고 합니다. 심장마비나 심근 경색이 일어난 후에 네 시간이 지나버리면 사망하거나 마비가 옵니다. 고혈압이나 당뇨, 동맥경화증 등과 어우러져 합병증으로 일어나는 경우도 많습니다. 동물성 지방이 든 음식의 과다 섭취나 스트레스와 과로, 그리고 운동하지 않아서 발병하곤 합니다. 사실 난치병이란 병의 정확한 원인을 모르는 병이잖습니까? 병의 원인을 알면 치료하겠는데, 명확한 원인을 알 수 없기에 성인병이라고 두루뭉술하게 말합니다.

오늘 예수님은 중풍 병자의 병의 원인을 죄에서 찾으셨습니다. 본문 바로 앞에 나오는 한센병 환자의 치유 사역에서는 그냥 그의 믿음만 확인하시고는, 손을 내밀어 안수하심으로 치유하셨습니다. 또 소경의 눈을 뜨게 하시고 팔이 마른 사람이나 손이 마른 사람을 낫게 하실 때는, 그 병의 원인에 대해서 따로 말씀하시지 않고 곧바로 치유하셨습니다. 그러나 본문의 사건은 분명히 다릅니다. 대증치료가 아니라 원인치료를 하셨습니다. 아마도 이 중풍 병자는 과거에 무척 함부로 살았던 사람인가 봅니다. 친구 좋고 세상 좋고 돈 좋고 쾌락 좋고, 그러면서 여러 가지 죄악을 범했습니다. 그로 인해 죄책감과 스트레스, 불안과 압박감에 오랫동안 시달리다가 여기까지 오게 된 것일지도 모릅니다. 그 누구에게도 털어놓을 수 없는 숨겨진 죄가 영혼 속에 깊이 새겨져 있었을지도 모르겠습니다. 그래서 처음에는 영적 마비가 왔고, 정신적, 정서적 마비에 이르다가 결국 신체적 마비까지 이르게 되었을 것입니다. 그랬기에 이 중풍 병자의 치유는 예수님의 사죄 선포와 함께 이루어져야 했습니다.

오래전에 제가 개척해서 섬기고 있던 작은 교회에 어느 날 중풍 병자가 찾아왔습니다. 우리 교회 교인의 전도를 받고 처음 나온 중풍 병자는 약 3년 전에 갑자기 중풍이 찾아와서 오른편이 마비되었습니다. 중증 장애인이요, 뇌졸중 환자입니다. 오른쪽 팔과 손, 오른쪽 다리와 발이 마비되었고, 언어 장애가 생겨서 말을 제대로 할 수 없습니다. 당시에 그 사람은 단지 세 가지 단어만 말할 수 있었는데, "응", "아이, 열여덟", 그리고 "딱순이"였습니다. 처음에 마비 상태에서 깨어났을 때 본인이 하고 싶은 말을 할 수 없자, 마음은 급하고 그래서 그때부터 입에 밴 말이 바로 "딱순이"였습니다. 말은 하고 싶은데, 급하면 입에서 먼저 나오는 단어가 바로 딱순이요, 열여덟이었습니다.

나중에 그 아내를 통해서 환자의 사정을 들어보니, 참 딱합니다. 예전에 보석세공을 하던 분이고, 자기 공장을 갖고 있던 사장님이었습니다. 한참 때는 돈도 많이 벌었습니다. 그런데 술을 무척 좋아해서 거의 매일 술중독 상태로 살았다고 합니다. 바람도 제법 피웠습니다. 더욱이 아내가 신앙생활하는 것을 못마땅하게 생각해서 술에 거나하게 취하면, 교회에 가서 아내 집사님을 끌어내고 행패도 부리다가 경찰서에 다녀온 전과도 있습니다. 왜 그런 사람 있지 않나요? 사람은 착한데, 술만 먹으면 이상해지는 사람 말입니다. 이렇게 저렇게 함부로 살다가 결국 올 것이 오고 말았습니다. 심장마비가 왔고 처음에는 무의식 상태로 있었는데, 이제는 지팡이를 짚고 걸어 다니고 장애인 전동차를 타고 다니기도 합니다.

제가 처음에 그분을 보고는 "아, 하나님이 보내 주셨구나"라고 생각했습니다. 우리 교회는 외진 마을에 있었기 때문에, 사람 한 명이 무척 귀했습니다. 정말 천하보다 귀한 것이 사람의 생명임을 체험했습니다. 그러니 하나님께서 이분을 치유하시면 온 동네에 증거가 될 것이고, 하나님의 영광은 물론이요, 교회의 선교에도 큰 도움이 되지 않을까 기대했습니다. 얼마나 열심히 기도했는지 모릅니다. 모든 사역자와 교우들이 합심해서 기도했습니다. 그런데 기쁜 일이 일어났습니다. 이분이 드디어 세례를 받았습니다. 더 놀라운 것은 이분이 열심히 새벽기도회와 수요기도회를 나오고, 주일 오후 성경 공부에도 참여합니다.

어느 주일 오후 성경 공부 시간에 제가 어떤 질문을 던졌습니다. 그런데 이분이 갑자기 이렇게 고백하는 것입니다. 발음이 제대로 되지 않는 상태에서, "예수님, 좋아!"라고 말입니다. 저를 비롯한 모두가 깜짝 놀랐습니다. 감동했습니다. 나중에 세례 문답을 할 때, 제가 복음에 대해 질문하니 답변하는데, "십자가, 내 죄, 죄!"라고 소리치는 것입니다. 성경 공부를 하더니, 이제 확실히 알고 믿게 되었습니다. 자기의 모든 죄를 예수님께서 십자가의 피로 다 씻어 주셨다는 믿음을 갖게 되었습니다.

예수님 앞에 나와서 비록 아직 완치되지는 못했지만, 예수님의 십자가가 자신의 죄를 용서하신 하나님의 사랑임을 깨닫고, 이제부터는 하나님의 말씀을 잘 듣겠다고 우리 교우들 앞에서 다짐하기도 했습니다. 우리 교회 모든 가족은 이분에게 임할 하나님의 치유 능력을 믿었습니다. 오늘 본문에 나타난 중풍 병자를 낫게 하신 예수님의 치유 능력을 의지하면서 말입니다. 이제 그의 눈빛이 다시 살아났습니다. 죄의 문제가 해결되었기 때문입니다. 영적 마비와 정서적, 정신적 마비 상태에서 해방되고, 마침내 신체의 마비 상태에서 자유롭게 되는 날이 속히 오기를 기대하며 우리는 간절히 기도했습니다.

여러분! 물론 모든 질병의 원인이 다 죄에 있지는 않습니다. 그러나 우리의 영혼 깊숙한 곳에 자리한 죄의식, 스스로는 씻을 수 없는 죄책감이 영혼과 신체의 불균형을 가져오고, 그 약점을 타고 사탄의 역사가 일어나기도 합니다. 이로 인한 질병의 치유는 오직 예수님의 사죄 은혜로 가능합니다. 때로 교인들 가운데, 심지어 목회자들 가운데도 숨겨진 죄악, 누구에게도 털어놓을 수 없는 뿌리 깊은 죄책감으로 인해 영적, 정서적, 정신적 마비 상태에 놓여 있는 분들도 있습니다. 날마다 순간마다 그 죄의식이 우리의 하나님을 아는 지식을 훼방하고, 하나님을 사랑하는 일에 건조하게 하며, 하나님의 뜻에 순종하는 일에 굳어지고 마비되게 하고, 하나님의 일에 충성하는 일에 무기력하게 만듭니다. 그리하여 영혼과 육신의 질병을 안고 살아가는 하나님의 사람들이 의외로 많습니다.

여러분! 다시 십자가 앞으로 나아가세요. 우리의 몸이 마비되지 않았다고 안심하거나 장담할 수 없습니다. "십자가, 내 죄!"라고 말했던 우리 교회 중풍 병자처럼, 여러분도 다시 한 번 "십자가, 내 죄!"라고 고백하며 우리의 마비된 양심과 영혼이 자유롭게 되는 기적을 체험하시길 바랍니다.

𝄞 함께 찬양드립니다(280장).

천부여 의지 없어서 손 들고 옵니다
주 나를 외면하시면 나 어디 가리까

내 죄를 씻기 위하여 피 흘려 주시니
곧 회개하는 맘으로 주 앞에 옵니다

전부터 계신 주께서 영 죽을 죄인을
보혈로 구해 주시니 그 사랑 한없네
내 죄를 씻기 위하여 피 흘려 주시니
곧 회개하는 맘으로 주 앞에 옵니다

나 예수 의지함으로 큰 권능 받아서
주님께 구한 모든 것 늘 얻겠습니다
내 죄를 씻기 위하여 피 흘려 주시니
곧 회개하는 맘으로 주 앞에 옵니다

4. 어떻게 큰 일을 행하셨는지

(눅 8:26-39)

제가 청소년 시절에 몸이 아파서 기도원에 자주 갔었습니다. 그곳에 가면 꼭 만나게 되는 사람들이 있는데, 바로 귀신 들린 사람들입니다. 대체로 머리도 헝클어지고 손이나 발도 씻지 않아 더럽고, 옷도 제대로 입지 않은 채 다니는 사람들입니다. 무엇보다도 눈에 초점이 없어서 사람들을 똑바로 바라보지 못합니다. 얼굴에는 어두운 그림자가 드리워져 있습니다. 멀리서도 그 사람을 금방 알아볼 수 있습니다. 대개 가족이 옆에 늘 붙어 있는데, 자주 탈출을 시도하기 때문에 때로는 묶어 놓기도 합니다. 어떤 경우에는 쉽사리 낫지 않아서 기도원에서 아주 오랫동안 머무르기도 합니다. 간혹 여러 사람이 모여서 그 사람에게서 귀신을 쫓아내려고 찬송을 부르고 귀신을 대적합니다. 그러면 귀신 들린 사람이 입에 거품을 물고 소리를 지르면서 뒹굴기도 하고, 힘이 무척 세어져서 도무지 그 사람을 제어하지 못하는 경우가 있습니다. 간혹 정상적인 상태로 돌아오기도 하지만, 오랫동안 그 상태에 머무르면서 고통을 당하는 사람들도 있습니다. 참 안타깝습니다.

오늘날에는 정신질환자와 귀신 들린 사람을 구분하기 어렵습니다. 보통 정신질환자는 의사의 처방으로 약물을 복용하기도 하고 심리 상담을 통해 치료받습니다. 물론 잘 완치되지는 않지만, 어느 정도는 일상적인 생활을 하기도 합니다. 우울증 환자 같은 경우가 그렇습니다. 그런가 하면 아예 정신병자 병동에 갇혀 있기도 합니다. 간호사가 여러 사람 붙어 있어도 마구 소동을 피우곤 합니다. 그래서 수면제를 먹여 오랫동안 잠을 재우는데, 신경이 서서히 마비되어 갑니다. 나중에는 바보처럼 되어 갑니다. 귀신 들린 사람도 정신병자와 비슷한 증세를 보이기도 합니다. 그래서 정신과 의사들과 목회자들이 모여 토론하면, 정신병과 귀신 들림이 같은 것이다, 그렇지 않다, 이렇게 논쟁을 벌입니다.

정신병자 가운데는 귀신 들리지 않은 사람도 있고, 정신병과 귀신 들림이 함께 나타나는 사람도 있는데, 대체로 귀신 들리면 정신병 증세가 나타난다고 합니다. 사실 이 사람들은 세상에서 가장 불쌍한 사람들입니다. 암 환자도 구원받을 수 있습니다. 중풍 병자도 치유될 수 있습니다. 그러나 정신병자 혹은 귀신이 들린 사람은 도무지 구제 불능입니다.

물론 예수님을 믿는 성도는 귀신 들리지 않습니다. 우리 안에 계신 예수님이 사탄보다 더 크시기 때문에 우리는 조금도 걱정할 필요가 없습니다. 단지 사탄은 우리를 미혹하고 위협하며 공격할 뿐입니다. 그러나 불신자 중에는 귀신이 그 사람을 사로잡아서 생각과 감정과 의지를 귀신의 마음대로 조종하여 그 인격이 파괴되기도 합니다. 자아가 정상적으로 기능하지 못합니다. 그래서 때로 "미쳤다"라는 소리를 듣는 사람들입니다. 물론 자신은 절대로 미친 줄 모릅니다.

오늘 본문 말씀에도 비슷한 사람이 등장합니다. 갈릴리 맞은편 거라사인의 땅에 예수님의 발길이 닿았습니다. 이곳은 유대인이 아닌 이방인들이 사는 곳입니다. 그 도시에서 귀신 들린 자 하나가 마침 예수님을 만나게 되었습니다. 그 사람은 옷도 입지 않고 집에 살지도 않고 주로 무덤 사이에 거하는 자였습니다. 귀신이 가끔 그 사람을 사로잡았기 때문에 아예 쇠사슬과 고랑에 매어 지켰으나, 종종 맨 것을 끊고 귀신에게 몰려 광야로 나갔다고 합니다. 이리저리 헤매고 다니는 것입니다. 이쯤 되면 상태가 상당히 심각합니다. 귀신 들린 사람의 경우는 자기 힘으로 살지 못하고, 귀신이 조종하기에 한 번 힘이 세어지면 아무도 제어할 수 없습니다. 주변 사람들이 보통 고생하는 게 아닙니다.

본문의 이 사람은 이름도 안 나타납니다. 나중에 그 이름을 물으니, 귀신이 군대라고 대답합니다. 자기 이름으로 살지 못하고, 자신의 정체성이 아닌 귀신의 정체성으로 살아갑니다. 자신의 인격이 파괴되고 상실된 사람입니다. 아담이 범죄한 이후부터 사람들은 옷을 입고 살아갑니다. 그런데 옷을 입지 않는다는 것은 정상적인 사회생활을 하지 못한다는 것입니다. 집에서 가족들과 함께 살지 못합니다. 따스한 가족의 사랑을 받지도 못합니다. 아마도 처음에는 가족들이 간호도 하고 정성껏 수발도 들고 그랬을 것입니다. 그러나 한 해 두 해 시간이 지나자, 두 손 두 발 다 들었을 것입니다. 어쩌면 가족들에게서 버림받았는지도 모릅니다. 누구와도 사랑할 수도 없고 또 친구도 없습니다. 무덤 사이에 기거한다고 했는데, 살아 있으나 죽음의 자리에 있는 것입니다. 삶의 터전을 잃고 죽음을 가까이하는 것, 이게 사탄이 모든 인간을 미혹하는 것입니다.

어쨌든 하나님은 물론이고, 자기 자신과 이웃으로부터 철저히 소외되어 홀로 살아갑니다. 사람 구실도 하지 못하고, 사람대접도 받지 못합니다. 누구도 그를 한 사람의 인격으로 상대해 주지 않습니다. 무서워서 슬슬 피해 갈 뿐입니다. 그 사회에서 버려진 사람입니다. 이 사람에 대해서 누구도 관심이 없습니다. 하루하루 아무것도 하지 않고 밥만 먹는 무위도식하는 삶입니다. 아무런 희망도 없고 꿈도 가질 수 없습니다. 내일이 의미가 없습니다. 하루하루를 그냥 살아갑니다. 주변에서는 차라리 하루라도 빨리 이 사람이 죽기를 바라는 사람들도 있습니다. 이 땅에서 환영받지 못하는 비정상적인 이방인처럼 살아갑니다.

그러던 어느 날 예수님을 만나게 되었습니다. 예수님은 살아 계실 때 많은 일을 하셨지만, 그 가운데 두드러진 것이 있다면 바로 귀신 들린 사람들을 고쳐주신 일입니다. 쫓을

축(逐), 간사할 사(邪), 축사라고 합니다. 바리새인들은 예수님을 헐뜯기 위해서 귀신의 왕 바알세불의 힘을 빌려 귀신을 쫓아낸다는 비난을 하기도 했습니다. 그러나 예수님은 말씀하셨습니다. "어떻게 귀신이 귀신을 쫓아낼 수 있겠는가? 그렇다면 귀신의 왕국이 스스로 망하게 되지 않겠는가? 강한 자만이 약한 자를 제압할 수 있다. 나는 하나님 아버지의 힘으로 귀신을 내쫓는 것이다." 이렇게 당당히 말씀하셨습니다. 그렇습니다. 이 세상의 어떤 것도 하나님보다 크지 않습니다. 아무리 힘이 세다고 할지라도 하늘과 땅을 지으시고 다스리시는 하나님의 능력에 굴복합니다. 예수님은 하나님의 능력을 다 위임받은 분입니다. 그래서 예수님의 이름 앞에 사탄과 그 졸개들인 귀신들이 다 무릎을 꿇습니다. 만왕의 왕, 만물의 주님이기 때문입니다. 그러므로 우리 성도들은 영적 세계에서 강한 자입니다. 이미 우리 안에서 영원토록 떠나지 않고 내주하시는 성령님이 우리를 하나님의 자녀로 '꽝' 인을 쳐 주셨기 때문에 우리에게 손도 대지 못합니다. 겁날 것 없습니다.

오늘 본문의 귀신 들린 사람의 경우는 참 특이합니다. 그가 먼저 예수님을 알아보았습니다. 간혹 우리는 이렇게 말하잖아요? "귀신 같이 아네." "귀신이 곡할 노릇이야." 오늘 귀신 들린 자는 예수님이 누구신지 먼저 알아보았습니다. 예수님 앞에 엎드려 큰 소리로 부르짖었습니다. "지극히 높으신 하나님의 아들 예수여!" 그렇습니다. 영적인 것은 영적으로야 분별할 수 있습니다. 상대를 상대가 알아보는 것입니다. 예수님이 하나님의 아들이라는 걸 오히려 귀신들이 먼저 알아봅니다. 그래서 그 앞에서 두려워 벌벌 떱니다. 우주 만물을 지으시고 통치하시는 하나님의 아들 예수님이 사람의 육체를 입으시고 이 땅에 찾아오셨을 때, 소름이 쫙 끼쳤던 자들은 바로 귀신들이 아닐까요? "아니, 우리를 멸망시키기 위해 예수님이 이 땅에 오시다니, 하늘보다 더 높고 우주보다 더 넓으신 분이 저 하찮은 인간들을 구원하기 위해서 수치를 무릅쓰고 오시다니, 정말 징그럽네." 그랬다는 것 아닙니까?

동시에 귀신들은 자신들의 운명을 알아차렸습니다. 곧이어 귀신 들린 자가 이렇게 외칩니다. "당신이 나와 무슨 상관이 있나이까 당신께 구하노니 나를 괴롭게 하지 마옵소서"(눅 8:28b). 무슨 뜻인가요? "당신이 나에게 무슨 영향을 끼치려는 것입니까? 나는 내 최후의 운명을 잘 알고 있습니다. 그런데 당신이 오시면 나는 영원히 멸망하게 된다는 것을 압니다. 나는 영원한 불 못에 던져질 것이며, 그 전에 나를 무저갱에 가두지 마소서. 나에게 명령하여 나를 꼼짝 못하게 하지 마옵소서." 이 세상을 자기 왕국처럼 주무르며 왕 노릇하던 사탄은 예수님이 자기를 멸망시키기 위해서 오신 것을 알아차렸습니다. 이제 자신의 땅을 잃고 쫓겨나서 원래의 자리인 무저갱에 감금될 것을 두려워했습니다.

무저갱은 타락한 천사들을 가두는 곳인데, 마귀와 그의 졸개들인 귀신들의 감옥입니다. 말 그대로, 밑도 끝도 없이 깊은 곳으로서 악한 영들 가운데 일부가 최후의 심판 날까지 갇혀 있는 곳입니다. 이곳은 고통스럽고 두려운 곳임이 틀림없습니다. 이 땅에서 마음대로 사람들을 괴롭히며 자유롭게 살다가 감옥에 갇힌다는 생각만 해도 얼마나 끔찍하겠어요? 더구나 오랫동안 이 귀신 들린 사람의 육체에 거주하며 마음대로 살았는데, 예수님이 자기에게 명령하면 이 사람에게서 떠나야 한다는 사실을 직감적으로 알아챈 것입니다. 그래서 미리 두려워하며 떨고 있습니다. "나 떨고 있니?" 이렇게 말입니다.

이제 예수님이 귀신 들린 사람에게 물어보십니다. "네

이름이 무엇이냐?" 그러자 "군대"라고 대답합니다. 여기서 군대는 로마 군대의 여단 규모입니다. 중무장한 보병 6천 명에 120명의 기병으로 이루어져 있습니다. 그러니까 굉장히 강하고 힘이 센 귀신이 이 사람을 사로잡고 괴롭혀 왔던 것입니다. 보통 귀신이 들린 게 아닙니다. 한 사람의 삶이 완전히 파괴되었습니다. 그런데 정체가 탄로 난 귀신들은 이제 자기들이 무저갱에 들어가지 않기 위해서 몸부림칩니다. 그 대신에 산에 있는 많은 돼지 떼에게로 들어가도록 허락해 달라고 간청합니다.

원래 유대인들은 돼지를 부정하게 여겨서 돼지고기도 먹지 않을 뿐 아니라, 돼지를 치지도 않습니다. 그러니까 이방인들의 주 업종이 바로 돼지를 치는 것인데, 수천 마리의 돼지들에게로 들어가게 해달라고 귀신들이 요청합니다. 잠시 예수님은 망설이지 않을 수 없었습니다. 왜냐하면 돼지 한 마리의 값을 생각해 보세요. 요즘 한 100근 나가는 통돼지 한 마리가 40만 원 정도 한다고 합니다. 돼지 떼는 약 이천 마리 정도 되는데, 오늘날의 가격으로 환산하면, 약 8억 정도입니다. 물론 적은 돈이 아닙니다. 돼지 주인에게는 이루 말할 수 없이 소중한 재산입니다. 그러므로 예수님은 귀신들의 요청을 거절할 수도 있었습니다. 혹시 그랬다가 나중에 돼지 주인에게 봉변당하면 어떻게 하나요? 공연히 일을 만드는 게 아닐까요?

사실 예수님은 유대인도 아니고 이방인에다가 귀신 들린 사람인 이 사람을 외면할 수도 있었습니다. 슬쩍 피해 갈 수도 있었습니다. 곧바로 말씀으로만 명령하여 이 사람에게서 귀신을 내쫓을 수도 있었습니다. 그런데 귀신이 귀신 들린 사람에게서 나갈 때, 귀신 들린 자를 무척 괴롭히는 게 흔한 일입니다. 귀신이 집을 짓고 살다가 떠나가면서 그 사람의 몸에 경련을 일으키게 하거나, 토하거나, 동물과 같은 괴성을 지르게 하거나, 마비가 오게 하거나, 일시적으로 의식을 잃게 하거나, 거의 반죽음 상태가 되도록 하기도 합니다. 어쨌든, 해코지라도 해서 꼭 못된 짓을 하고야 맙니다.

예수님은 수천 명의 군대 귀신에게 시달리게 될 귀신 들린 사람을 한 번 더 불쌍히 여기셨습니다. 그동안 이루 말할 수 없을 정도로 힘들었을 텐데, 이제 홀가분하게 해주고 싶었습니다. 예수님에게는 수천 마리 돼지보다도 귀신 들린 한 사람의 자유가 더 소중했던 것입니다. 오랫동안 억눌리고 귀신의 노예 상태에 있던 이 사람을 해방하는 게

급선무였습니다. 철저히 파괴되었던 한 사람의 생명 치유와 회복이 더 우선이라는 겁니다. 아무 희망도 없이 버려진 한 사람의 회복을 위해서는 어떤 값비싼 희생도 감수하겠다는 의지입니다.

사람들은 귀신 들린 사람이 아무런 쓸모없는 사람이라고 생각했지만, 헐값에 쳐주지도 않았지만, 예수님은 8억보다 더 소중한 가치를 지닌 사람이라고 여기셨습니다. "사람이 만일 온 천하를 얻고도 제 목숨을 잃으면 무엇이 유익하리요 사람이 무엇을 주고 제 목숨과 바꾸겠느냐"(마 16:26). 바로 여기에서 생명과 치유와 회복과 구원의 역사가 나타납니다. 우리가 이런 예수님의 마음을 품을 때, 이 땅의 귀신들이 힘을 잃고 위축되며 그들이 머물 땅을 빼앗기게 됩니다. 하찮은 한 사람에 대한 사랑이 귀신들의 목을 조이고, 누군가를 불쌍히 여기는 마음이 귀신들의 손과 발을 꽁꽁 묶게 만듭니다. 그리하여 예수님은 명령하십니다. "돼지들에게로 들어가라!" 그러자 귀신들이 그 사람에게서 나와 돼지들에게로 들어가니, 그 떼가 비탈로 내리달아 호수에 들어가서 몰사합니다.

여러분! 이게 사탄과 귀신들의 능력입니다. 즉 도둑질

하고 파괴하고 멸망시키는 일을 합니다. 사람에게서 안 되니까 이제 돼지들을 한꺼번에 깊은 호수 속으로 빠뜨려 몰사시킵니다. 그래서 생명을 파괴하고 위협하고 멸망시키는 일은 사탄의 일입니다. 살인, 폭력, 테러, 전쟁 등도 다 그 배후에는 사탄의 세력이 있습니다. 그러나 하나님의 사역은 생명을 창조하고, 소생시키며, 치유하고, 새롭게 만드는 일입니다. 심지어 풀 한 포기조차도, 강아지 한 마리도, 모든 만물이 푸릇푸릇하게 살아 움직이도록 다스리는 분이 우리의 하나님입니다. 그러므로 우리는 날마다 하나님 생명의 능력을 의지해야 합니다. 하나님의 생명 안에 거해야 합니다. 그래서 성경은 "하나님을 가까이하라. 마귀를 대적하라"고 말씀하십니다. 생명과 치유와 회복의 역사에 동참하길 원하면 하나님의 생명 안에 거하세요. 미워하고 분쟁하고 살인하고 파괴하는 일은 사탄의 전공입니다. 이 일에 가까이하지 마십시다.

이 장면을 지켜본 사람들의 반응을 주목해 보세요. 돼지를 치던 자들이 놀라서 주인들에게 달려갑니다. 자초지종을 다 설명하자, 그야말로 야단이 났습니다. 동네 사람들이 전부 몰려왔습니다. 순식간에 일어난 돼지 떼 참사를 눈으로 목격하고는 아우성칩니다. "이게 대체 웬일이야? 아이고, 하루아침에 전 재산을 날리게 되었네. 저 사람이 무슨 능력이 있기에 이런 일이 일어났을까? 내 재산을 물어내. 저 사람이 우리 동네에 있는 한 앞으로 무슨 일이 일어날지 몰라. 빨리 우리 동네에서 나가라고 하자." 별의별 소리가 다 들립니다. 정작 이 동네 사람들은 자신들이 알고 있던, 오랫동안 귀신 들린 이 사람이 정신이 온전해진 것에는 관심이 없습니다. 이 사람이 깨끗이 나았다는 사실은 안중에도 없습니다. 크게 기뻐하며 환영할 일인데, 그것보다 온통 마음이 빼앗긴 것은 죽은 돼지 2천 마리입니다. 경제적 손실을 안타까워할 뿐, 한 사람의 생명이 소생된 것에 대해서는 마음을 쓰지 않습니다. 게다가 앞으로 예수님이 이 동네에 계속 머물러 계시면 무슨 일이 일어날지 모른다는 두려움이 앞섰습니다. 한 번도 경험해 보지 못한 신기한 능력에 압도되어, 예수님이 자기 동네를 떠나가도록 요청합니다.

여러분! 이게 오늘의 현실입니다. 이 사회에서 소외되고 억압받는 한 사람이 치유되어 새 생명을 얻는 것보다 더 관심이 있는 것은, 우리에게 이익을 주는 상황과 조건들입니다. 경제적 손실과 이익을 따지느라, 정말 본질적인 것을 바라보지도 않고 추구하지도 않습니다. 사실 여러분! 이 동네 사람들이 참 어리석은 것입니다. 귀신도 쫓아낼 수 있는 분이면 웬만한 질병 하나쯤 고치는 것은 문제없잖아요? 그 동네에 귀신 들린 사람이 한두 명이겠어요? 그들이 다 치유되면, 당사자뿐 아니라 온 가족에게 얼마나 큰 기쁨의 소식일까요? 때로 희생을 치르더라도 가장 값진 일 아닌가요? 무엇과도 비교할 수 없는 희소식입니다. 게다가 집마다 온갖 질병에 시달리는 사람들을 예수님이 한 번 치유하시면 의료비를 완전히 절약하는 것입니다. 8억에 비교할 수 없는 일입니다. 육체의 질병이 나을 뿐 아니라 정서적으로 건강해지고, 가족 사이의 사랑이 회복됩니다. 그리고 귀신 들려 아픈 사람들이 다시 일하게 되면 사회적으로도 행복해지는 것입니다. 수억 원이 문제가 아닙니다. 사람들이 다시 살아나는 일입니다. 수조 원의 경제적 효과가 창출되는 것입니다. 그러나 그들은 거기까지 미처 생각하지 못했습니다. 깊이 생각하지도, 멀리 내다보지도 못하였습니다. 단순히 눈앞의 현실에 눈이 어두워 커다란 경제적, 영적, 사회적 손해를 입었습니다. 이게 바로 이기적이고 미련한 우리의 모습입니다. 그러므로 우리는 영적인 눈으로 더 깊은 것을 꿰뚫어보아야 합니다.

이제 우리는 예수님이 가져오신 치유와 구원의 의미를 생각해 보아야 합니다. 예수님께서 다시 배에 올라 동네를 떠나려고 할 때였습니다. 방금 치유된 이 사람이 예수님께 자기도 예수님과 함께 다니게 해달라고 간청합니다. 생각해 보세요. 이 사람은 얼마나 기쁠까요? 아마 껑충껑충 뛸 듯이 기뻤을 것입니다. 세상에 태어나 처음으로 차분해지고 정신이 제대로 돌아왔으니, 이제 드디어 사람답게 살게 되었습니다. 이런 구원을 허락하신 예수님은 평생의 은인입니다. 어떻게 그 은혜를 다 갚을 수 있을까요? 예수님을 따라다니면서 사람들에게 자기가 한때 귀신 들렸던 사람이라고 간증하면, 예수님의 선교 사역도 더 잘 되고, 또 자기도 예수님과 함께 사역할 수 있으니, 이보다 더 좋은 일이 어디에 있겠어요? 그러나 예수님은 말리셨습니다. 오히려 다시 자기 동네로, 집으로 돌려보내십니다. "집으로 돌아가 하나님이 네게 어떻게 큰 일을 행하셨는지를 말하라"(눅 8:39a). 이렇게 다시 그 사람의 삶의 비전을 새롭게 주십니다. "네가 나를 따라다니려는 열정은 좋지만, 그보다 더 중요한 게 있다. 이제 너도 전에 네가 있던 자리로 돌아가라.

그곳에서 너를 잘 알던 사람들에게 네가 어떻게 귀신으로부터 풀려났는지, 자유롭게 되었는지를 말해라. 그리고 이제 다시 새로운 삶을 시작해라. 옷도 제대로 입고 다니고, 가족에게로 돌아가서 함께 어울려 살고, 너 스스로 일을 해서 밥을 먹고 살아라. 이제 말도 생각도 행동도 정상적으로 하고, 일상적인 삶을 사는 데 어려움이 없도록 잘 적응해가라. 친구도 사귀고, 사랑도 해서 가정도 만들고, 자녀도 낳고 행복하게 살아라. 직업도 갖고 사람답게 살아라. 그게 네가 할 일이다. 하나님의 은혜를 갚는 일이다."

그렇습니다. 예수님은 귀신 들린 사람의 정신을 온전하게 하셨습니다. 그것으로 끝이 아닙니다. 아주 오랫동안 사람 구실을 하지 못했던 이 사람이 다시 사회인으로 회복되는 데는 시간이 걸립니다. 마음과 육체가 치유되고 회복되었다고 해서, 가족과 이웃, 그리고 사회로부터 환영받는다는 보장이 없습니다. 예수님은 이제 이 사람이 다시 사람들과 어울리고, 사람들에게 적응하고, 사회의 건강한 구성원이 되도록 스스로 노력하도록 기대하십니다. 그리하여 구원이 단지 사탄의 세력으로부터 해방되는 것만이 아니라, 모든 관계성의 회복을 통하여 완성되는 것임을 확인해 주십니다. 그러자 본문에서 귀신 들렸던 사람은 예수님의 기대대로 행동했습니다. "그가 가서 예수께서 자기에게 어떻게 큰 일을 행하셨는지를 온 성내에 전파하니라"(눅 8:39b).

우리도 마찬가지입니다. 우리 한 사람 한 사람은 예수님을 믿기 이전에 다 사탄의 종노릇 하던 자들입니다. 불순종의 자녀요, 진노의 자식들이었습니다. 그러나 예수님을 믿고 하나님의 자녀가 되어 이제 자유와 해방과 치유와 회복의 삶을 시작했습니다. 이제 내가 있는 자리는 무덤이 아닙니다. 죽음의 자리가 아닙니다. 새로운 생명의 자리입니다. 내 삶의 자리에서 사람 구실을 잘하고 사람대접을 받으며 살아가라고 예수님은 명령하십니다. 날마다 예수님이 내게 베풀어주신 큰 일을 사람들에게 전파하고, 소외되었던 모든 인간관계를 화해와 회복으로 이끌어 가야 합니다. 가정에서, 직장에서, 사회에서 버려진 사람이 아니라, 꼭 필요한 바로 그 한 사람이 되어야 합니다.

이제 우리는 사탄의 종이 아닙니다. 결단코 귀신 들리는 일도 없습니다. 그러나 여전히 사탄과 귀신의 위협과 유혹과 공격에 시달립니다. 하지만 두려워하지 않을 것은 내 안에 예수님이 계시기 때문입니다. 그러면 귀신들이 우리를 보고는, "아이고, 지극히 높으신 하나님의 아들, 딸이구나. 감히 손댈 수 없지." 그러고는 슬쩍 물러갑니다. 우리가 할 일은 날마다 순간마다 하나님을 더욱 가까이하며 사단을 대적하는 일입니다. 내 삶의 자리에서 최선을 다하는 것입니다.

오늘도 우리는 치유와 회복과 구원의 과정 가운데 있습니다. 내가 살아야 할 이유가 분명히 있습니다. 내 안에 예수님이 계신 것과 내가 날마다 주님 안에서 죽고 다시 사는 것을 몸으로 삶 속에서 증언해야 합니다. 그게 우리의 일입니다. 귀신 들린 자를 고치신 예수님께서 기대하시는 모습입니다.

𝄞 함께 찬양드립니다(348장).

마귀들과 싸울지라 죄악 벗은 형제여
담대하게 싸울지라 저기 악한 적병과
심판 날과 멸망의 날 네가 섰는 눈 앞에
곧 다가오리라
영광 영광 할렐루야 영광 영광 할렐루야

영광 영광 할렐루야 곧 승리하리라

마귀들과 싸울지라 죄악 벗은 형제여
고함치는 무리들은 흉한 마귀 아닌가
무섭고도 더러운 죄 모두 떨쳐 버리고
주 예수 붙들라
영광 영광 할렐루야 영광 영광 할렐루야
영광 영광 할렐루야 곧 승리하리라

마귀들과 싸울지라 죄악 벗은 형제여
구주 예수 그리스도 크신 팔을 벌리고
너를 도와주시려고 서서 기다리시니
너 어서 나오라
영광 영광 할렐루야 영광 영광 할렐루야
영광 영광 할렐루야 곧 승리하리라

Ⅳ

이토록 뜻밖의 사랑

제자들의 발을 씻으시고

그 잃은 것을 찾아내기까지

와서 조반을 먹으라

1. 제자들의 발을 씻으시고

(요 13:1-11)

오래전에 신문에서 읽은 기사입니다. 호주 의학계에서 발표한 연구 결과인데, 사랑하면 오래 산다고 합니다. 사람이든 사물이든 간에 열정을 갖고 사랑하는 사람은 건강하다는 말입니다. 비록 싱글이라 할지라도 자기가 몰두할 수 있는 취미를 갖고 운동하거나 애정을 쏟고 돌보아줄 동물이나 식물이 있는 사람은 그만큼 오래 산다고 합니다. 왜냐하면 사랑은 시간의 개념을 새롭게 해주기 때문입니다.

사랑하는 사람과 함께 있으면 1시간이 5분과 같게 느껴집니다. 자기가 좋아하는 게임을 즐기고 있노라면 언제 시간이 간 줄도 모릅니다. 사랑이 우리가 몰두하고 있는 순간을 잊게 해주고, 우리를 시간으로부터 자유롭게 해주기 때문입니다. 심지어 암 환자도 가족과 친지의 따스한 사랑의 돌봄을 입게 되면 그만큼 면역력이 강화되어 치유 속도가 빨라지기도 합니다. 때로는 의사가 예상한 생존 기간보다 더 오래 살기도 하지 않습니까? 사랑은 이 지상에서 가장 아름답고 소중한 가치요 덕일 뿐 아니라 가장 강력한 묘약이기도 합니다.

예수님은 33년 동안 이 땅에 살아 계시면서 많은 사람을 사랑하셨습니다. 특히 3년 반 동안 누구보다도 자기 제자들을 끔찍이 사랑하셨습니다. 그런데 오늘은 무척 특별한 행동을 하십니다. 지상에서 마지막 만찬을 하시는 도중에 예수님이 제자들의 발을 씻겨 주신 것입니다. 이 행동은 무엇을 의미할까요? 오늘 우리에게 무엇을 가르쳐 주고 있나요?

먼저, 예수님은 자기 사람들을 끝까지 사랑하셨습니다. "유월절 전에 예수께서 자기가 세상을 떠나 아버지께로 돌아가실 때가 이른 줄 아시고 세상에 있는 자기 사람들을 사랑하시되 끝까지 사랑하시니라"(요 13:1). 우리는 여기서 예수님 사랑의 수준과 강도를 알 수 있습니다. "끝까지"는 헬라어로 '에이스 텔로스'인데, '결정적으로', '영원토록', 그리고 '충분할 정도로'라는 뜻입니다. 자신의 에너지를 남김없이 쏟아붓는 것을 말합니다. 제자들의 가장 더러운 발을 씻기까지 사랑하셨다는 말입니다.

사랑의 상처는 대부분 어느 한 편의 배신에서 비롯됩니다. 처음에는 날마다 "널 사랑해!", "너 없이는 못 살아!"라고 말하던 사람의 마음이 어느새 다른 사람에게 가버렸을 때, 우리는 심한 배신감을 느낍니다. 그 사랑의 약속을 믿었는데 믿음이 깨어진 것입니다. 심지어 사랑이 열매를 맺어 결혼한 뒤에도, 남편 혹은 아내의 외도와 불륜으로 인해 입는 상처 또한 적지 않습니다. 그래서 요즘 사람들은 쉽사리 갈라서지 않습니까?

예수님은 이미 가룟 유다의 배신을 예상하고 계셨습니다. "마귀가 벌써 시몬의 아들 가룟 유다의 마음에 예수를 팔려는 생각을 넣었더라"(요 13:2). "너희가 깨끗하나 다는 아니니라 하시니 이는 자기를 팔 자가 누구인지 아심이라 그러므로 다는 깨끗하지 아니하다 하시니라"(요 13:10b-11). 예수님은 열두 제자 가운데 가룟 유다의 변심을 알고 계셨음에도 불구하고 그의 발을 씻어 주셨습니다. "야, 너는 빠져!" 그러면서 그를 건너뛰지 않으셨습니다. 은 30에 예수님을 대제사장과 관원들에게 넘겨 주기로 결정한 뒤에도 아무렇지도 않게 마지막 만찬에 참석한 가룟 유다의 속을 꿰뚫어보셨습니다. 그러나 예수님은 끝까지 가룟 유다를 포함한 제자들을 사랑하셨습니다.

사실 사람을 사랑하기 시작하는 것은 그리 어렵지 않습니다. 그러나 끝까지 상대를 사랑하는 것은 참으로 어려운 일입니다. 상대의 단점이 눈에 들어오고 약점이 눈에 띕니다. 때로는 부딪혀서 그를 받아들일 수 없다는 생각이 들기 시작할 때도 여전히 그 사람에게 관심을 지닌 채 용납하고 책임지는 것은 그리 쉬운 일이 아닙니다. 그래서 우리 사람들의 사랑은 이기적이며 언제든지 변할 수 있습니다. 가장 숭고한 사랑이라고 불리는 자녀에 대한 부모의 사랑도 한결같지는 않습니다. 그 사랑도 변하기도 합니다. 부부간의 사랑도 마찬가지입니다. "돌아서면 남"이라는 말도 있지 않습니까? 그래서 부부 사이는 일촌도 사촌도 아닌 무촌이라고 합니다. 그뿐 아니라 사람들의 사랑은 주고받는 조건적인 사랑입니다. 하나를 주면 그것을 반드시 돌려받고, 하나를 받았으면 다시 돌려주는 것이 당연한, 매우 조건적인 사랑입니다. 그래서 자기가 준 것을 돌려받지 못했을 때 분노하고 원망하며 등지고 돌아서게 됩니다.

그러나 예수님의 사랑은 다릅니다. 먼저 주시는 사랑입니다. 자신의 어떤 것, 즉 일부를 주시는 것이 아니라, 자신을 통째로 주십니다. 가장 귀한 생명을 다 주십니다. 우리의 자격이나 조건에 얽매이지 않습니다. 우리가 무엇인가를 먼저 예수님에게 선물로 주었다거나 혹은 사랑의 약속을 한 것도 아닙니다. 일방적으로 자신을 내어주고 희생하시는 사랑입니다. 그 사랑이 십자가에서 나타났습니다. 우리가 사랑을 요구한 것도 아니었는데, 그저 자발적으로 주셨습니다.

더욱이 예수님의 사랑은 끝까지 책임지는 사랑입니다. 예수님은 자기의 죽음이 얼마 남지 않은 시점에서 사랑하는 제자들을 한 번이라도 더 자세히 보고 기억하기 위해서 그들을 깊이 응시했습니다. 마치 사람들이 죽기 전에 세상에 남겨진 사랑하는 사람들의 얼굴을 자신의 두 눈에 담듯이, 그렇게 담으셨습니다. 3년 반 동안이나 진리를 가르쳐 주었건만, 아직도 서로 누가 크냐, 누가 더 높으냐의 문제로 싸우고 있는 한심한 제자들에게 마지막으로 진리를 몸으로 직접 보여 가르쳐 주셨습니다. 말과 혀로만이 아니라, 행동으로 자신의 사랑을 보이셨습니다. 최후까지 포기하지 않고 스승의 도리를 다하셨습니다.

다음으로, 예수님이 먼저 발을 씻어 주셨습니다. 오늘 말씀에 의하면, "저녁 먹는 중 예수는 아버지께서 모든 것을 자기 손에 맡기신 것과 또 자기가 하나님께로 오셨다가 하나님께로 돌아가실 것을 아시고 저녁 잡수시던 자리에서 일어나 겉옷을 벗고 수건을 가져다가 허리에 두르시고 이에 대야에 물을 떠서 제자들의 발을 씻으시고 그 두르신 수건으로 닦기를 시작하여"(요 13:4-5)라고 했습니다. 유대인의 풍습에 따르면, 타인의 발을 씻겨 주는 일은 그 집안의 가장 비천한 종에게 맡겨진 일이었습니다. 예수님의 이 모습은 종이나 노예가 주인을 섬기기 위해 취하는 일반적인 자세입니다. 겉옷을 벗은 것은 제자들의 발을 씻기신 일이 그저 단순한 제스처가 아니라, 진정으로 땀과 정성이 담긴 행동이었음을 밝혀 줍니다.

사람과 사람이 만나면 으레 힘의 관계가 형성되기 마련입니다. 예를 들면, 부모와 자녀 사이, 스승과 제자 사이, 주인과 종 사이, 왕과 신하 사이, 사장과 직원 사이에 높고 낮음, 크고 작음, 많고 적음의 관계가 형성됩니다. 그래서 반드시 두 명 이상이면, 누가 리더냐의 논쟁이 말없이 시작됩니다. 누가 더 높은지, 누가 더 힘이 센지에 대해서 소리 없는 전쟁이 일어납니다. 실제로 어떤 형태로든 사람들은 서로 영향을 주고받게 되어 있습니다. 세상 사람들은 계급을 나누고 서열을 정해서 우월과 종속의 관계를 확실하게 설정합니다. 특히 군대 사회가 그렇지 않나요? 상명하복이라고 해서 윗사람의 명령에 무슨 일이 있어도 무조건 복종해야 합니다. "안 되는 것도 되게 하라!" 이것이 군대의 구호가 아닌가요? 이는 계급 사회의 특징입니다. 권력을 가진 자가 높은 자리에서 더 많이 누리는 것, 그리고 낮은 자가 권력을 가진 높은 자를 섬기는 것입니다.

그러나 예수님은 새로운 사회를 시작하셨습니다. 높고 낮음을 구분하는 권력의 생리를 근본적으로 뒤바꾸셨습니다. 뿌리째 뒤흔드는 작업을 하셨습니다. 바로 오늘 제자들의 발을 씻기신 사건입니다. 간혹 어느 나라의 왕이 평민의 복장을 하고 사람들이 사는 모습을 탐색하려고 나타난 적은 있습니다. 그런데 그 왕이 평민의 발을 씻겨 주었다라는 이야기는 이제까지 들어보지 못했습니다. 하늘과 땅의 권세를 지니신 만왕의 왕 예수님께서 친히 가장 낮은 자리로 내려오셨습니다. 주님이신 분이 종처럼 행동하셨습니다. 선생이 제자처럼 행동하셨습니다. 예수님은 이 세상의 사랑과 다른 사랑을 시작하셨습니다. 그것은 모든 사회의 계급의 법칙을 깨뜨리는 것입니다. 예수님은 말씀하십니다. "너희 중에 누구든지 크고자 하는 자는 너희를 섬기는 자가 되고 너희 중에 누구든지 으뜸이 되고자 하는 자는 너희의 종이 되어야 하리라 인자의 온 것은 섬김을 받으려 함이 아니라 도리어 섬기려 하고 자기 목숨을 많은 사람의 대속물로 주려 함이니라"(마 20:26b-28).

이렇게 자신이 세상에 오신 목적은 삶의 원리를 새롭게 하심이라고 말씀하십니다. "너희는 그렇지 않을지니 너희 중에 큰 자는 젊은 자와 같고 다스리는 자는 섬기는 자와 같을지니라 앉아서 먹는 자가 크냐 섬기는 자가 크냐 앉아서 먹는 자가 아니냐 그러나 나는 섬기는 자로 너희 중에 있노라"(눅 22:26-27). 사실 제자들은 유월절 만찬 석상에서도 "누가 더 크냐, 더 높으냐?"로 심하게 다투며 싸우기까지 했다고 기록되어 있습니다. 세베대의 아들 요한과 야고보는 어머니의 치맛바람까지 동원해서 나중에 예수님이 높은 자리에 오르시면, 예수님의 좌우편 핵심 요직을 달라고 인사 청탁까지 하지 않았습니까? 온통 제자들의 관심은 권력의 한자리에 있었습니다. 더 많은 힘을 얻고 누리며, 더 높은 자리에 오르는 것이 그들의 정직한 야망이었습니다.

그러나 예수님은 그들과 다르게 행동하셨습니다. 거꾸로 살라고 하십니다. 그것이 건강한 사회로 가는 지름길이요, 개인에게도 건강한 삶을 누릴 수 있는 길이라고 하십니다. 사실 높은 자리에 오르는 것은 겉으로는 화려하고 좋아 보이지만, 꼭 그런 것만은 아닙니다. 반드시 대가를 치러야 하기 때문입니다. 더 오르려 할수록, 더 높아지려 할수록, 더 누리려 할수록 그만큼 더 스트레스를 받게 됩니다. 남을 누르고 그 자리에 올라선다는 것, 그리고 낮은 자리에 있는 사람들로부터 그에 상응하는 대접을 받고자 하는 것은 그만큼의 중압감을 느끼도록 해줍니다. 도무지 마음을 비울 수가 없습니다. 자신의 목표에만 눈이 고정되어 있기에 주변을 돌아볼 여유가 없습니다. 그래서 정작 자신이 원하는 자리에 올랐을 때는 몸에 병이 들어서 때로 아무것도 누리지 못한 채 두 손을 놓아야 하기도 합니다. 예수님은 우리가 그렇게 살지 않기를 원하십니다.

오히려 사랑은 자기가 먼저 해주는 것입니다. 즉 주도권을 내가 쥐는 것입니다. 요즘 TV 드라마를 보면 모든 게 다 사랑 이야기입니다. 대부분 사랑의 아픔과 상처의 원인은 먼저 상대로부터 사랑받기를 원한다는 데 있습니다. "네가 먼저 사랑해라. 그러면 내가 널 사랑해 줄게"입니다. 이 세상에는 배고파 굶어 죽는 사람보다 사랑의 굶주림에 시달리는 사람이 너무 많습니다. 자식들의 무관심 속에 버려진 노인들, 부모의 무책임 속에 홀로 남겨진 아이들, 스승의 인색함에 방치된 학생들, 실연의 상처로 가슴을 앓는 사람들도 있습니다. 다들 타인의 사랑을 기다리고 있습니다. 목말라하고 있습니다. 채워지지 않는 기대만큼 실망하고, 또 그만큼 외로워합니다. 수많은 무리 중에서 홀로 고독을 느낍니다.

그런데 누군가의 발을 씻어 줄 때, 대야에 담긴 물의 온도를 상대에게 맞추는 게 중요합니다. 상대가 좋아하는 물의 온도로 준비해야 합니다. 상대는 뜨거운 물을 좋아하는데 너무 차갑거나, 미지근한 물을 좋아하는데 너무 뜨거우면 아무리 발을 씻어 주어도 마음에 들지 않습니다. 상대에게 전혀 도움이 되지 않습니다. 헛수고하는 것입니다. 상대는 자기가 사랑을 받았다고 생각하지 않습니다. 그런데 우리는 대부분 자기 방식대로 사랑하려고 합니다. 상대가 자기의 언어와 취미, 성격과 기분에 맞추어 주길 기다립니다. 때로 우리는 어떤 사람과는 사랑의 코드가 잘 맞지 않습니다.

예수님은 일찍이 말씀하셨습니다. "그러므로 무엇이든지 남에게 대접을 받고자 하는 대로 너희도 남을 대접하라 이것이 율법이요 선지자니라"(마 7:12). 무슨 뜻인가요? "자기가 대접받고 싶은 대로 먼저 남을 대접하라. 인정받고 싶은 만큼 먼저 인정하라. 칭찬을 받고 싶은 대로 먼저 칭찬하라. 선물을 받고 싶은 만큼 먼저 선물을 하라. 봉사를 받고 싶은 만큼 먼저 봉사하라"는 말입니다. 먼저 상대를 잘 이해하는 것이 중요합니다. 상대방의 성격과 취향과 기호에 맞추어 사랑해야 합니다. 그래서 예수님은 먼저 제자들의 발을 씻어 주셨습니다.

여러분! 적절한 물의 온도로 제자들의 발을 씻기시는 예수님의 모습을 닮아가기를 바랍니다. 남이 내게 무엇인가를 먼저 해주기를 눈이 빠지도록 기다리지 말고, 한 박자 먼저 움직입시다. 먼저 하는 사랑이 예수님이 우리에게 요구하는 일입니다.

마지막으로, 예수님은 서로 발을 씻어 주도록 본을 보이셨습니다. "그들의 발을 씻으신 후에 옷을 입으시고 다시 앉아 그들에게 이르시되 내가 너희에게 행한 것을 너희가 아느냐 너희가 나를 선생이라 또는 주라 하니 너희 말이 옳도다 내가 그러하다 내가 주와 선생이 되어 너희 발을 씻었으니 너희도 서로 발을 씻어 주는 것이 옳으니라 내가 너희에게 행한 것 같이 너희도 행하게 하려 하여 본을 보였노라"(요 13:12-15). 사랑은 상호적입니다. 어느 한 쪽의 일방적인 사랑은 짝사랑이라고 합니다. 여러분! 짝사랑의 아픔을 아시는지요? 아무리 그를 사랑하고 싶어도 상대가 반응하지 않을 때, 눈길조차도 주지 않을 때 겪게 되는 고통을 누구나 한 번씩은 겪지 않았나요? 그런데 예수님은 우리에게 짝사랑을 요청하지 않으셨습니다. 오히려 이렇게 말씀하십니다. "새 계명을 너희에게 주노니 서로 사랑하라 내가 너희를 사랑한 것 같이 너희도 서로 사랑하라 너희가 서로 사랑하면 이로써 모든 사람이 너희가 내 제자인 줄 알리라"(요 13:34-35). 서로 사랑하라고 하십니다.

바울도 권면합니다. "형제를 사랑하여 서로 우애하고 존경하기를 서로 먼저 하며"(롬 12:10). "모든 겸손과 온유로 하고 오래 참음으로 사랑 가운데서 서로 용납하고"(엡 4:2). "서로 대접하기를 원망 없이 하고"(벧전 4:9).

요한도 말씀합니다. "사랑하는 자들아 하나님이 이같이 우리를 사랑하셨은즉 우리도 서로 사랑하는 것이 마땅하도다"(요일 4:11).

예수님은 먼저 제자들의 발을 씻겨 주셨습니다. 그리고 바로 그 제자들이 서로 발을 씻겨 주길 명령하십니다. 그래서 자신이 먼저 본을 보여주신다고 하십니다. 여기서 본이라는 건 "눈 아래에 놓아 보여주는 것"을 뜻합니다. 직접 눈으로 보고 배우는 것을 말합니다. 이보다 더 정확하고 확실한 학습은 없습니다. 예수님이 하나씩 둘씩 제자들의 발을 씻기실 때 제자들의 마음은 어떠했겠습니까? 무척 황송하지 않았을까요? 태어나서 처음 그런 대접을 받으니, 아마도 몸 둘 바를 몰랐을 것입니다.

제가 오래전에 한 교회에서 중등부를 지도할 때, 해마다 여름 수련회 도중에 세족식의 순서를 갖곤 했습니다. 열

명씩 한 조가 되어 단체 학습과 훈련을 마친 후, 맨 마지막 순서에 제가 직접 개울가에서 그들의 더러워진 발을 씻어 줍니다. 운동장에서 구르기도 해서 온몸이 땀에 젖어 있는 그들의 시커먼 발을 씻기려 하면, 어떤 아이들은 부끄러워 발을 내놓지 못합니다. 무척 어색해합니다. 그러나 제가 정성껏 발을 씻긴 후에 수건으로 닦아 주며 간절히 그들을 위해 기도하면, 어느새 그들의 눈가에 눈물이 흐릅니다. 저는 그들을 위해서 "평생 남들의 발을 씻어 주며 섬김의 삶을 살게 해주세요"라고 기도했습니다. 그 아이들이 지금 어디에서 무엇을 하는지는 잘 알 수 없지만, 평생 잊지 못할 기억으로 남아 있으면 좋겠습니다.

여러분! 만일 그 학생들이 자기 발이 더럽다고 미안해서 제게 발을 끝내 내놓지 않는다면 저는 그들의 발을 씻을 수 없었습니다. 발을 씻겨 주고자 할 때 상대가 끝내 거절하면 어쩔 수 없습니다. 어떤 분들은 사랑을 받는 것을 무척 어색해하기도 합니다. 받는 사랑에 익숙하지 않아서, 누가 하나를 주면 반드시 서너 개로 갚아야 속이 시원하다는 분들이 있기도 합니다. 자기는 남들에게 빚지고는 못산다고 말합니다. 그러나 예수님은 서로 사랑의 빚을 지라고 말씀하셨습니다. 어렸을 때부터 사랑을 받는 일에 능숙하지 못한 분들에게는 사랑을 받는 훈련이 필요합니다. 우리는 가능한 한 사랑을 많이 받아야 비로소 줄 수 있는 존재이기 때문입니다. 그래서 서로 발을 씻는 훈련이 중요합니다.

함께 식사하면서도 누가 더 크냐, 누가 더 높으냐의 문제로 다투던 제자들이 이젠 조용해졌습니다. 주인이 아니라 종처럼 살라는 예수님의 말씀이 무거웠지만, 침묵 가운데 깊이 생각할 수 있는 시간이 되었습니다. 서로 발을 씻겨 주는 삶을 살라는 예수님의 말씀을 가슴에 새겼습니다.

예수님이 돌아가시고 부활하신 후에, 오순절 성령님이 강림하신 후에 그들은 달라졌습니다. 이제 누가 더 잘났는지의 문제로 싸우지 않습니다. 함께 마음을 합하여 기도하면서 베드로를 리더로 세워 주기도 하고, 죽은 가룟 유다 대신에 맛디아를 뽑을 때도 서로 자기주장을 하지 않습니다. 자기 사람을 심으려고 하지도 않습니다. 오직 사람의 마음을 아시는 하나님을 의지해서 제비를 뽑습니다. 계속해서 제자들은 서로를 격려하며 말씀과 기도로 초기 교회를 섬기고 봉사하는 일에 전력했습니다. 마지막에는 곳곳에 흩어져서 복음을 증언하다가 예수님처럼 죽임당하기까지 철저히 자신들의 몸과 마음을 헌신했습니다. 세상 사람들의 발을 씻겨 주는 일을 거절하지 않고, 예수님처럼 세상 사람들을 사랑함으로써 예수님의 제자임을 보여주었습니다.

제게 오래도록 잊히지 않는 어린 시절에 들은 이야기가 있습니다. 천국과 지옥의 차이가 무엇인가에 대해서 어느 부흥사 목사님이 해주신 말씀입니다. 어떤 사람이 천국과 지옥을 여행했는데, 지옥과 천국이 별 차이가 없다고 합니다. 밥도 반찬도 똑같고 숟가락도 똑같지만, 그 숟가락이 주걱처럼 크고 길다고 합니다. 식탁에서 밥을 먹는 것을 보니까, 지옥에 있는 사람들은 식탁에서 서로 자기 밥을 먼저 먹으려고 애를 씁니다. 숟가락이 크니까 밥을 자꾸만 옆으로 흘리게 되고, 결국엔 한 술도 먹지 못해 점점 야위어 갑니다. 그러나 천국에서는 어떻습니까? 서로 자기 밥을 주걱 같은 숟가락으로 자기 앞에 앉은 다른 사람에게 떠 넣어줍니다. 결국에는 한 사람도 밥을 굶지 않고 영양 상태가 좋다는 것 아니겠어요? 이것이 천국과 지옥의 차이입니다.

자기만 생각하고 욕심을 부리는 사람들이 있는 곳이 지옥입니다. 그러나 천국은 서로에 대한 봉사와 섬김이 있는 곳입니다. 서로 발을 씻겨 주고 서로 먹을 것을 나누는 사람들이 있는 곳에 천국이 이루어집니다. 이렇게 봉사와 섬김은 성도의 마땅한 도리입니다. 우리가 서로 발을 씻겨 주는 것은 해도 좋고 하지 않아도 되는 선택 사항이 아닙니다. 의무 규정입니다. 일방의 섬김이 아닌 쌍방의 섬김입니다.

아직도 우리 가운데 사람들이 왜 나의 발을 씻겨 주지 않느냐고 원망하는 사람들이 있나요? 왜 내가 남에게 베푼 만큼 돌아오지 않느냐고 불평하는 사람들이 있나요? 언제나 남에게 인정받고 대접받는 일에 익숙해져서 혹 그런 대접을 받지 못하게 되면 속에서 분노가 치미는 사람들이 있나요? 혹은 남이 자기 발을 씻겨 주려 하면 어색해서 끝까지 거절하는 사람들이 있는지요? 흔히 한국교회의 여러 가지 문제점 가운데 하나를 꼽는다면, 장로, 권사, 집사 등 직분자들이 먼저 섬기는 것보다 대접받는 일에 익숙한 모습을 종종 보여준다는 것입니다. 그러나 잊지 마세요. 교회 직분은 봉사직입니다. 더 많은 교인과 목회자들을 효과적으로 섬기며 돕도록 직분을 받은 것입니다. 교인들의 발을 씻겨 주고 궂은일을 도맡아 하라고 특별한 직분을 맡겨 주신 것입니다. 교인들을 먼저 대접하라고, 낮은 자리에서 일하라고 기회를 주신 것입니다. 우리끼리 서로 대접하며 사랑하는 훈련을 쌓아가야 합니다. 먼저 낮은 자리로 내려가야 합니다. 그래서 서로 발을 씻겨 주어야 합니다.

여러분! 오늘도 예수님은 다시 겉옷을 벗으시고 허리에 수건을 두르시며 우리의 발을 씻겨 주시길 원하십니다. 2,000년 전이나 오늘이나 여전히 주님이시면서도 종의 자리로 내려가셔서 우리를 끝까지 사랑하고 섬기기를 원하십니다. 동시에 우리를 예수님의 제자로 부르셨으니 먼저 상대의 발을 씻어 주도록, 그리고 서로 발을 씻어 주도록 강권하십니다.

그러므로 교회를 통하여 무엇을 얻을 수 있을까 생각하기 전에, 교회를 위하여 무엇을 섬길 수 있을까에 대하여 진지하게 생각하는 우리가 되길 바랍니다. 교회 안에서 내가 먼저 발을 씻어 줄 사람이 누구인지 찾아보시길 바랍니다. 그 사람의 성격과 기호와 언어에 맞추어 발 씻을 물을 준비하고 있는지 자신을 살펴보시길 바랍니다. 우리가 이 작은 공간에서부터 서로 발을 씻겨 주는 훈련을 쌓아가지 못한다면, 우리 안에 천국은 이루어지지 않습니다. 자기 욕심에 치우쳐 상대의 아픔과 결핍과 필요를 보지 못하고 그들을 돕지 못하는 사람들이 있는 곳이 바로 지옥입니다. 사랑의 영양실조가 있는 곳입니다. 그러나 우리가 섬기는 교회는 사랑의 영양 상태가 매우 좋은 천국 같은 건강한 교회가 되길 바랍니다. 이것이 스트레스를 받지 않고 오래 사는 길입니다. 건강의 비결입니다. 이전보다 더욱 서로의 발을 씻겨 주는 일에 익숙해지고, 그래서 더욱 풍성한 사랑의 공동체를 이루기를 예수님은 기대하십니다.

𝄞 함께 찬양드립니다(220장).

사랑하는 주님 앞에 형제 자매 한자리에
크신 은혜 생각하며 즐거운 찬송 부르네
내 주 예수 본을 받아 모든 사람 내 몸 같이
환난 근심 위로하고 진심으로 사랑하세

사랑하는 주님 앞에 온갖 충성 다 바쳐서
괴로우나 즐거우나 주님만 힘써 섬기네
우리 주님 거룩한 손 제자들의 발을 씻어
남 섬기는 종의 도를 몸소 행해 보이셨네

사랑하는 주님 예수 같은 주로 섬기나니

한 피 받아 한 몸 이룬 형제여 친구들이여
한 몸 같이 친밀하고 마음으로 하나 되어
우리 주님 크신 뜻을 지성으로 준행하세

2. 그 잃은 것을 찾아내기까지

(눅 15:1-7)

오래전 모 공영방송에서 방영된 JMS라는 약칭을 지닌 정명석 교주의 행적에 관한 탐사 보도를 진지하게 시청한 적이 있습니다. 이 사람은 늘 주변에 키가 크고 늘씬하고 얼굴이 예쁜 여신도들을 대동하고 다니면서 교주 노릇을 하는 사람입니다. 그런데 정명석 교주로부터 성폭행을 당했다는 피해자들의 고소가 잇따르자 오랫동안 장기 해외 도피 생활을 했고, 최근에는 법의 최종 심판을 기다리고 있습니다. 그룹 성관계를 갖는가 하면, 젊은 여자들에 둘러싸여 춤추고 광란의 몸짓을 하는 장면이 홍보용 비디오에 담겨 있기도 합니다. 보통 여성들을 유혹할 때면, "네가 주님을 영접하게 될 것이다"라고 해서 저항할 수 없게 만든다고 합니다. 원래 JMS교는 기독교가 아닌 통일교에서 나왔습니다. 성적인 코드를 담은 사이비 종교입니다. 그들의 교리에 의하면, 메시아인 정명석 교주와 성교를 통해서 구원에 이를 수 있다고 말합니다. 피해자들 가운데 한 명이 이렇게 울부짖었습니다. "사람들이 교주에 대해서 이렇게 저렇게 얘기할 때, 저는 믿지 않았어요. 그러나 당해보니까 이제 알겠어요. 이분을 통해서 예수님을 믿고 은혜를 받았는데, 이제 내 인생은 누가 책임지나요?"

저는 TV를 보면서 대단히 분노했고 무척 속이 상했습니다. 도대체 말이 되나요? 어디 그 사람이 메시아요, 주님입니까? 거짓 선지자입니다. 종말에 가까울수록 이런 사기꾼들이 수도 없이 등장할 것입니다. 다른 한편 저는 너무나 안타까웠습니다. '그 피해자들이 상처받고 예수님을 떠나면 어떡하나? 일평생 씻을 수 없는 상처를 입어 다시는 기독교에 돌아오지 않고 멸망에 이르게 되면 어떡하나?' 그뿐 아니라 우리는 '어떻게 사람들이 그 정도로 분별이 없을 수 있을까?'라고 의아해합니다. 요즘 세상 사람들은 무엇이 옳은지 그른지조차 판단할 수 없는 어리석은 양과 같습니다. JMS교 교인들은 목자를 잘못 만난 양들입니다. 무엇엔가 홀린 사람들처럼 맹신자와 광신자들이 되어 매스컴에서 비판하면, 오히려 사탄이 자기들을 파괴하려고 공작을 펴는 것이라고 해서 더욱 똘똘 뭉치고 단결한다고 합니다. 참으로 미련하고 어리석은 사람들입니다. 거짓의 영에 사로잡혀 판단력을 상실한 사람들입니다. 잃은 양입니다. 늑대에게 잡아먹힌 불쌍한 양들입니다.

예수님은 다릅니다. 성경은 종종 신자와 예수님의 관계를 양과 목자의 관계로 묘사합니다. 예수님 자신이 "나는 선한 목자"라고 선언하셨습니다. 오늘 본문 말씀은 널리 알려진 비유입니다. "잃은 양의 비유"라고 하는데, 내용은 이렇습니다. "양 일백 마리를 돌보는 목자가 어느 날 양 한 마리를 잃어버린 것을 발견하게 되었다. 곧장 그 목자는 양 99마리를 들에 두고는 잃은 양 한 마리를 찾아내기까지 열심히 찾아다녔다. 마침내 찾아낸 뒤에 양을 자기 어깨에 둘러메고 집에 와서 친구들을 불러 모아 기쁨의 축제를 벌였다." 여기서는 예수님이 이 비유의 말씀을 하신 배경이 더 중요합니다. 본문에 보면, "모든 세리와 죄인들이 말씀을 들으러 가까이 나아오니 바리새인과 서기관들이 수군거려 이르되 이 사람이 죄인을 영접하고 음식을 같이 먹는다 하더라"(눅 15:1-2)라고 했습니다. 당시에 바리새인들은 종교적 지배계층으로서 자신들이 일반 사람들과 매우 구별된 신분이라고 생각했습니다. 서기관들도 마찬가지입니다. 이 사람들은 특히 죄인들과 세리들을 아예 사람으로 취급하지 않았습니다. 물론 식탁에서 함께 밥을 먹는 일은 상상도 할 수 없는 일입니다.

당시에 이스라엘 사람들은 식탁에서 함께 식사하는 일은 서로 같은 부류끼리 하는 것으로 여겼습니다. 부자와 가난한 사람이, 바리새인과 죄인이 함께 식사한다는 것은 불가능한 일입니다. 그런데 예수님은 거침없이 세리와 죄인들과 어울려 식사했으니, 이것을 지켜본 바리새인들이 얼마나 기가 막혔을까요? 그래서 수군거리며 비웃었던 것입니다. "어떻게 하나님의 말씀을 전한다는 사람이 죄인들과 한통속이 되었는가? 유유상종이라고, 끼리끼리 노는 게 아닌가?"라고 말입니다. 그런 바리새인들에게 예수님이 하신 말씀이 바로 누가복음 15장의 세 가지 비유입니다. 첫째는 잃은 양을 찾은 목자의 비유, 둘째는 잃은 드라크마를 찾은 여인의 비유, 셋째는 잃은 아들을 되찾는 아버지의 비유입니다. 오늘은 잃은 양을 찾는 목자의 비유를 살펴보려 합니다. 당시에 바리새인들 가운데는 적지 않은 사람들이 양을 쳤다고 합니다. 예수님은 그들 사이에 흔히 일어날 수 있는 일을 예화로 들어 자신의 깊은 뜻을 전하고자 하셨습니다.

여기서 잃은 양이란 누구를 가리킬까요? 그리고 잃은 양을 찾으시는 예수님의 모습에서 우리는 무엇을 배울 수 있을까요?

먼저, 잃은 양은 누군가의 유혹으로 말미암아 길을 잃어버린 양입니다. 여기서 길을 잃었다는 표현은 '속임 당했다'라는 뜻으로 사용되었습니다. 즉 '미혹되다'라는 동사가 사용되었습니다. 자신의 욕망으로 말미암았든지, 아니면 누군가의 미혹에 이끌려 그릇 가다가 아예 길을 잃어버리게 되었다는 의미입니다. 대체로 양들은 시력이 약하다고 합니다. 멀리 내다보지 못하고 바로 앞 양의 엉덩이만 바라보고 졸졸 따라갑니다. 양들이 무리를 지어 다니다가 바로 앞에 가는 양이 길을 잘못 들면, 순식간에 온 양 떼가 계곡 아래로 굴러떨어질 수도 있습니다. 그래서 양들은 목자의 인도를 받아야 합니다. 길을 잘못 들면 목자가 양들을 사정없이 막대기로 때립니다. 방향을 잘못 가지 않도록 말입니다. 그리고 양들은 목자가 내는 소리를 듣고 목자를 따른다고 합니다. 사실 양은 가축 가운데 가장 유순한 동물이라고 하잖아요? 목자 없이는 결코 살 수가 없는 존재가 양입니다. 목자에게서 멀리 떨어진 양, 길을 잃고 헤매어도 찾는 목자가 없는 양에게는 아무런 희망이 없습니다. 어디 그뿐인가요? 사나운 이리와 늑대가 호시탐탐 먹이로 삼고자 기회를 노리고 있습니다. 목자가 한눈을 팔면 금방 위험에 처할 수 있습니다.

예수님 당시의 세리나 죄인들이 바로 그런 처지에 놓여 있었습니다. 누구 하나 그들을 이해하고 동정해 주는 사람들이 없었습니다. 그들은 늘 사회의 중심부에 들어가지 못하고 주변에서 서성대고 있었습니다. 이웃에게는 천대받고, 종교 지도자들에게는 죄인으로 낙인찍혔기에 그렇습니다. 아무런 삶의 희망도 없었습니다. 인생의 길을 잃은 자들입니다. "우리는 다 양 같아서 그릇 행하여 각기 제 길로 갔거늘." 원래는 양의 무리에 들어 있었지만, 자기 길로 가버린 양들입니다. 불쌍한 사람들입니다.

왜 목자는 양 99마리를 들에 두고 한 마리의 양을 찾기 위해 산과 계곡을 헤매었을까요? 당시에 유대인들의 기준에 따르면, 300마리의 양을 치는 목자를 부유한 목자로 여겼다고 합니다. 100마리 정도를 목양하면 영세민에 해당합니다. 그러니까 오늘 비유에 나오는 목자는 그리 여유 있는 사람은 아니었습니다.

어렸을 때 저는 이 말씀을 읽으면서 참 의아했습니다. "양 99마리는 중요하지 않다는 말인가? 잃은 양을 찾는다는 보장도 없는데, 그까짓 한 마리쯤 포기하는 게 더 실속 있는 일이 아닌가? 아직 울타리에 들어가지 않은 양 99마리에 신경을 써야 더 책임 있는 목자가 아닌가?" 이렇게 의문이 생겼습니다.

이에 대한 여러 가지 신학자들의 견해가 있습니다. 페린(N. Perrin)은 한 마리 잃은 양을 찾는 데서 오는 기쁨이 남은 99마리의 양을 보호하는 것을 능가하기에, 정상적인 조치도 취하지 않고 예수님은 잃은 양을 찾으러 급하게 나선 것이라고 주장합니다. 반면에 하워드 마샬이라는 분은 잃어버린 한 마리의 양도 소중하게 여기지만 남은 양들도 소중히 여기기 때문에, 다른 동료나 조수에게 99마리의 양을 돌봐주기를 부탁하고는 목자가 한 마리 양을 찾아 나섰다고 주장합니다. 여기서 "들"은 목초지이기 때문에 그렇게 위험한 장소도 아닙니다. 어쨌든 당시 유대인의 풍습을 볼 때, 99마리의 양은 아무런 조치도 없이 방치된 것은 아니라는 말입니다.

저는 여기서 목자가 99마리의 안전 조치를 취했는가 아닌가에 초점을 맞출 것이 아니라, 오히려 목자에게서 잃어버린 한 마리의 양이 얼마나 소중하고, 또 긴급했는지를 주목하는 것이 더 옳다고 생각합니다. 목자는 눈에 보이는 것이 없었습니다. 한 마리의 양에게 온통 관심이 집중되어 있었기 때문입니다. 그게 목자의 마음입니다. 이전에 저도 목회할 때, 주일 아침에 성도들의 얼굴이 보이지 않으면 제 눈이 계속해서 그들을 찾습니다. 예배가 시작되고 15분, 20분이 지나도록 교인들을 기다립니다. 출입문을 계속해서 바라봅니다. 한 주 내내 지난 주일에 출석한 교인들보다 결석한 교인들이 더 궁금합니다. "무슨 이유일까? 혹 아프지는 않은가? 요즘 삶이 힘든가? 말하지 못할 무슨 사정이 있는 것일까?" 매우 걱정스럽습니다. 그게 목자의 마음인가 봅니다. 예수님의 마음입니다.

세상 사람들은 으레 숫자를 강조합니다. 흔히 목회한다

고 하면, 상대방은 대뜸 "요즘 몇 명이나 모이나요?"라고 묻습니다. 사람들의 관심은 숫자의 많고 적음에 있습니다. 목회자들 가운데 교인들의 숫자 늘리기에 혈안이 되어 있는 분들도 많습니다. 어떻게 해서든지 다른 교회 교인들이라 할지라도 자기 교회로 인도하려고 애를 씁니다. 아파트 주변에서는 소위 "양 쟁탈전"이 벌어집니다. 그런데 예수님은 잃은 양을 찾으라고 했지, 옆집 양을 빼앗아오라고 하지 않으셨습니다. 질보다 양에 더 우선순위를 두면서, 어려움에 놓인 한 마리 잃은 양을 불쌍히 여기지 않고 그저 경제적 효율성에 집중하는 목회자는 참 목자라고 할 수 없습니다. 삯꾼 목자입니다.

예수님에게는 한 마리의 양이 중요합니다. 이스라엘 목자들은 자기 양을 생명처럼 여겼습니다. 낮에는 양들을 푸른 초장과 물가로 인도하고 밤이 되면 우리에 가두어 두는데, 그때 양들의 숫자를 일일이 확인합니다. 한 마리라도 모자라면, 나머지 양들은 다른 사람에게 부탁하여 맡겨두고는 잃은 양을 찾아 나섭니다. 목자들은 잃은 양을 찾는 데 명수라고 합니다. 자기 양 한 마리 한 마리의 특성을 잘 알고 있고, 또 양의 발자국을 확인하는 데 탁월한 재능을 갖고 있다고 합니다. 그래서 험한 들과 계곡을 다니면서도 결국에는 잃은 양을 찾아온다고 합니다. 만일 양이 들짐승에게 먹혔으면, 그 털이라도 찾아와야 동료들에게 참 목자로 인정받는다고 합니다.

이처럼 잃은 양을 찾기 위한 목자의 집념은 바로 성도들의 구원을 위한 주님의 모습을 보여줍니다. 세상 끝까지라도 찾아가서 잃은 양을 찾기까지 온갖 위험을 무릅쓰는 선한 목자이신 예수님의 애절한 사랑이 눈물겹습니다. 저 높고 높은 하늘의 보좌를 버리시고, 상처받고 찢겨버린 어린 양처럼 길을 잃어버린 인류에게 찾아와 손 내미시는 예수님의 희생적인 사랑이 아름답습니다. 오늘도 자신의 정욕에 물들어 사탄의 유혹에 빠져 헛된 길로 나아가는 양을 향하여 예수님은 간절히 그들을 부르십니다. 자신이 직접 찾아 나섭니다. 이처럼 잃은 양을 찾으시는 예수님을 신뢰합시다.

다음으로, 잃은 양은 양의 무리에서 소외된 양입니다. 언제나 사람들이 모이면, 그곳에는 중심에 서는 사람들이 있는가 하면, 주변을 맴도는 사람들이 있습니다. 실제로 이것은 동물의 세계에서도 마찬가지입니다. 언제나 여론을 주도하고 이끄는 사람들과 주변을 빙빙 도는 사람들이 있게 마련입니다. 이런 분들은 왠지 남의 집에 와 있는 것만 같아서 어색해하고, 주변 사람들과 잘 어울리지도 못합니다. 물론 이유는 여러 가지입니다. 성격 탓도 있고, 신앙의 색깔 탓도 있고, 또 알게 모르게 자신이 가진 상처나 콤플렉스가 작용하기도 합니다. 그래서 어떤 분들은 몇 달에 한 번씩 교회를 옮겨 다닙니다. 새로운 교회에 가서는 또 적응하지 못하고 다른 교회를 찾아 나섭니다. 실망의 연속입니다. 교회가 사랑이 없다고, 식었다고 불만을 품기도 합니다.

우리는 우리의 주변을 돌아보아야 합니다. 함께 있는 사람들이 소외감을 느끼는지, 누가 모이기를 꺼리는지, 누가 상처를 받고 괴로워하는지, 얼마나 삶에 힘들어하는지를 눈여겨보아야 합니다. 그들이 무리에게서 나뉘지 않도록 가까이 가야 합니다. 예수님의 마음으로 그들을 위로해야 합니다. 작은 도움이라도 주어야 합니다. 우리는 내가 몇십 년을 믿었고, 어느 교회 권사이고 하는 이런 껍데기를 벗어버려야 합니다. 지위나 신분의 문제가 아닙니다. 몇 년을 더 믿었으니 초신자에게 먼저 다가가서 그들에게 신앙의 선배로서 도움을 주어야 합니다. 장로요 권사요 집사이기에 더 그들을 섬기고 도우라고 주신 봉사의 직분을 감당해야 합니다.

잃은 양을 찾으시는 예수님은 무리 가운데 소외된 자들을 부르시고, 그들과 함께 밥을 먹었습니다. 그래서 바리새인들과 서기관들에게 조롱을 당하기도 하셨습니다. 예수님은 엄청난 신분의 차이를 사랑으로 극복하셨습니다. 아니, 자신을 친히 죄인들의 무리와 동류로 여겨지도록 낮추셨습니다. 우리는 섬김을 받기 위해서, 인정을 받기 위해서 교회에 나오는 것이 아닙니다. 오히려 자신을 낮추고, 다른 사람들의 아픔을 치유하고, 그들의 어려움을 함께 나누려고 교회에 몸을 담고 있는 것입니다. 남이 나를 알아주든 말든 그것은 내 몫이 아닙니다. 잃은 양을 찾기 위해 자신을 낮추신 예수님의 모습을 닮아갑시다. 소외된 우리의 이웃에게 예수님의 마음을 보여줍시다.

마지막으로, 잃은 양은 스스로 목자를 떠난 양입니다. 요즘에 의외로 주변을 돌아보면, 한때 교회에 몸을 담았다가 떠난 사람들이 그렇게나 많습니다. 인터넷 사이트에 들어가 보면, 반(안티)기독교 사이트들이 활발하게 움직이고 있습니다. 알고 보면 이 사람들은 한 번도 교회에 나가지 않은 불신자들이 아니라, 이전에 교회에 출석해서 열심히 다니던 사람들입니다. 교회 운영이나 재정에 대해서 실망했다든지, 목회자에게 상처받았다든지, 교인들과 불화했다든지, 혹은 형제나 친척 가운데 교인인 사람에게 돈을 빌려주었다가 돌려받지 못했다든지, 뭐 이런저런 이유로 인해서 반기독교 세력이 되었습니다. 노골적으로 기독교를 비난하고, 또 한국에서 기독교가 더는 발을 붙이지 못하도록 해야 한다고 외치는 사람들입니다. 아마 가족이나 친척 가운데 최소한 한 사람쯤은 이런 분들이 있을지도 모르겠습니다. 아무리 전도해도 소용없고, 오히려 대놓고 방해하기도 합니다. 아예 기독교인과는 상종하지 않겠다고 장담하는 사람들도 있습니다. 여러 해 동안, 아니 수십 년 동안 길을 떠나 방황하는 사람들도 있습니다. 참 안타까운 일입니다.

예수님은 이런 사람들도 결단코 포기하지 않으십니다. 하나님과 예수님의 관심은 "모든 사람이 하나님을 알고 예수님을 믿게 되는 것입니다." 계속해서 변함없는 사랑의 추적자가 되어, 산과 들과 계곡에 이르기까지 목자를 떠나고 양 떼를 떠난 양들을 부르십니다. 그게 바로 예수님이 이 땅에 오신 목적입니다. "예수께서 대답하여 이르시되 건강한 자에게는 의사가 쓸데없고 병든 자에게라야 쓸데 있나니 내가 의인을 부르러 온 것이 아니요 죄인을 불러 회개시키러 왔노라"(눅 5:31-32). "내가 친히 내 양의 목자가 되어 그것들을 누워 있게 할지라 주 여호와의 말씀이니라 그 잃어버린 자를 내가 찾으며 쫓기는 자를 내가 돌아오게 하며 상한 자를 내가 싸매 주며 병든 자를 내가 강하게 하려니와 살진 자와 강한 자는 내가 없애고 정의대로 그것들을 먹이리라"(겔 34:15-16). "나는 선한 목자라 선한 목자는 양들을 위하여 목숨을 버리거니와, 나는 선한 목자라 나는 내 양을 알고 양도 나를 아는 것이 아버지께서 나를 아시고 내가 아버지를 아는 것 같으니 나는 양을 위하여 목숨을 버리노라"(요 10:11, 14-15). "너희가 전에는 양과 같이 길을 잃었더니 이제는 너희 영혼의 목자와 감독 되신 이에게 돌아왔느니라"(벧전 2:25).

여기서 초점을 맞추어야 할 것은 길을 잃은 양이 아니라, 그 양을 찾기까지 계속해서 찾아다니시는 예수님의 사랑입니다. 참으로 끈질긴 사랑입니다. 어지간하면 중간에 포기할 수도 있으련만, 마지막 남은 한 사람도 결코 내버려 두지 않는 예수님의 질기고 질긴 사랑입니다. 그러므로 예수님이 아직 포기하지 않은 사람을 우리가 먼저 포기할 수는 없습니다. 예수님이 여전히 찾고 부르시는 사람들을 우리가 먼저 외면해서도 안 됩니다. 우리도 예수님처럼 찾고 또 찾아야 합니다. 반드시 열매가 있을 것입니다.

목자는 이제 양을 찾아 자기의 어깨에 메고 돌아옵니다. 어떤 학자는 양이 기진맥진해서 움직일 수 없게 되었기 때문에 목자가 어깨에 메고 옮길 수밖에 없었다고 합니다. 그러나 이것은 단순히 양을 어깨에 메고 두 손으로 잡고 이동하는 것을 의미하지 않습니다. 목자가 느끼는 즐거움의 표현일 수 있습니다. 자기 발로 걸어 나가서 양 떼를 이탈했던 양이 이제 주인인 목자의 어깨에 의지하여 돌아오고 있습니다. 고집불통인 죄인들이 자기 스스로 죄악의 방탕한 길로 나갔다가 자신의 힘으로는 스스로 돌아올 수 없기에, 이제 목자의 힘에 의지하여 돌아오는 장면입니다. 그리하여 사랑하는 친구들과 함께 축제를 즐기는 목자의 모습은 마치 죄인 하나가 하나님께로 돌아올 때, 하늘에서 천군 천사와 함께 축제를 벌이시는 하나님의 모습을 떠올리게 합니다.

오늘 예수님은 말씀하십니다. "내가 너희에게 이르노니 이와 같이 죄인 한 사람이 회개하면 하늘에서는 회개할 것이 없는 의인 아흔아홉으로 말미암아 기뻐하는 것보다 더하리라"(눅 15:7). 여러분! 왜 예수님이 아흔아홉 마리 양에 관심이 없으시겠습니까? 그러나 길을 잃고 헤매다가 돌아온 한 마리의 어린 양을 바라보는 목자의 심정은 곧 하늘에 계신 하나님의 마음입니다. 양을 어깨에 메고 돌아오는 목자의 심정을 어찌 다 말로 표현할 수 있을까요?

그렇습니다. "악인은 그의 길을, 불의한 자는 그의 생각을 버리고 여호와께로 돌아오라 그리하면 그가 긍휼히 여기시리라 우리 하나님께로 돌아오라 그가 너그럽게 용서하시리라"(사 55:7). 회개하고 주님께로 돌아오는 자를 바라보는 하나님과 천군 천사의 기쁨은 하늘보다도 바다보다도 더 큽니다. 한 사람의 생명이 천하보다도 더 귀하기 때문입니다. 우리도 잃은 양을 끝까지 찾으시는 예수님의 마음을 닮아가야 합니다. 그 예수님의 마음을 품고 우리 주변에 있는 길 잃은 양들을 찾아 나서야 합니다.

동시에 교회 안에서 소외감을 느끼는 자들을 돌보아야

합니다. 스스로 목자를 떠난 강퍅해질 대로 강퍅해진 사람들도 포기하지 않아야 합니다. 잃은 양을 찾으시는 예수님의 마음으로 세상 끝날까지 최선을 다하시길 바랍니다. 아멘.

𝄞 함께 찬양드립니다(277장).

양떼를 떠나서 길 잃어버린 나
목자의 소리 싫어서 먼 길로 나갔네
방탕한 이 몸은 큰 불효 행하여
아버지 음성 싫어서 먼 길로 나갔네

양 잃은 목자는 그 양을 찾으러
산 넘고 강을 건너며 사막을 지났네
갈 길을 모르고 나 지쳐 있을 때
그 목자 마침 나타나 날 구원하셨네

내 목자 예수는 날 사랑하셔서
그 피로 나를 씻으사 온전케 하셨네
길 잃은 양 찾아 큰 위로 주시고

그 우리 안에 이끌어 늘 보호하시네

양떼를 떠나서 맘대로 다녔네
나 목자 음성 들으며 그 길을 따르리
나 이제 후로는 방황치 않으며
내 아버지의 집에서 영원히 살겠네

3. 와서 조반을 먹으라

(요 21:1-17)

오늘 본문 말씀은 아름다운 치유가 이루어진 현장으로 우리를 안내합니다. 예수님은 십자가에서 죽고 부활하셨습니다. 몇 번씩이나 제자들에게 자신의 부활하신 모습을 보여주셨습니다. 그런데 오늘 본문을 살펴보면, 베드로를 비롯한 몇몇 제자들이 이제 삶의 소망도 잃고 미래의 꿈도 꾸지 못한 채 다시금 옛날 생활로 돌아갑니다. 자기들의 옛 직업인 물고기 잡는 일을 다시 시작했습니다. 바로 그 자리에 예수님이 찾아오셨습니다. 그리고 놀라운 치유가 일어납니다. 상처 입은 베드로, 실패한 베드로, 좌절과 낙심에 빠진 베드로를 찾아오신 예수님은 어떻게 아름다운 치유를 베푸셨을까요?

먼저, 예수님의 아름다운 치유는 기억의 회복을 통한 치유입니다. 물고기를 잡으러 나간 예수님의 제자들은 그날 밤에 예수님을 먼저 알아보지 못했습니다. "예수께서 바닷가에 서셨으나 제자들이 예수이신 줄 알지 못하는지라"(요 21:4). 제자들은 열심히 밤새 그물을 던졌지만, 물고기를 한 마리도 잡지 못했습니다. 빈손이었습니다. 그때 누군가 말을 건넵니다. "예수께서 이르시되 얘들아 너희에게 고기가 있느냐 대답하되 없나이다 이르시되 그물을 배 오른편에 던지라 그리하면 잡으리라 하시니 이에 던졌더니 물고기가 많아 그물을 들 수 없더라"(요 21:5-6). 이것은 어디선가 들어본 이야기이지 않나요? 맞습니다. 3년 전에 예수님의 사역 초창기에 이와 비슷한 일이 있었습니다. 누가복음에 보면, 베드로의 배에 앉아서 말씀을 전하시던 예수님이 밤새 한 마리의 물고기도 잡지 못했던 베드로에게, "깊은 데로 가서 그물을 내려 고기를 잡으라"고 하셨습니다. 말씀대로 하니, 정말 그물이 찢어질 정도로 많은 고기를 잡게 되었습니다. 그때와 똑같은 일이 벌어졌습니다. 어느덧 까마득히

잊혔던 바로 그 일이 눈앞에서 생생하게 되살아났습니다.

어디 그뿐인가요? 이제 자기들에게 말씀하신 분이 예수님이신 줄 알아본 제자들을 위해서, 육지에 숯불을 피워놓으시고 생선과 떡을 준비해 놓으셨습니다. 밤새도록 고기를 잡느라 시장한 제자들에게, "와서 조반을 먹으라"고 다정하게 초청하십니다. "예수께서 가셔서 떡을 가져다가 그들에게 주시고 생선도 그와 같이 하시니라"(요 21:13). 이 장면은 어디선가 본 적이 있지 않나요? 3년 동안 함께 먹고 마시고 삶을 나누었던 시간이 불현듯 떠오르지 않았을까요? 무엇보다도 예수님이 돌아가시기 바로 직전에 있었던 유월절 식사가 생각납니다. 함께 사랑의 식사를 나누었던 기억이 회복됩니다. 친교의 식탁이 회복됩니다.

우리는 다 기억을 갖고 살아갑니다. 그것이 긍정적이든 부정적이든, 아름다운 것이든 추한 것이든, 즐거운 것이든 괴로운 것이든 기억 속에서 우리는 살아갑니다. 어떤 경우는 시간이 지나면서 서서히 망각의 강을 건너 희미하게 흐려지는 것들도 있습니다. 그러나 때로 어떤 것은 시간이 지날수록 더욱 또렷해지기도 합니다. 그래서 후회와 죄책감으로 인해 잠 못 이루는 밤을 보내는 사람들도 많습니다.

소위 불면증이라고 해서 생각이 꼬리에 꼬리를 물고 나타나서 꼬박 밤을 새우기도 합니다. 미래에 대한 불안과 염려보다도 오히려 과거의 기억으로 인해 고통당하는 사람들이 얼마나 많은지 모릅니다.

그래서 기억을 통해 치유가 이루어집니다. 무의식에 잠재되어 있던 고통이 되살아납니다. 아주 어릴 적에 있었던 아픔들이 들추어집니다. 살아오면서 끊임없이 꾹꾹 눌려왔던 억압된 상처들이 의식의 수면 위로 떠오릅니다. 그 순간에 환자들은 분노하고 아파하며 소리를 지르고 고통을 호소합니다. 바로 그런 것들이 치유를 가능하게 합니다. 치유의 과정에 기억이 얼마나 중요한지 모릅니다.

베드로는 부활하신 예수님을 만났지만 예수님의 얼굴조차 똑바로 바라볼 수 없는 깊은 죄책감을 느끼지 않을 수 없었습니다. 예수님과 함께 죽겠다고, 감옥까지도 가겠다고, 다른 사람들이 다 예수님을 버릴지라도 자신만은 그러지 않겠다고 호언장담했던 베드로입니다. 그랬던 그가 결국에는 군중의 위협에 눌려서, 자기 생명의 안전을 위해서 예수님을 결정적인 순간에 배신했습니다. 인격적인 신뢰가 치명적으로 깨어진 채, 배신자의 대명사가 되어버린 자신을 스스로 용서할 수 없었습니다. 그뿐 아니라 예수님도 자기를 용서하지 않으실 것이라는 두려움에 압도당했을 것입니다. 때로 닭 우는 소리만 들려도 온몸이 경직되고 긴장했을 수도 있습니다.

그런 베드로에게 예수님은 기억을 통한 치유의 손길을 내미십니다. 함께 지내면서 좋았던 시간과 만남과 사건들을 기억나게 하십니다. 예수님을 처음 만났던 장면과 마지막 식사에서의 장면들을 기억하게 하십니다. 그 첫 만남의 감격으로부터 시작해서 3년 동안 동고동락했던 추억들이 되살아납니다. 예수님을 나의 주님으로 고백하며 오직 예수님만으로 만족했던 시간이 새록새록 떠오릅니다. 예수님은 나에게 한 번도 해를 끼치지 않으셨으며 언제나 좋으신 분이라고 마음 깊은 곳에서 소리칩니다. 때로 힘들고 고달팠던 시간은 기억의 뒤편으로 사라집니다. 다시금 마음이 뜨거워지고 예수님을 향한 사랑이 되살아납니다. 무엇보다도 함께 생선과 떡을 나누어 먹는 식사를 통해서 베드로의 마음이 열립니다. 원래 밥을 함께 먹는다는 것은 한 식구라는 의미입니다. 적이나 원수가 아니라는 것입니다. 친구라는 뜻입니다. 함께 밥을 먹으면서 굳었던 베드로의 얼굴이 풀어지고 닫혔던 마음이 활짝 열리게 되었습니다.

여러분! 부정적인 기억들보다는 긍정적인 기억들에 집중하시기 바랍니다. 우리 삶의 많은 고통은 좋지 않은 일과 좋지 않은 사람들에 대한 기억들로부터 옵니다. 어떤 사람은 종일 미운 사람의 얼굴만 떠올립니다. 어떤 사람은 무시당하고 차별당한 사건만 기억합니다. 그런데 어떤 사람은 종일 좋은 사람들을 추억합니다. 즐겁고 행복했던 시간을 마음에 간직합니다. 누군가 너무 밉게 느껴지면, 그 사람이 나에게 잘해 주었던 것들을 손꼽아 헤아려 보세요. 누군가 죽도록 용서할 수 없다면, 그 사람의 약점들을 찾아내어 보면서 불쌍히 여겨 보세요. 예수님도 우리의 모든 잘못과 허물과 실수만을 보신다면, 결코 우리를 용서하지 못할 것입니다. 그러나 우리가 예수님에게 가끔, 아주 조금 잘해 드렸던 것들을 끊임없이 기억하시면서 우리를 받아 주십니다. 우리의 약점들을 바라보시면서 우리를 용서하십니다. 베드로의 결정적인 배신의 순간보다는 그의 평소의 충성과 헌신의 삶을 기억하셨습니다. 그러니 여러분! 서로를 용서하고 사랑할 수 있는 것들을 기억하고 찾아보세요. 의외로 많습니다. 그 좋은 기억들을 통해서 서로를 치유하는 성도가 되길 예수님은 원하십니다.

다음으로, 아름다운 치유는 사랑의 관계 회복을 통한 치유입니다. 이른 새벽 디베랴 호수에서 베드로와 제자들을 찾아오신 예수님의 관심은 철저히 사랑의 관계 회복이었습니다. 사실 베드로뿐 아니라 거의 모든 제자가 예수님을 버리고 떠나갔습니다. 그야말로 깨어진 사랑입니다. 아마 예수님은 그때 "이 세상에 정말 믿을 놈 하나도 없구나"라고 생각하셨을 것입니다. 그랬기에 저는 예수님이 베드로에게 한 번은 눈을 부릅뜨고 호통치셔야 했다고 생각합니다. 근엄하게 꾸짖어야 하지 않았을까요? "베드로야, 너는 왜 그렇게 호언장담했니? 네가 나와 함께 죽을 것이라고? 감옥에도 함께 가겠다고? 너 완전히 뻥 친 거야. 무책임한 녀석 같으니라고." 그러나 예수님은 이렇게 베드로의 잘못을 따지지 않으셨습니다. 베드로가 예수님을 부인할 수밖에 없었던 결정적인 이유를 하나씩 둘씩 분석해 내거나, 베드로의 성격의 단점들을 조목조목 지적하거나, 아니면 베드로에게 다시는 그렇게 하지 않겠다는 다짐이나 맹세를 시키지 않으셨습니다. 오직 예수님은 베드로에게 "네가 이 사람들보다 나를 더 사랑하느냐?", "요한의 아들 시몬아, 네가 나를 사랑하느냐?", "요한의 아들 시몬아, 네가 나를 사랑하느냐?"라고 반복해서 물어보실 뿐이었습니다.

어째서 예수님은 한 번이면 충분한 것을 세 번씩이나 물어보셨을까요? 언뜻 기억나는 게 없으신가요? 이전에 대제사장의 집에서 베드로가 예수님을 한 번이나 두 번도 아니고, 정확히 세 번이나 부인하지 않았습니까? 처음에는 단순히 자신은 예수의 제자가 아니라고 했지만, 나중에는 그를 도무지 모른다고 완강하게 부정했으며, 마침내 예수님을 저주하면서 부인했던 쓰라린 기억이 베드로에게는 고스란히 남아 있었습니다. 그래서 예수님을 만났지만 감히 예수님의 얼굴을 똑바로 바라보지도 못할 뿐 아니라, 예수님과 눈을 맞추지 못했던 것입니다. 그를 향해 예수님은 "요한의 아들 시몬아!"라고 다정하게 부르시면서 베드로와 눈을 맞추십니다. 베드로는 그 눈길을 피할 수 없었습니다.

여기서 "네가 나를 사랑하느냐?"는 표현은 현재형입니다. 그러니까 과거에 네가 나를 사랑했느냐, 아니면 앞으로 나를 사랑할 것이냐를 묻는 게 아닙니다. 무슨 의미인가요? 예수님에게는 언제나 현재가 중요하다는 말입니다. 베드로는 예수님의 사랑을 배신했던 쓰라린 과거를 갖고 있습니다. 그것이 예수님에게는 중요하지 않습니다. "지금, 네가 나를 사랑하느냐?"만이 관심사입니다. 이미 예수님은 베드로를 용서하셨습니다. 베드로의 실수와 실패를 용납하셨습니다. 그를 받아 주셨습니다.

우리는 과거의 실수와 실패의 기억을 부둥켜안고 놓지 않으려고 합니다. 이것만은 예수님도 용서하실 수 없고 치유하실 수 없다고 생각하면서 내어놓지 않습니다. 그러나 예수님은 이미 우리를 받아 주셨고, 또 용서하셨습니다. 예수님의 관심은 우리의 현재의 모습입니다. 지금 여기에서 예수님을 진실하게 사랑하고, 예수님을 사랑하는 자처럼 살아가느냐가 중요하다는 말입니다. 때로 우리가 결정적인 실수를 했을 때라도, 그 일로 인해 예수님과 우리의 관계가 끊어지지는 않습니다. 물론 사람들의 관계는 그렇지 않은 것 같습니다. 때로 아무렇지도 않은 한 가지 일과 사건으로 인해서 서로 등을 돌리기도 하고 평생 관계가 끊어질 수도 있습니다. 그러나 바울은 이렇게 말합니다. "내가 확신하노니 사망이나 생명이나 천사들이나 권세자들이나 현재 일이나 장래 일이나 능력이나 높음이나 깊음이나 다른 어떤 피조물이라도 우리를 우리 주 그리스도 예수 안에 있는 하나님의 사랑에서 끊을 수 없으리라"(롬 8:38-39).

여러분! 지금 예수님께서 이 자리에 오셔서 "네가 나를 사랑하느냐?"라고 물으시면 어떻게 대답하시렵니까? 예수님의 우리를 향한 변치 않는 사랑과 실패하지 않는 사랑에 기대어, 우리도 "내가 주님을 사랑하는 줄 주님께서 아시나이다"라고 대답해야 합니다.

우리의 사랑에는 분량과 크기가 있습니다. 많은 사람이 주님을 사랑한다고 말하지만, 그 사랑의 크기와 깊이와 폭과 넓이는 각각 다릅니다. 신앙의 나이가 자랄수록, 신앙의 경험이 쌓여 갈수록 예수님을 향한 우리의 사랑의 크기와 양이 자랄 것입니다. 그 과정에서 예수님은 날마다 우리의 현재 모습을 바라보시면서 힘껏 사랑을 부어 주십니다. 우리가 세상의 유혹에 흔들릴 때라도, 우리가 세속적인 가치에 마음을 빼앗길 때라도, 우리가 예수님보다 더 사랑하는 것들에 깊이 빠져 있을 때라도 우리를 변함없이 사랑하시면서 우리를 치유하십니다. 예수님의 관심은 우리가 세상에서 얼마나 큰 성공을 거두는지, 얼마나 많은 권력을 소유하는지, 우리가 얼마나 떵떵거리며 잘사는지에 있지 않습니다. "그 모든 것 못지않게 너는 나를 더 사랑하느냐?"라는 질문처럼, 예수님과 우리와 사랑의 관계 회복에 온통 관심이 있습니다. 그래서 예수님과 사랑의 관계성이 회복될 때 진정한 치유가 일어납니다. 그 사랑이 우리의 많은 상처를 싸매고 또 고쳐 줍니다. 심지어 우리의 깨진 인간관계들도 예수님과 사랑의 관계성이 회복되면 그 힘으로 서서히 회복하게 됩니다.

예수님의 사랑만이 우리의 마음의 고통을 어루만져 줍니다. 예수님의 사랑만이 우리의 상처들을 말끔히 지워 줍니다. 깨어진 인간관계들을 다듬어 주십니다. 제가 꽤 오래 전에 일 년 정도 마음이 무척 아팠던 적이 있었습니다. 어떤 사람으로 인한 것이었는데, 제가 계속해서 그 사람으로부터 상처를 받는 경우였습니다. 그때의 아픔은 이루 말할 수 없었습니다. 상처가 생겼는데 아물지 않아 자꾸 덧나고, 옆에 더 큰 상처가 생겨나서 혼자 아파하며 어찌할 방법이 없었습니다. 어느덧 일 년 정도가 흘렀고, 저는 예수님께 계속 기도했습니다. 그러던 어느 날 너무 마음이 아파서 혼자 무릎을 꿇고 기도하기 시작했습니다. 한참 기도하는 도중에 저의 마음의 상처를 예수님의 십자가 앞으로 갖고 나갔습니다. 그런데 놀라운 일이 벌어졌습니다. 마치 예수님의 손이 제 상처를 어루만지시는 것처럼 느껴졌습니다. 그토록 쓰리고 아프던 그 마음의 상처 부위에 성령의 뜨거운 불이 닿는 것만 같았습니다. 신기하게도 그날 이후 그토록 아팠던 마음이 아프지 않았습니다. 깨끗하게 나은 것입니다. 그때 비로소 예수님의 치유만이 온전한 치유라는 사실을 믿게 되었습니다. 그다음에야 저에게 상처를 주었던 그 사람을 용서하게 되었습니다. 도무지 용서할 수 없었는데 무조건 용서하게 되었습니다. 베드로는 세 번씩이나 예수님을 사랑한다고 고백함으로써, 이제 그 무거웠던 마음의 짐을 내려놓게 되었습니다. 세 번의 배신을 넘어서는 세 번에 걸친 사랑의 고백을 통해서, 이제는 새로운 삶을 살아가게 되었습니다. 이렇게 예수님은 베드로에게 아름다운 치유를 베푸셨습니다. 오늘도 예수님은 사랑의 관계성을 회복하셔서 우리를 치유하고 싶어 하십니다.

마지막으로, 예수님의 아름다운 치유는 소명의 회복을 통한 치유입니다. 그렇습니다. 우리가 해야 할 일을 맡게 될 때 치유가 일어납니다. 우리는 사역을 통해서 치유의 열매를 맺습니다. 일찍이 예수님은 베드로에게 이렇게 말씀하셨습니다. "이제 후로는 네가 사람을 취하리라"(눅 5:10b). 이제는 물고기를 잡는 어부의 일이 아니라, 사람을 사로잡는 일을 하게 된다는 말씀입니다. 이 말씀에 베드로는 기꺼이 배와 그물을 버려두고 예수님을 따랐습니다. 3년 전에 그랬던 베드로가 이제 예수님이 눈에 보이지 않자, "나는 물고기 잡으러 갈 거야"라고 하면서 옛 생활로 되돌아갔습니다. 그러나 어떻게 되었나요? 그날 밤에 아무것도 잡지 못했습니다. 밤이 새도록 그물을 던졌지만 아무것도 건지지 못했습니다. 소득이 없는 삶입니다. 예수님이 함께하시지 않는 삶은 열매가 없습니다. 헛수고입니다.

이제 예수님은 베드로의 사랑 고백을 받으신 후에 세 번이나 당부하십니다. "내 어린 양을 먹이라." "내 양을 치라." "내 양을 먹이라." 베드로가 앞으로 할 일을 맡겨 주신 것입니다. 전에는 사람을 낚는 어부가 되라고 하셨는데, 이제는 예수님처럼 양을 치는 목자의 역할을 감당하라고 하십니다. 어떤 사람들은 매일 자신의 상처를 들여다보며 아파하는 분들이 있습니다. 상처 하나 나으면 또 다른 상처를 찾아 아파하면서 자신은 상처투성이라고 말합니다. 아무것도 할 수 없다고 자포자기하기도 합니다. 자신의 상처를 싸안고 그것을 애지중지하며 치유를 거부하는 사람들입니다. 그러나 예수님께서는 우리에게 새로운 사명을 주셔서 우리를 치유하십니다. 마냥 과거의 상처에 얽매여 있는 우리에게 이제는 미래를 향하여 달려가라고 하십니다. 과거의 부정적인 실패와 실수의 기억을 뒤로하고, 새로운 미래의 비전을 바라보며 충성하라고 하십니다.

때로 우리의 상처가 완전하게 다 치유되지 못했을지라도, 우리가 무엇인가 전적으로 헌신할 수 있는 사역이 생기면 우리는 기쁨을 갖게 되고 살아야 할 이유를 얻게 됩니다. 우리의 상처가 아무리 크다고 해도 우리가 해야 할 일이 있으면 그 상처의 아픔도 줄어듭니다. 수많은 인생의 상처들에도 불구하고 그 상처로 인해 발목 잡히지 않고 오히려 성공에 이르게 된 사람들이 있습니다. 미국의 대통령 에이브러햄 링컨이 그러했고, 루스벨트 대통령이 그렇습니다. 한평생 자신의 상처만을 들여다보며 자기연민에 빠진다면 우리는 아무것도 성취하지 못할 것입니다.

베드로는 이제 치유를 경험한 이후에 새롭게 사역을 하게 됩니다. 오순절에 성령이 강림했을 때, 유능한 설교자가 됩니다. 후에 베드로는 예루살렘 교회의 지도자가 되었으며, 양들을 먹이고 다스리는 목자의 사역을 성실하게 감당했습니다. 나중에 이렇게 고백합니다. "너희 중에 있는 하나님의 양 무리를 치되 억지로 하지 말고 하나님의 뜻을 따라 자원함으로 하며 더러운 이득을 위하여 하지 말고 기꺼이 하며 맡은 자들에게 주장하는 자세를 하지 말고 양 무리의 본이 되라 그리하면 목자장이 나타나실 때에 시들지 아니하는 영광의 관을 얻으리라"(벧전 5:2-4). 베드로 자신이 이런 삶을 살았기에 사람들에게 이렇게 권면할 수 있지 않았을까요? 그는 예수님의 치유를 경험하고 마침내 자신에게 주어진 사역을 감당하는 충성된 사람이 되었습니다.

우리는 나름대로 상처를 안고 살아갑니다. 말과 마음으로, 행동과 태도로 서로에게 상처를 주고받기도 합니다. 그런데 그 상처가 아물지 않고 덧나기도 하고 더 깊어져서 치유되지 않은 채로 살아가는 사람들이 너무나 많습니다. 그리스도인들도 예외는 아닙니다. 그러나 우리는 오늘 예수님의 아름다운 치유를 통해서 새로운 가능성을 보게 됩니다. 기억을 통해서 치유하시고, 사랑의 관계성을 회복하심으로써 치유하시며, 무엇보다도 새롭게 사역의 소명을 주셔서 베드로를 거듭나게 하셨던 예수님의 치유가 우리에게도 있기를 바랍니다. 단 한 번에 그치지 않고, 평생 예수님의 아름다운 치유의 손길을 경험하면서 나아가는 저와 여러분이 되시기를 빕니다. 그리고 나와 너 그리고 우리가 치유되지 않은 상처로 인해 최악의 행동을 하게 되는 어리석음을 범하지 않도록 노력합시다. 건강한 인간관계, 건강한 사회는 예수님으로 말미암은 아름다운 치유가 계속 일어날 때 가능합니다. 우리가 먼저 그 치유를 힘입고 그 치유의 능력을 나누는 사랑의 사람들이 되길 예수님은 원하십니다.

𝄞 함께 찬양드립니다(86장).

내가 늘 의지하는 예수 나의 상처 입은 심령을
불쌍하게 여기사 위로하여 주시니 미쁘신 나의 좋은 친구
내가 의지하는 예수 나의 사모하는 친구
나의 기도 들으사 응답하여 주시니 미쁘신 나의 좋은 친구

주의 손 의지하고 살 때 나를 해할 자가 없도다

주님 나의 마음을 크게 위로하시니 미쁘신 나의 좋은 친구
내가 의지하는 예수 나의 사모하는 친구
나의 기도 들으사 응답하여 주시니 미쁘신 나의 좋은 친구

내가 요단강 건너가며 맘이 두려워서 떨 때도
주가 인도하시니 어찌 두려워하랴 미쁘신 나의 좋은 친구
내가 의지하는 예수 나의 사모하는 친구
나의 기도 들으사 응답하여 주시니 미쁘신 나의 좋은 친구

이후 천국 올라가서 모든 성도들과 다함께
우리들을 구하신 주를 찬양하리라 미쁘신 나의 좋은 친구
내가 의지하는 예수 나의 사모하는 친구
나의 기도 들으사 응답하여 주시니 미쁘신 나의 좋은 친구

V

이토록 뜻밖의 예수님

말씀이 육신이 되어

내가 세상의 빛이로라

나는 부활이요 생명이니

생각지도 않은 때에 오시리니

1. 말씀이 육신이 되어

(요 1:12-14)

연말연시를 맞아 여러분은 몇 분에게 크리스마스 카드 혹은 연하장을 보내셨는지요? 지나간 한 해를 돌아보며 감사를 전하고, 또 새해의 복과 건강을 기원하는 마음을 담은 것입니다. 해마다 백 통 이상 보내던 제가 금번에 어찌나 바빴던지 그만 서른 통 정도밖에 보내지 못했습니다. 물론 별로 받지도 못했습니다. 저만 그런 게 아닙니다. 점점 사람들이 바쁘다는 이유를 들어 감사를 나누는 일에 소홀해지는 것 같습니다. '다 그저 그런 거지' 하면서 지나가는 모습을 지켜보며, '은혜를 모르고 은혜를 잊어가는 시대'에 우리가 사는 것이 아닌가 생각해 봅니다.

기독교는 '은혜의 종교'입니다. 세상의 종교들은 '선행'과 '공로' 또는 '수덕', 즉 덕을 쌓는 것을 강조합니다. 인간의 힘으로 노력하여 도덕의 높은 경지에 이르는 것, 때로는 신의 경지에 이르는 것을 목표로 삼기도 합니다. 우리 주변에는 다양한 종교인들이 있습니다. 불교나 유교, 힌두교와 이슬람교도 있습니다. 이들의 한결같은 특징은 인간의 노력으로 무언가에 도달할 수 있다는 것입니다. 그래서 고행하기도 하고 명상하기도 합니다. 아래로부터 위로 올라가는 종교입니다.

그러나 기독교는 위에서부터 아래로 내려오는 종교입니다. 하나님이 사람이 되시고, 하늘에서 땅으로 내려오며, 인간의 노력이 아닌 하나님이 부어 주시는 위로부터의 은혜로 말미암은 종교입니다. 오늘 본문 말씀은 이것을 분명하게 선포하고 있습니다. "영접하는 자 곧 그 이름을 믿는 자들에게는 하나님의 자녀가 되는 권세를 주셨으니 이는 혈통으로나 육정으로나 사람의 뜻으로 나지 아니하고 오직 하나님께로부터 난 자들이니라 말씀이 육신이 되어 우리 가운데 거하시매 우리가 그의 영광을 보니 아버지의 독생자의 영광이요 은혜와 진리가 충만하더라"(요 1:12-14).

예수 그리스도는 "임마누엘"이십니다. 바로 우리와 함께 계신 하나님이십니다. 예수님의 탄생을 알려 주던 가브리엘은 예수님의 이름의 뜻을 이렇게 얘기해 주었습니다. "보라 처녀가 잉태하여 아들을 낳을 것이요 그의 이름은 임마누엘이라 하리라 하셨으니 이를 번역한즉 하나님이 우리와 함께 계시다 함이라"(마 1:23). 태초에 이 세상을 창조하신 하나님께서 죄악을 물먹듯이 하는 사람들을 싫어하셨습니다. 심지어는 "내가 왜 저들을 지었던가!"라고 하면서 후회하고 가슴을 치며 탄식하셨다고 했잖습니까? 그래서 하나님의 영이 사람을 떠나십니다. 하나님이 사람들과 함께 거하지 않으십니다. 그런데 이제 하나님께서 인간과 함께 거하시기 위해서 이 땅에 찾아오셨습니다. 히브리서는 이렇게 말하고 있습니다. "옛적에 선지자들을 통하여 여러 부분과 여러 모양으로 우리 조상들에게 말씀하신 하나님이 이 모든 날 마지막에는 아들을 통하여 우리에게 말씀하셨으니"(히 1:1-2a). 하나님이 아들이신 예수님을 통하여 말씀하셨습니다.

아브라함 이후 이스라엘 백성과 함께하시던 바로 그 하나님께서 이제 온 인류와 함께하시기 위해서 이 땅에 오셨습니다. 하나님의 장막(텐트)을 우리 가운데 치셨다는 말입니다. 이것을 '쉐키나'라고 말합니다. '하나님의 영광'입니다. 마치 하나님의 성막과 성전에서 하나님의 영광이 드러났던 것처럼, 이제 예수 그리스도 안에서 하나님의 영광이 나타났습니다. 예수님은 우리와 함께 사시기 위해서 몸소 이 땅에 찾아오셨습니다.

혹시 우리 가운데 하나님을 보신 분이 계신가요? 저는 이제까지 한 번도 하나님을 뵌 적이 없습니다. 그러나 하나님의 얼굴이 예수님을 통하여 나타났습니다. 예수님을 보이지 않는 하나님의 얼굴, 또는 하나님의 형상이라고 말합니다. 물론 사도 요한은 예수님의 얼굴을 친히 보았습니다. 그래서 이렇게 말합니다. "태초부터 있는 생명의 말씀에 관하여는 우리가 들은 바요 눈으로 본 바요 자세히 보고 우리의 손으로 만진 바라 이 생명이 나타내신 바 된지라 이 영원한 생명을 우리가 보았고 증언하여 너희에게 전하노니 이는 아버지와 함께 계시다가 우리에게 나타내신 바 된 이시라"(요일 1:1-2). 아무도 볼 수 없고 들을 수 없고 만질 수도 없는 하나님이 이제 볼 수 있고 들을 수 있고 만질 수 있는 몸을 입고 나타나셨습니다. 두 눈을 가진 모든 사람 앞에 나타나셨습니다.

여기서 "말씀이 육신이 되었다"라고 했는데, 육신은 헬라어로 '싸륵스'입니다. 다시 말하면, 연약하고 상처 입기 쉬운 인간의 실존을 말합니다. 그 육신은 우리의 몸과 영혼을 포함합니다. 죽을 수밖에 없고 죄를 지을 수밖에 없는 연약한 진흙과 먼지와도 같은 인간입니다. 이사야는 말합니다. "모든 육체는 풀이요 그의 모든 아름다움은 들의 꽃과 같으니 풀은 마르고 꽃이 시듦은 여호와의 기운이 그 위에 붊이라 이 백성은 실로 풀이로다 풀은 마르고 꽃은 시드나 우리 하나님의 말씀은 영원히 서리라"(사 40:6b-8). 하나님이 한 줌의 흙에 불과한 인생의 옷을 입는다는 것은 수치요 부끄러운 일인데, 마다하지 않으시고 이 땅 한복판으로 찾아오셨습니다. 하나님이 사람을 얼마나 사랑하시는지를 보여주기 위해서 말입니다. 전능하신 하나님이 연약한 인간의 몸을 입으셨습니다. 하늘과 땅의 모든 것을 지닌 부유하신 분이 손에 아무것도 없는 빈털터리요 가난한 자가 되셨습니다. 하늘나라의 왕이 이 땅의 볼품없는 거지처럼 되셨습니다. 크고 높으신 분이 허리를 굽혀 낮추셨습니다. 마치 어른이 어린아이와 대화하기 위해서는 뻣뻣하게 그대로 서 있을 수 없고 자세를 낮추어 겸손히 고개를 숙이듯이 말입니다. 말씀이 육신이 되셨습니다.

놀랍게도 바로 그 모습 속에서 하나님의 영광이 드러났습니다. 하나님의 영광 속에 나타난 하나님의 모습은 무엇인가요? 일찍이 구약 성경에 나오는 사건입니다. 선지자 모세가 하나님 앞에서 간절히 청합니다. "모세가 이르되 원하건대 주의 영광을 내게 보이소서"(출 33:18). 그러자 "여호와께서 이르시되 내가 내 모든 선한 것을 네 앞으로 지나가게 하고 여호와의 이름을 네 앞에 선포하리라 나는 은혜 베풀 자에게 은혜를 베풀고 긍휼히 여길 자에게 긍휼을 베푸느니라"(출 33:19). 계속해서 말씀하십니다. "여호와께서 그의 앞으로 지나시며 선포하시되 여호와라 여호와라 자비롭고 은혜롭고 노하기를 더디하고 인자와 진실이 많은 하나님이라"(출 34:6). 즉 하나님은 은혜와 진리의 하나님이라는 겁니다. 그 은혜와 진리의 하나님이 예수님의 모습으로 확실하게 나타나셨습니다.

먼저, 예수님은 우리에게 은혜로 다가오십니다. 은혜는 헬라어로 '카리스'입니다. 이 카리스는 '아무런 자격이 없는 자에게 주어지는 것'이라는 뜻입니다. '선물을 받을 공로가 없는데, 부족한 자에게 분에 넘치게 주어지는 것'을 말합니다. 여러분! 노동자가 종일 일을 하고 나서 하루 품값을 받았을 때, "은혜 받았다" 그러지 않잖아요? 물론 사장이 일할 기회를 준 것에 대해서는 감사하겠지만, 자기가 땀 흘린 대가를 지불받은 것이기에 그 돈은 당연합니다. 연말에 모 회사에서 직원들에게 연말 보너스를 500%나 준다고 합니다. 한 해 동안 열심히 일해서 돈을 많이 벌어들였으니, 회사가 격려 차원에서 선심을 쓰는 것입니다. 그것도 일종의 노동에 대한 보상입니다. 내년에는 더 열심히 소처럼 일해라, 이렇게 미끼를 던지는 것이기도 합니다. 그러니 은혜와는 아무런 상관이 없습니다.

그러나 기독교가 말하는 은혜는 "아, 하나님의 은혜로 이 쓸데없는 자"들에게 베푸시는 은혜입니다. 여기서 은혜는 단지 산수가 아닙니다. 계산해서 이익이 남고 안 남고의 문제가 아닙니다. 은혜는 하나님의 선물로 받는 것이지, 인간의 노력으로 받는 게 아닙니다. 우리 가운데 선행이나 공로대로 삯을 받는 사람은 아무도 없습니다. 하나님의 공평한 기준대로 한다면 우리는 아마도 모두 다 지옥행일 것입니다. 그래서 "무자격 은혜의 경제학은 도덕적 인과응보의 경제학을 능가한다"라고 예일대학교 신학자인 미로슬라브 볼프는 주장했습니다.

우리는 아주 어렸을 적부터 비(非) 은혜의 세계에서 성공하는 법을 배워왔습니다. "부지런한 새가 벌레를 잡는다. 수고 없이는 소득도 없다. 세상에 공짜란 없다. 돈 낸 만큼 찾아 먹어라." 이 모두가 세상사는 공식입니다. 누구나 자신이 받아 마땅한 대로만 받게 되기를 원합니다. 그러나 형벌 받아 마땅한 내가 용서를 받았습니다. 진노를 받아 마땅한 내가 사랑을 받았습니다. 거절당해 마땅한 내가 받아들여졌습니다. 빚을 지고 감옥에 가야 마땅한 내가 오히려 양호한 신용 평가를 받았습니다.

한국 사회의 가장 큰 문제점들 가운데 하나는 수백만의 신용불량자들이 있다는 것입니다. IMF를 겪으면서 정부가 국민의 소비를 조장하기 위한 대책을 도입해서 신용카드 회사들이 카드 발급을 남발했습니다. 덕분에 재정 능력이 없는 사람들이 마구 카드를 사용했습니다. 하룻밤 자고 나면 느는 게 빚입니다. 그래서 각종 신용카드사의 협박과 최후통첩을 받아 가며 쫓기다가 결국 파산하게 되고 신용불량자가 됩니다. 낙인이 찍혀서 빚을 갚지 않으면 사회생활을 할 수 없게 됩니다. 때로는 서둘러 빌려 쓴 돈 때문에 사채업자들에게 쫓기는 신세가 되기도 합니다. 속이 새까맣게 타들어 가기도 하고, 정말 순간순간 피를 말리는 일입니다. 그런 사람들은 이 세상 사람들 모두가 사채업자로 보인다고 하잖아요? 어떤 경우는 빚 독촉에 시달리다가 자살하기도 합니다. 오죽하면 돈 때문에 최후의 수단으로 죽음을 택할까요? 때로는 빚을 갚는 조건으로 돈 대신에 성매매하는 여학생들도, 주부들도 있다고 하잖아요? 그런데 말입니다. 누군가 그 많은 빚을 하루아침에 다 갚아준다면 어떨까요? 그것도 아무 조건 없이 말입니다. 믿을 수 있겠습니까? 그 무거운 빚에서 해방된다는 것, 과연 있을 수 있는 일인가요?

이 세상 모든 사람이 다 죄의 빚을 지었습니다. 그 무게가 너무 무거워서 제대로 일어서지 못하고 혼자서 걸을 수도 없습니다. 사탄은 끊임없이 협박해 옵니다. "이제 너는 끝났어. 너는 이 세상에서 사람 구실을 할 수 없어. 너 스스로 죄악의 문제들을 해결하지 못하면, 너는 이제 죽음밖에 없는 거야"라고 날마다 찾아와서 우리의 삶을 망가뜨

렵니다. 사방을 둘러보아도 출구가 없습니다. 죄악의 사채업자를 피해서 도망할 곳도 없습니다. 아무리 손을 내밀어도 도와줄 사람이 없습니다. 부모도 친척도 다 소용이 없습니다. 그런데 십자가에서 우리의 모든 죄의 빚을 예수님의 피로 순식간에 다 갚아주셨습니다. 신용불량자가 예수님의 피로 말미암아 신용우량자가 되었습니다. "너는 이제 자유다!(You are free!)"라는 말씀이 선포되었습니다. 이제 더는 쫓길 필요가 없습니다. 이리저리 도망 다닐 필요도 없습니다. 그 무거운 죄악의 짐에서 해방되어 자유인이 되었습니다. 다시 시작할 수 있게 되었습니다. 빚 제로 상태에서 다시 신용을 쌓아갈 수 있게 되었습니다. 눈물과 감격뿐입니다.

이것을 우리는 '은혜'라고 합니다. "모든 사람이 죄를 범하였으매 하나님의 영광에 이르지 못하더니 그리스도 예수 안에 있는 속량으로 말미암아 하나님의 은혜로 값없이 의롭다 하심을 얻은 자 되었느니라"(롬 3:23-24). "우리는 그리스도 안에서 그의 은혜의 풍성함을 따라 그의 피로 말미암아 속량 곧 죄 사함을 받았느니라"(엡 1:7). "너희는 그 은혜에 의하여 믿음으로 말미암아 구원을 받았으니 이것은 너희에게서 난 것이 아니요 하나님의 선물이라"(엡 2:8). 그렇습니다. 우리가 하나님을 찾아서 올라간 것도 아니었고, "하나님! 내려오세요. 그러면 믿어 드릴게요"라고 요구한 것도 아니었는데, 예수님이 우리를 찾아오셨습니다. 은혜입니다. 이것보다 더 큰 은혜는 우리에게 없습니다. "우리가 다 그의 충만한 데서 받으니 은혜 위에 은혜러라 율법은 모세로 말미암아 주어진 것이요 은혜와 진리는 예수 그리스도로 말미암아 온 것이라 본래 하나님을 본 사람이 없으되 아버지 품속에 있는 독생하신 하나님이 나타내셨느니라"(요 1:16-18). 이렇게 예수님은 우리에게 은혜를 베푸십니다.

다음으로, 예수님은 우리에게 은혜를 누리도록 하십니다. "자기 아들을 아끼지 아니하시고 우리 모든 사람을 위하여 내주신 이가 어찌 그 아들과 함께 모든 것을 우리에게 주시지 아니하겠느냐"(롬 8:32). 예수님은 우리가 하나님의 은혜 가운데 머물기를 원하십니다. 필립 얀시는 "은혜란 하나님의 사랑을 더 받기 위해서 할 수 있는 일이 아무것도 없다"라는 것을 의미한다고 말했습니다. 우리가 아무리 신앙훈련과 자기 부인에 힘써도, 선행을 쌓아도 다 소용 없는 일이라는 겁니다. 더욱이 은혜란 그 무엇으로도 하나님의 사랑을 약화할 수 없다는 뜻입니다. 아무리 우리의 죄가 크고 사악해도 하나님의 사랑이 더 크기에 용서받을 수 있다는 말입니다. 하나님이 용서하지 못할 죄는 이 세상에 없습니다. 그러니 은혜란 무한하신 하나님 사랑의 최대치입니다. 하나님은 "모든 은혜의 하나님"(벧전 5:10a)입니다.

이런 이야기가 있습니다. 어떤 교인이 죽어서 천사의 안내를 받아 천국에 갔습니다. 사도 베드로가 천국 문 앞에서 지키고 있었습니다. 베드로가 질문하면 답을 해야 하는데, 합격 점수가 되어야 천국에 들어갈 수 있습니다. "당신은 땅에서 무엇을 행했나요? 천국에 들어갈 무슨 자격이 있나요?" 그러자 그 교인이 대답했습니다. "네. 저는 육십 평생 한 번도 주일을 빼먹지 않고 출석했습니다." 그러자 베드로가 "10점", 그러는 겁니다. 재빨리 생각해 냈습니다. "십일조를 한 번도 빼먹지 않고 드렸어요." 그러니까 또 베드로가 "10점", 그럽니다. "일주일에 한 번씩 자선 봉사를 했지요." 그러자 "10점", 그럽니다. 그 뒤로 이것저것 찾아서 둘러대도 도무지 점수가 더 나오지 않는 겁니다. 한참 있다가 "이제 뭐 더 특별한 건 없고요. 저는 그저 예수 그리스도의 이름을 믿었지요." 그러자 베드로가 "100점입니다. 입장!" 그랬다고 합니다.

그렇습니다. 구원은 "오직 예수 그리스도의 은혜를 믿는 것"으로 충분합니다. 그것 외에 달리 인간 스스로 할 수 있는 게 없습니다. 우리는 하나님께 나아가려면 무언가를 해야 한다고 느낍니다. 이 세상은 비(非) 은혜로 움직입니다. 모든 일이 내가 하기에 달린 것 같습니다. 마치 농구 경기에서 슛을 쏘아 골을 넣어야 득점이 되듯이, 나의 끊임없는 노력으로 삶의 포인트가 올라가는 것이라고 말입니다. 그러나 하나님의 나라는 점수를 따야 가는 것이 아닙니다. 이미 얻은 구원을 누리는 것입니다. 이미 얻은 생명을 누리는 것입니다. 하나님의 은혜를 끝까지 의지하는 것입니다.

마지막으로, 예수님은 우리가 사람들에게 은혜를 베풀라고 하십니다. 하나님의 은혜를 맛본 자들만이 은혜를 나누어줄 수 있습니다. 어려서부터 부모님의 사랑을 받아본 자들은 자녀에게 사랑을 베푸는 일에 어색하지 않습니다. 사랑을 받아본 사람이 그 사랑을 나눌 수 있습니다. 제가 아는 분 가운데 고아들을 데려다가 입양해서 키우는 분이 있습니다. 가장 큰 어려움이 있다면, 아이들이 부모의 사랑을 믿지 못한다는 겁니다. 그래서 저녁을 먹을 때 이 아이는 식탁 아래에다 먹을 것들을 몰래 숨겨놓는다고 합니다. 혹시나 부모가 나중에 밥을 안 주면 어쩌나 하는 걱정에 음식을 비축해 놓는 것입니다. 공짜를 경험해 보지 못해서, 공짜로 먹는 것에 익숙해지지 않았기 때문입니다.

우리 가운데도 사람들에게 매우 인색한 사람들이 있습니다. 은혜를 경험해 보지 못해서입니다. 그래서 이웃 사람들이 여러분을 통해 은혜를 경험할 수 있도록 베푸는 것이 중요합니다. 너무 계산적으로 살지 말고, 때로는 공짜 점심도 사주고, 쉽게 용서해 주고, 내가 가장 아끼던 것도 나누어주는 삶을 훈련해 보세요. 내가 받은 은혜를 나누는 길입니다. 우리는 받은 만큼 줄 수 있습니다.

예수님은 우리에게 진리로 다가오십니다. 지금은 고인이 된 20세기의 가장 위대한 신학자인 칼 바르트가 생전에 미국의 시카고 대학을 방문했다고 합니다. 이분은 책을 많이 썼습니다. 수만 페이지에 달하는 수십 권의 책을 저술하신 분입니다. 기자회견 때 사람들이 그에게 물었습니다. "바르트 박사님! 지금까지 연구를 통해 배운 가장 심오한 진리는 무엇입니까?" 그러자 바르트는 주저 없이 대답했다고 합니다. "날 사랑하심 날 사랑하심 날 사랑하심 성경에 써 있네(Jesus loves me)." 그렇습니다. 86년 생애 동안 그토록 많은 책을 저술하고 설교와 강연을 했는데, 요약하면 진리는 간단합니다. "하나님이 인간을 사랑하신다"입니다.

성경은 이렇게 말하고 있습니다. "하나님이 세상을 이처럼 사랑하사 독생자를 주셨으니 이는 그를 믿는 자마다 멸망하지 않고 영생을 얻게 하려 하심이라"(요 3:16). "우리가 아직 죄인 되었을 때에 그리스도께서 우리를 위하여 죽으심으로 하나님께서 우리에 대한 자기의 사랑을 확증하셨느니라"(롬 5:8). 예수님께서도 친히 말씀하셨습니다. "예수께서 이르시되 내가 곧 길이요 진리요 생명이니 나로 말미암지 않고는 아버지께로 올 자가 없느니라"(요 14:6).

여러분! 진리란 무엇일까요? 헬라어로 "알레테이아"인데, 참된 것이라는 뜻입니다. 태초 이래 역사 속에서 사람들은 진리를 찾아서 헤맵니다. 모든 학문이 그러하고, 모든 종교가 그렇습니다. 서점에 있는 수많은 책이 우리를 진리로 인도하겠다고 손짓하며 초대합니다. 그러나 예수님이 진리입니다. 하나님이 인간을 사랑하신다는 것은 처음부터 참된 사실입니다. 그것을 예수님께서 몸으로 직접 보여주셨습니다.

태초에 에덴동산에서 하나님은 인간에게 다가오셔서 이렇게 말씀하셨습니다. "나는 너를 사랑해! 내가 너희를 사랑하듯이 너희들도 성부, 성자, 성령 삼위일체 하나님을 사랑하고, 너희들끼리 서로 사랑하며, 저 아름다운 자연을 사랑으로 돌보아주렴." 이것이 창세기 1장 28절 말씀입니다. 따라서 인간과 세상을 지으신 하나님의 인간을 향한 첫 번째 말씀은 바로 "나는 너를 사랑해!"입니다. 이것은 어제도 오늘도 영원토록 계속될 말씀입니다.

사탄은 태초부터 거짓말을 해왔습니다. "하나님은 너를 사랑하지 않아. 그러니까 너도 하나님을 사랑할 필요가 없어. 너는 버림받았어. 이젠 끝난 인생이야." 이렇게 계속해서 귓가에 속삭입니다. 사탄은 거짓의 아비로 온 인류를 미혹합니다. 많은 사람이 어둠 속에서 이런 거짓말에 현혹되어 헛되게 살아갑니다. 죽음의 노예가 되어 살아갑니다.

그러나 십자가에서 사탄의 거짓말이 폭로되었습니다.

예수님이 이 땅에 찾아오신 것은 세상을 심판하려는 것이 아니라 구원하기 위해서라는 것을 보여주셨습니다. 어찌나 사랑하셨는지, 자신의 생명을 아끼지 않고 다 내주셨습니다. 이렇게 진리는 하나님이 나를 사랑하신다는 것입니다. 비 진리는 하나님이 날 사랑하지 않는다고 생각하고 또 그렇게 믿는 것입니다. 예수님은 하나님의 사랑을 끝내 거절하는 사람들에게 직접 몸으로 보여주기 위해서 오신 말씀입니다. 예수님은 참 말씀입니다. 하나님의 몸 말씀입니다. 영원한 생명의 말씀입니다. "시몬 베드로가 대답하되 주여 영생의 말씀이 있사오니 우리가 누구에게로 가오리이까"(요 6:68)라고 말했지 않습니까? 그러므로 이 세상에 진리는 하나입니다. 하나님은 인간을 처음부터 사랑하셨습니다. 십자가는 "봐라. 내 사랑을. 이래도 못 믿겠니?"라며 온 인류를 향한 뜨거운 하나님의 사랑의 심장을 활짝 열어젖힌 사건이요, 더 보탤 것도 더 뺄 것도 없는 하나님 사랑의 계시입니다. 그러므로 예수 그리스도는 "아멘이요, 충성된 증인이요, 진리입니다." 예수님이 진리입니다.

무엇보다도 예수님께서는 우리가 진리를 나누도록 하십

니다. 우리가 사랑할 때, 우리는 참된 일을 하는 것입니다. "그를 아노라 하고 그의 계명을 지키지 아니하는 자는 거짓말하는 자요 진리가 그 속에 있지 아니하되 누구든지 그의 말씀을 지키는 자는 하나님의 사랑이 참으로 그 속에서 온전하게 되었나니 이로써 우리가 그의 안에 있는 줄을 아노라"(요일 2:4-5). "거짓말하는 자가 누구냐 예수께서 그리스도이심을 부인하는 자가 아니냐"(요일 2:22a). 그렇습니다. 우리가 사랑하지 않는 것은 진리 가운데 있지 않다는 것을 의미합니다. 즉 거짓말을 하면서 살아가는 것입니다. 사람들은 심지어 신앙인들조차 많은 일에 쫓겨서 사랑하는 것을 게을리합니다. 우리가 이 땅에서 할 가장 중요한 일은 사랑입니다. 그런데 우리는 사랑이 빠진 일을 합니다. 사랑이 없는 봉사를 합니다. 알맹이 없는 껍데기의 삶을 살아가고 있습니다. 그것은 어둠의 일이요, 빛에 나아갈 수 없는 일입니다.

진리를 나누는 일은 단순히 지식을 전달하는 것이 아닙니다. 좋은 정보를 나누는 것이 아닙니다. 십자가에 나타난 예수 그리스도의 사랑을 확신하고, 그것을 우리의 온몸으로 나누어주는 것입니다. 그래서 우리도 말과 혀로만 사랑하는 것이 아니라 행함과 진실함으로 사랑해야 합니다. 그럴 때 우리도 예수님처럼 사랑의 몸 말을 할 수 있습니다. 진리는 책 속에만 있는 것이 아니라, 우리의 몸으로 살고 또 나누는 것입니다. "사랑하는 자들아 우리가 서로 사랑하자 사랑은 하나님께 속한 것이니 사랑하는 자마다 하나님으로부터 나서 하나님을 알고 사랑하지 아니하는 자는 하나님을 알지 못하나니 이는 하나님은 사랑이심이라"(요일 4:7-8).

예수님은 이 땅에 은혜와 진리로 찾아오셨습니다. 한 번만이 아니고 오늘도 내일도 계속해서 찾아오십니다. 우리가 먼저 그 은혜와 진리를 맛본 자들로서 그 은혜와 진리 안에 거합시다. 은혜와 진리를 나눕시다. 받은 은혜를 베풉시다. 깨달은 진리를 몸으로 실천합시다. 날마다 예수님의 은혜와 진리 안에 풍성히 거하는 저와 여러분이 되기를 바랍니다.

𝄞 함께 찬양드립니다(462장).

생명 진리 은혜 되신 영원하신 구세주

사람 되사 모든 인류 구원하여 주시니
영광 중에 계신 주님 크신 은혜 베푸사
사랑으로 채우시고 우리 고쳐 주소서

남 섬기며 사신 주님 우리들도 본받고
이웃 사랑 나누면서 살아가게 하소서
온 세상의 금은보화 모두 주의 것이니
책임 맡은 일꾼으로 충성하게 하소서

사랑의 주 평화의 왕 우리 중에 오셔서
모든 싸움 다 그치고 하나 되게 하소서
지난날의 어두움과 환난 풍파 지나고
형제 사랑 밝은 장래 이뤄지게 하소서

행진하는 주의 무리 빈부귀천 없으니
한맘으로 봉사하고 같은 주님 모시네
우리에게 하나 되라 분부하신 주시여
주의 뜻이 이 땅 위에 이뤄지게 하소서

2. 내가 세상의 빛이로라

(요 9:1-12)

예전에 TV에서 방영된 〈천국의 계단〉이라는 드라마에서 최지우가 연기한 한정서라는 여주인공은 병으로 인해 눈이 멀어 보지 못하게 되고 마침내 죽습니다. 또 〈슬픈 연가〉에서는 김희선이 열연하고 있는 여주인공이 충격으로 실명했다가 다시 시력을 회복하는 내용이 나옵니다. 이렇듯 태어날 때부터 앞을 보지 못하는 시각장애인이 있는가 하면, 살다가 병으로 혹은 사고로 인해 실명하게 되는 장애인들도 있습니다. 그래서 요즘에는 선천성 장애인, 후천성 장애인으로 분류합니다. 둘 중 누가 더 불행할 것 같은가요? 제 생각에는 아마도 중간에 실명하게 된 사람의 고통이 훨씬 더 심할 것 같습니다. 아예 빛이 무엇인지, 사람의 얼굴이 어떻게 생겼는지, 꽃이 얼마나 아름다운지 한 번도 보지 못한 사람들보다, 이미 그것들을 눈으로 직접 보았던 사람들이 더 답답하고 안타깝지 않을까요? 이 세상을 살아가기에 가장 불편한 사람들이라고 할 수 있습니다. 제가 아는 어느 목사님은 사고로 인해 한쪽 눈을 실명했습니다. 한쪽 눈으로 세상을 본다는 것이 어찌나 불편한지, 독서를 하는 것이 가장 힘이 든다고 합니다.

오늘 본문 말씀에는 선천성 장애인, 즉 태어날 때부터 시각장애인이 되어 어느덧 성인이 되어버린 한 사람의 이야기가 나옵니다. 제자들이 예수님께 물어봅니다. "제자들이 물어 이르되 랍비여 이 사람이 맹인으로 난 것이 누구의 죄로 인함이니이까 자기니이까 그의 부모니이까"(요 9:2). 당시에 이스라엘에서는 이런 선천성 장애인들에 대한 편견이 있었습니다. 장애인 자신의 죄악이든지, 아니면 그 부모의 죄 탓에 태어날 때부터 장애를 갖고 태어났다고 생각했습니다. 시각장애인, 청각장애인, 한센병 환자 등이 그러했습니다. 이스라엘 사람들은 이러한 장애를 곧장 죄와 연결했습니다. 그러니 날 때부터 시각장애인이었다는 것은 자신과 가족에게 저주와도 같은 것입니다. 사실 우리나라에서도 마찬가지입니다. 아이가 어딘가 잘못되어 태어나면, 조상들이 지은 죄의 값이라는 생각이 지배적입니다. 부모에게 무슨 숨겨진 죄악이 있어서 그게 아이에게 그대로 전달된 것이라는 생각입니다. 장애인은 곧 죄인이며, 사회로부터 격리되어야 마땅하다고 생각합니다.

이런 시각 때문에 장애인을 자녀로 둔 부모는 이중적인 고통을 겪게 됩니다. 자신에 대한 죄책감과 사람들에 대한 수치감, 그리고 장애 자녀에 대한 책임감 때문입니다. 평생 가슴에 누구에게도 말하지 못할 한을 갖게 됩니다. 어떤 사람들은 자녀를 몰래 내다 버리지 않습니까? 영화 〈말아톤〉에서도 주인공 초원이가 자폐증을 앓고 있다는 것을 알게 된 엄마가 어느 날 공원에서 도무지 대책이 안 서는 아이를 더는 키울 자신이 없어서, 그만 아이의 손을 놓아버립니다. 그렇습니다. 장애인 자신은 물론이고 부모와 주변 사람들에게 큰 고통을 안겨 주는 가슴 아픈 일입니다. 대개 장애인들은 정상적인 교육을 받을 수 없고 사회생활을 할 수 없기에, 부모가 모든 걸 돌보아주어야 합니다. 영화 〈말아톤〉에서도 엄마가 자신의 꿈이 있다면, 초원이보다 하루 더

늦게 죽는 것이라고 말하잖아요? 자기밖에는 아들을 돌봐 줄 사람이 없기에 그렇습니다. 그래서 초원이가 잘하는 달리기를 통해서 자기 아이가 남들과 다를 것이 없다는 것을 보여주고 싶어 합니다. 물론 따가운 남들의 시선을 이기는 데는 많은 시간이 필요했지만 말입니다.

오늘 본문에 나타난 시각장애인도 비록 성인이 되었으나 정상적인 사회생활을 할 수 없었기에 거리에 앉아서 구걸해 먹고살았던 사람입니다. 행색이 초라하고 볼품없는 사람이었습니다. 그러던 어느 날 예수님의 눈에 띄었습니다. 예수님은 이 사람이 눈이 먼 것은 그 사람이나 부모의 죄 탓이 아니라, 오히려 하나님이 하시는 일을 나타내고자 하심이라고 말씀하셨습니다. 그리고는 땅에 침을 뱉어 진흙을 이겨서 시각장애인의 눈에 바르시고 실로암 못에 가서 씻으라고 하십니다. 시각장애인이 예수님의 말씀을 따라 실로암 못에 가서 씻자, 놀랍게도 눈이 떠졌습니다. 밝은 눈으로 볼 수 있게 되었습니다. 기적이 일어난 것입니다. 그 자신은 물론이고 온 가족과 이웃이 크게 기뻐하며 경축할 일이 아닐까요? 평생 못 볼 줄 알았는데 볼 수 있게 되었습니다. 이제는 사람 구실도 할 수 있게 되었습니다.

정작 문제는 다른 데서 일어났습니다. 예수님을 시기하던 바리새인들이 예수님에 의해 치유된 시각장애인에게 시비를 걸기 시작합니다. 예수님이 안식일에 그 시각장애인을 고친 게 잘못이라는 겁니다. 안식일에 의료행위를 한 것이 노동에 해당하므로 율법을 범한 것이기에, 예수님은 하나님에게서 온 자일 수 없다고 주장합니다. 그러나 다른 한편에서는 어떻게 죄인이 시각장애인의 눈을 보게 할 수 있겠느냐면서 의견이 나뉘었습니다. 결국에는 예수님이 나중에 이 고침 받은 시각장애인을 만나서, 자신이 이 땅에 오신 것은 보지 못하는 자들을 보게 하고, 보는 자들을 보지 못하게 하려 함이라고 말씀하십니다. 그러자 바리새인들이 대단히 분노했습니다. 눈을 뜨고 볼 수 있는 자신들이 오히려 시각장애인이라고 예수님께서 말씀하셨기 때문입니다.

여러분은 어떠신지요? 물론 우리 중에 앞을 보지 못하는 시각장애인은 없습니다. 그런데 우리가 정작 눈을 뜨고 세상을 바라보지만 우리의 눈은 정확한가요? 캄캄한 어둠을 바라보면서도 우리는 빛 가운데 있노라고 장담하고 있지는 않나요? 진짜 시각장애인은 누구일까요? 누가 치유되어야 할까요?

그렇다면 태어날 때부터 눈먼 자를 고쳐 주심으로써 예수님은 무슨 일을 하려 하신 것일까요? 시각장애인에게 시력을 찾아 준 예수님이 세상의 빛이라는 것을 드러내는 것입니다. "때가 아직 낮이매 나를 보내신 이의 일을 우리가 하여야 하리라 밤이 오리니 그때는 아무도 일할 수 없느니라 내가 세상에 있는 동안에는 세상의 빛이로라"(요 9:4-5). 예수님은 자신이 세상의 빛이라고 선언하십니다. 예수님이 세상의 빛이라는 것은 무슨 의미일까요? 도대체 예수님은 왜 세상의 빛일까요?

먼저, 세상의 빛이신 예수님은 어둠을 몰아내십니다. 빛의 가장 큰 특성은 어둠을 몰아내고 세상을 밝혀 주는 것입니다. 마치 작은 촛불이 어둠을 물리치듯이, 예수님은 세상의 온갖 어둠을 물리치십니다. 예수님은 말씀하십니다. "나는 빛으로 세상에 왔나니 무릇 나를 믿는 자로 어둠에 거하지 않게 하려 함이로라"(요 12:46). 그리스도는 영적으로 시각장애인이 된 이 세상 사람들에게 하나님 아버지를 온전하게 알려 주시기 위해서 빛으로 오셨습니다. 하지만 백성들은 이 빛을 받아들이지 않았습니다. 왜일까요? 이유는 단 하나, 그들은 자기의 죄가 드러나는 것을 원하지 않았기 때문입니다.

여러분! 아침 햇살이 방을 비추면, 갑자기 숨겨져 있던 먼지들이 드러납니다. 전에는 알지 못하던 죄악의 찌꺼기들이 자신의 정체를 드러냅니다. 그래서 어둠은 체질적으로 빛을 싫어합니다. 몰래 숨어 있던 흑암의 세력들은 빛을 거부합니다. "그 정죄는 이것이니 곧 빛이 세상에 왔으되 사람들이 자기 행위가 악하므로 빛보다 어둠을 더 사랑한 것이니라 악을 행하는 자마다 빛을 미워하여 빛으로 오지 아니하나니 이는 그 행위가 드러날까 함이요 진리를 따르는 자는 빛으로 오나니 이는 그 행위가 하나님 안에서 행한 것임을 나타내려 함이라 하시니라"(요 3:19-21).

예수님은 하나님의 뜻을 온전하게 밝혀 주는 빛입니다. 그것도 단순한 반사체가 아니라 햇빛처럼 빛의 근원입니다. 예수님은 하나님의 형상, 즉 하나님의 이미지라고 했습니다. 예수님을 보면, 우리가 하나님의 성품과 인격을 가장 잘 알 수 있다는 의미입니다. 희미한 그림자가 아니라, 모든 것을 밝혀 주는 빛입니다. 예수님은 십자가에서 인류를 사랑하시는 하나님의 마음을 있는 그대로 보여주셨습니다.

그 빛이 비취면 누구도 거절할 수 없는 사랑의 빛입니다.

일찍이 이사야는 “흑암에 행하던 백성이 큰 빛을 보고 사망의 그늘진 땅에 거주하던 자에게 빛이 비치도다”(사 9:2)라고 예언했습니다. 또한 “어두운 데서 빛이 비치라 말씀하셨던 그 하나님께서 예수 그리스도의 얼굴에 있는 하나님의 영광을 아는 빛을 우리 마음에 비추셨느니라”(고후 4:6)라고 바울은 말씀합니다. 하나님 영광의 빛이 예수님의 얼굴에 나타난 것입니다. 우리의 마음을 환히 비추십니다. 그래서 이제 그 빛에 비췸을 받은 자들은 새로운 삶을 살아갈 수 있게 되었습니다. “너희가 전에는 어둠이더니 이제는 주 안에서 빛이라 빛의 자녀들처럼 행하라 빛의 열매는 모든 착함과 의로움과 진실함에 있느니라 주를 기쁘시게 할 것이 무엇인가 시험하여 보라 너희는 열매 없는 어둠의 일에 참여하지 말고 도리어 책망하라 그들이 은밀히 행하는 것들은 말하기도 부끄러운 것들이라 그러나 책망을 받는 모든 것은 빛으로 말미암아 드러나나니 드러나는 것마다 빛이니라”(엡 5:8-13).

사탄은 사람들을 계속해서 어둠 속에 가두어 두고자 몸부림칩니다. 죄악의 깊은 밤에서 깨어나지 못하도록 사로잡습니다. 오늘도 진리의 밝은 빛 가운데 거하지 못하는 사람들에게 일어난 일을 기억하시는지요? 그들은 자신이 어둠에 처한 줄도 미처 알지 못합니다. 오래전에 동남아시아에서 일어난 큰 해일로 수십만 명이 죽지 않았습니까? 인도네시아의 반데 아체에서는 수만 명이 죽었는데, 주민의 약 80%가 희생되었습니다. 섬 하나가 통째로 사라져 버린 셈입니다. 이곳은 극단적인 이슬람주의자들이 모여 삽니다. 자기들이 따로 무장해서 수많은 테러를 사주하고 감행하는 단체들이 집중된 곳이라고 합니다. 반정부단체입니다. 어찌나 기독교를 핍박하고 탄압했던지, 선교사들과 가족들이 발견되면 매달아서 난자해죽이곤 했답니다. 자신들이야말로 선택받은 민족이요, 신의 부름을 받은 사람들이라는 겁니다.

하지만 그 엄청난 해일은 그 모든 것들을 싹 쓸어갔습니다. 자기들을 보호해 준다고 그렇게도 굳게 믿었던 성전들도, 신상들도 아무 소용이 없었습니다. 수많은 의사와 경찰관, 그리고 군대들도 다 바닷물에 휩쓸려 들어가 버렸습니다. 그 지역은 모두가 폐허가 되었고, 살아남은 자들에게는 일종의 정신적 공황이 찾아왔습니다. 하나님께서 그들의 삶의 근거지를 뒤흔드신 것입니다. 그들이 진리를 받아들이지 않고 어둠에 있음을 폭로하신 것입니다.

그들은 그렇게 거부하던 예수님을 구호품 등을 통해서 어쩔 수 없이 받아들이기 시작했다고 합니다. 예를 들면, 한국교회에서 보내는 구호품 상자에 "Jesus loves you"라는 문구가 새겨져 있답니다. 옷에도 마찬가지입니다. 또한 기독교인 의사들이 자기들을 돕는 것을 보고는, 예수님을 믿는 사람들에 대한 인상이 조금씩 달라지기 시작했다고 합니다. 물론 아직 복음을 완전히 받아들인 것은 아닙니다. 비록 피해는 매우 안타까운 일이지만, 하나님께서 수백 년 동안 어둠 가운데 있던 백성들을 빛 가운데로 이끄는 과정인 것 같습니다. 그 언젠가 그들 모두에게 진리를 아는 빛이 그 가슴에 비춰길 기대합니다. 그리하여 어둠을 몰아내고 이겨내는 살아 있는 역사가 그 땅에 있게 되기를 소원합니다.

우리 주변에는 아직도 진리의 빛에 비췸을 받지 못하고 어둠에 처한 사람들이 많이 있습니다. 우리가 그 빛을 반사하여 비추는 사람들이 되어야 하지 않을까요? "그러나 너희는 택하신 족속이요 왕 같은 제사장들이요 거룩한 나라요 그의 소유가 된 백성이니 이는 너희를 어두운 데서 불러내어 그의 기이한 빛에 들어가게 하신 이의 아름다운 덕을 선포하게 하려 하심이라"(벧전 2:9). 세상의 빛 되신 예수님을 선전하고 광고하며 홍보하는 일이 바로 우리가 할 일입니다. 모든 사람이 죄로 인해 어두움 가운데 있었기에 예수님께서 빛으로 오셨습니다. 이 빛은 사람들이 알고 있는 모든 빛과 구별되는 아주 특별한 빛입니다. 우리에게 영원한 생명을 얻게 하는 빛이요, 다시는 어두움에 붙잡히지 않게 하는 빛입니다. 어둠을 몰아내는 세상의 빛이신 예수님을 찬양합시다. 그 안에 날마다 거합시다.

다음으로, 세상의 빛이신 예수님은 생명을 주십니다. 예수님은 빛의 근원이요 빛 자체입니다. 일찍이 요한은 이렇게 말하고 있습니다. "그 안에 생명이 있었으니 이 생명은 사람들의 빛이라 빛이 어둠에 비치되 어둠이 깨닫지 못하더라, 참 빛 곧 세상에 와서 각 사람에게 비추는 빛이 있었나니"(요 1:4-5, 9). 예수님은 온 세상을 비추는 생명의 빛입니다. 동시에 세상에 생명을 주시는 분입니다.

빛은 생명과 직결됩니다. 여러분 가운데 화초를 기르는 분들은 이해하시겠지요? 우리 학교 교수 연구실이 남향과 북향으로 나뉘어 있습니다. 똑같이 화초를 길러도 남향에서 기른 것은 싱싱하고 푸릇푸릇한데, 북향에 있는 것은 점점 시들시들하다가 얼마 되지 않아 죽는다고 합니다. 이유는 단 하나, 햇빛을 받지 못했기 때문입니다. 그 어떤 식물도 광합성작용을 통하지 않고는 자랄 수 없습니다. 그 광합성작용에 가장 필수적인 것이 바로 햇볕입니다.

사람들도 마찬가지입니다. 어두운 반지하 방에서 오래 살면 건강에 이상이 옵니다. 괜한 신경통에 두통, 그리고 관절염이 생깁니다. 햇볕을 쬐지 못하면 얼굴도 누렇게 됩니다. 여러분! '햇볕 비타민'이라는 말을 아시는지요? 우리 몸의 신진대사를 돕는 비타민과 무기질의 여러 성분 중에 반드시 햇볕을 쬐어야만 생성되는 비타민이 있습니다. 바로 비타민 D입니다. 이것은 매우 중요한데, 그 이유는 우리가 아무리 칼슘을 많이 먹어도 비타민 D와 함께 먹지 않으면 칼슘이 흡수되지 않기 때문입니다. 그래서 하루에 최소한 햇볕을 30분 이상 쬐어 주는 게 건강을 유지하는 비결이라고 합니다. 암 환자나 간이 나쁜 사람들은 하루에 꼭 30분 정도 햇볕을 쬐면서 운동하면 치유 속도가 매우 빠르다고 합니다. 골다공증을 예방하는 길입니다.

어째서 그럴까요? 햇빛에는 적외선과 자외선이 함께 있는데, 우리가 지나치게 자외선에 노출되면 피부병도 생기지만, 적외선을 쬐면 세포가 재생되고 치유되는 놀라운 효과를 낳습니다. 이러한 원리를 따라서 원적외선 치료 의료기기들이 많이 발명되었습니다. 세포 깊숙이 뚫고 들어와 열을 줌으로써 치유를 도와줍니다. 우리 몸의 미세 혈관이 확장되고, 혈액순환이 촉진되며, 신체 조직의 신진대사가 강화되고, 조직의 재생능력이 생겨나며, 자율신경의 기능이 조정됩니다. 즉 건강이 증진되어 우리 몸의 치유와 회복이 가능해진다고 합니다. 빛은 열을 냅니다. 빛은 열기를 모든 생명체에게 주어 생명을 유지하고 성장하게 만듭니다. "내 이름을 경외하는 너희에게는 공의로운 해가 떠올라서 치료하는 광선을 비추리니 너희가 나가서 외양간에서 나온 송아지 같이 뛰리라"(말 4:2).

햇볕은 정서적으로도 도움이 됩니다. 북유럽의 핀란드라는 나라는 경제적으로나 사회적으로 살기 좋은 나라입니다. 부패지수가 세계 1위일 정도로 청렴한 나라이기도 합니다. 그런데 햇빛을 거의 볼 수 없어서 국민 중에 상당수가 우울증 환자들이라고 합니다. 이는 심리적, 사회적 현상이라기보다는 자연적인 현상으로 인한 것입니다. 일종의 자연재해입니다. 독일이라는 나라도 마찬가지입니다. 일 년에 거의 60일 정도만 햇빛을 볼 수 있다고 합니다. 늘 구름 많은 잿빛 하늘만을 바라보니 생각을 많이 하게 되고, 그 결과 사변적인 철학이 매우 발달했습니다. 적지 않은 사람들이 햇볕 많은 이탈리아나 스페인 지역으로 일부러 휴가를 간답니다. 부족한 햇볕을 보충하기 위해서입니다. 이렇게 빛은 만물에 생명을 줍니다.

예수님은 우주 만물에 생명을 주시는 분입니다. 하나님과 함께 이 세상을 창조하셨을 뿐 아니라, 세상의 생명을 유지하고 지탱하시는 분입니다. 무엇보다도 온 인류를 위해서 자신의 생명도 아끼지 아니하시고 내어주심으로써 온 인류가 구원의 길에 이르도록 하셨습니다. 예수님을 믿는 사람들에게 영원한 생명의 삶을 약속하셨고 또 허락하셨습니다. 그리하여 예수님을 믿는 우리를 날마다 성장시킵니다. 마치 식물이 햇빛을 바라보고 그 빛에 쪼임을 받아야 성장하듯이, 우리 생명의 신진대사를 도와줍니다. 그러므로 우리는 해바라기가 아닌, 주바라기가 되어야 쑥쑥 신앙의 키가 크고 근육이 생겨나며 강건해집니다.

그뿐 아니라 생명의 빛 되신 예수님께서 친히 우리를 비추셔서 우리의 영혼과 마음의 질병을 치료하십니다. 성령의 불로 세포 깊숙이 숨겨져 있는 죄악의 병을 치료하십니다. 뜨거운 열 치료로 인해 우리 몸을 활성화합니다. 생명의 빛 되신 예수님이 우리를 비추사, 우울과 염려, 불안과 두려움에서 해방시키십니다. 밝고 긍정적이며 적극적인 하나님의 사람으로 만들어 가십니다. 영혼 건강, 육신 건강한 사람이 되는 길은 생명의 빛 되신 예수님을 바라보고, 만나며, 그 안에 거하는 것입니다. 온 세상에 생명을 주시는 예수님을 찬양합시다. 오늘도 그 예수님을 경험합시다.

마지막으로, 세상의 빛이신 예수님은 삶의 방향을 안내하십니다. 우리는 요한복음의 다른 본문에서 세상의 빛이신 예수님의 음성을 들을 수 있습니다. "예수께서 또 말씀하여 이르시되 나는 세상의 빛이니 나를 따르는 자는 어둠에 다니지 아니하고 생명의 빛을 얻으리라"(요 8:12). 여기서 "따르다"로 번역된 헬라어는 "아콜루테인"인데, 이 말은 군인이 지휘관을 따르는 것을 의미합니다. 즉 지휘관의 명령에 절대적으로 복종하고 그분의 말씀에 순종하는 것을 가리킵니다. 노예가 주인의 뒤를 따르는 것에도 사용되었습니다. 노예는 자신을 부인하고 오직 주인의 뜻만을 좇아 섬기며 살아가야 합니다. 이 말은 어떤 현명한 사람의 가르침이나 국가의 법을 받아들이고 그 명령대로 살아가는 것을 뜻합니다. 그렇습니다. 세상의 빛이신 예수님은 우리의 삶의 방향을 지시하고 안내해 줍니다. 세상이 나아갈 방향을 보여줍니다.

제가 미국에 있을 때 모 목사님 부부와 딸과 함께 멕시코를 여행한 적이 있습니다. 7월 1일 독립기념일 연휴에 1박 2일로 여행을 떠났는데, 처음인지라 미리 호텔 예약을 하지 못했습니다. 그런데 모텔과 호텔이 손님으로 가득 차서 도무지 방을 구할 수가 없었습니다. 저녁은 다가오고 미국으로 다시 돌아갈 수도 없는데, 값을 두 배로 주겠다고 해도 못 구할 정도였습니다. 할 수 없이 계속해서 내륙 쪽으로 달렸습니다. 어둠이 깔리고 황야가 전개되는데, 주변에는 주택이 하나도 없었습니다. 게다가 연휴 기간에 멕시코인들이 외국 여행자들을 노린다고 하니 자동차 밖으로 나올 수도 없고, 정말 무서웠습니다. 마음속으로 "주여! 주여! 도와주세요"만을 연발했습니다. 밖은 어찌나 캄캄한지 앞이 하나도 안 보였습니다. 오직 자동차의 헤드라이트만을 의지해서 몇 시간을 달렸습니다. 그때 비록 헤드라이트이지만 빛의 위력을 실감했습니다. 빛이 우리를 살렸습니다. 우리의 길을 안내해 주었습니다. 간신히 새벽 1시에 빈방이 있는 호텔에 도착했을 때의 기분은 이루 말할 수 없었습니다. "어휴, 이제 살았다!"입니다.

무슨 의미일까요? 심지어 헤드라이트의 불빛도 칠흑 같이 어두운 밤길을 안내하고 인도해 주는데, 세상의 빛이신 예수님이 우리 삶의 길을 안내하고 지시해 주실 수 있지 않을까요? 예수님은 우리에게 이렇게 말씀하십니다. "예수께서 이르시되 아직 잠시 동안 빛이 너희 중에 있으니 빛이 있을 동안에 다녀 어둠에 붙잡히지 않게 하라 어둠에 다니는 자는 그 가는 곳을 알지 못하느니라 너희에게 아직 빛이 있을 동안에 빛을 믿으라 그리하면 빛의 아들이 되리라"(요 12:35-36a). 예수님은 우리 삶의 길을 안내해 주십니다. 우리 앞에 놓인 수많은 길 중에 무엇을 선택해야 할지 모를 때 예수님 앞에 나아가세요. 예수님이 옳은 길을 안내해 주실 것입니다. 우리는 그 빛을 따라가야 합니다. 마치 군인이 지휘관을 따르듯이, 종이 주인의 발걸음을 따르듯이, 그리고 위대한 스승의 지시를 따르듯이 말입니다.

주님이 앞장서시고 우리는 뒤따르는 삶이 즐겁고 복된 일입니다. 참으로 안전합니다. 요즘에 길을 잘 모르는 사람들을 위해 매우 도움이 되는 내비게이션이 있잖아요? 처음 가는 길도 걱정할 필요가 없습니다. 내비게이션이 다 알아서 가장 빠르고 안전한 길을 안내해 줍니다. 마치 예수님은 우리 삶의 내비게이션처럼 우리의 길을 안내해 주십니다. 우리의 발걸음에 빛을 비추어 주십니다. 그 빛이 참 빛입니다.

오늘도 우리는 예수님의 빛 안에서 눈이 밝아지는 사람들이 됩시다. 이천 년 전에 태어날 때부터 시각장애인이었던 사람의 눈을 밝혀 주신 예수님은 이를 통해 자신이 세상의 빛임을 선언하셨습니다. 이제 그 시각장애인은 더는 시각장애인이 아닙니다. 자신을 고쳐 주신 예수님을 나의 주님으로 믿고 고백했습니다. 환한 빛 가운데 거하게 되었습니다.

그러나 진리를 알지 못하고 어둠에 있던 바리새인들은 끝까지 트집 잡으며 세상의 빛을 거절했습니다. 세상의 어둠을 몰아내고 생명을 주시는 빛이요, 세상의 방향을 안내해 주는 예수님을 거절한 것입니다. 아직도 이 땅에는 이런 사람들로 가득 차 있습니다. 우리 주변에는 자신의 어둠이 폭로될까 봐 빛 앞에 나오지 못하는 사람들이 얼마나 많은지 모릅니다.

우리가 그 세상의 빛을 선전하고 홍보하며 광고하는 사람들이 되어야 하겠습니다. 그리하여 진리에 대하여 눈먼 수많은 사람의 눈을 열어 주는 사역에 참여해야 합니다. 우리 주변에는 아직도 어둠의 세력에 사로잡혀 사망의 음침한 그늘에 거하는 자들이 많습니다. 우리가 일어나 그들에게 찾아가야 합니다. 우리가 이 땅의 수많은 영적 장애인들에게 자유와 생명과 치유와 구원을 안겨 주는 세상의 빛을 반사하는 작은 불빛들이 되기를 오늘도 하나님은 기대하고 계십니다.

𝄞 함께 찬양드립니다(445장).

태산을 넘어 험곡에 가도 빛 가운데로 걸어가면
주께서 항상 지키시기로 약속한 말씀 변치 않네

하늘의 영광 하늘의 영광 나의 맘 속에 차고도 넘쳐
할렐루야를 힘차게 불러 영원히 주를 찬양하리

캄캄한 밤에 다닐지라도 주께서 나의 길 되시고
나에게 밝은 빛이 되시니 길 잃어버릴 염려 없네
하늘의 영광 하늘의 영광 나의 맘 속에 차고도 넘쳐
할렐루야를 힘차게 불러 영원히 주를 찬양하리

광명한 그 빛 마음에 받아 찬란한 천국 바라보고
할렐루야를 힘차게 불러 날마다 빛에 걸어가리
하늘의 영광 하늘의 영광 나의 맘 속에 차고도 넘쳐
할렐루야를 힘차게 불러 영원히 주를 찬양하리

3. 나는 부활이요 생명이니

(요 11:17-27)

오늘날 현대인들은 새로운 소망을 안고 살아가게 되었습니다. 바로 생명공학의 발달로 인해서입니다. 언제부터인가 과학자들은 생명의 가장 작은 단위를 유전자, 즉 DNA로 보고 유전자의 암호를 해독하고 그것을 재배열하여 새로운 세포를 만드는 일까지 하게 되었습니다. 심지어 줄기세포를 복제하는 일을 통하여 소나 돼지나 양을 복제하기도 하고, 인공장기가 아닌 사람들의 장기를 복제하는 일을 시도하기도 합니다. 그래서 각종 성인병 등 난치병 환자들을 고치는 일뿐 아니라 언젠가는 인간을 복제하는 일도 멀지 않았다고 합니다. 앞으로 이런 일들이 가능해지면, 사람의 수명은 150년은 물론이고 천 년까지도 연장될 수 있다고 합니다. 그뿐 아니라 각종 인체 노화의 원인을 규명하려는 의학적인 노력도 계속되고 있습니다. 머지않아 불로초를 구했던 진시황제의 늙지 않으려는 소망이 이루어질 것도 같습니다. 이렇게 병들거나 죽지 않고 영원히 살아보려는 인간들의 욕망은 결코 식을 줄 모릅니다.

과연 그럴까요? 인간은 의학과 과학의 도움으로 영원히 살 수 있을까요? 오늘도 여전히 곳곳에서 장례식은 치러지고 있습니다. 병들거나 늙어서, 때로는 사고로 죽어 가는 사람들, 그리고 그들을 애도하는 살아남은 사람들이 장례식에 모여듭니다. 오늘 본문은 예수님께서 어느 장례식에 참여하신 이야기입니다. 평소에 예수님과 매우 가깝게 지내던 마리아와 마르다 자매의 오빠인 나사로가 중병에 들어 앓다가 그만 죽어버렸습니다. 예수님은 이제 나사로가 무덤에 있은 지 나흘 되는 날에 유족을 찾아오셨습니다. 언니 마르다는 예수님을 맞이하고는, "주께서 여기 계셨더라면 내 오라버니가 죽지 아니하였겠나이다 그러나 나는 이제라도 주께서 무엇이든지 하나님께 구하시는 것을 하나님이 주실 줄을 아나이다"(요 11:21-22)라고 말합니다.

여기서 예수님에 대한 마르다의 믿음이 표현됩니다. 그러자 "예수께서 이르시되 네 오라비가 다시 살아나리라"(23절)고 단언하십니다. 곧바로 마르다가 대답합니다. "마르다가 이르되 마지막 부활 때에는 다시 살아날 줄을 내가 아나이다"(24절). 그러자 "예수께서 이르시되 나는 부활이요 생명이니 나를 믿는 자는 죽어도 살겠고 무릇 살아서 믿는 자는 영원히 죽지 아니하리니 이것을 네가 믿느냐"(25-26절)라고 질문합니다. 마르다는 이렇게 대답합니다. "주여 그러하외다 주는 그리스도시요 세상에 오시는 하나님의 아들이신 줄 내가 믿나이다"(27절).

장례식에 찾아온 예수님과 마르다의 상당히 수준 높은 대화입니다. 평소에 온갖 환자들의 병을 고쳐 주시던 바로 그 예수님께서 그들과 함께 계셨더라면 자기 오빠인 나사로가 죽지 않았을 것이라는 마르다의 믿음이 담겨 있습니다. 그러나 그보다 더 큰 믿음은 이제라도 예수님이 무엇을 하실 수 있다는 믿음입니다. 얼마 전에 죽었던 나인 성 과부의 아들과 회당장의 딸도 살리셨던 이적을 전해들은 마르다는 비록 죽은 지 사흘이 지나 시체에서 썩은 냄새가 나는 오빠에게 예수님이 무언가를 해주실 수 있다는 믿음을 고백합니다. 이전부터 제자들에게 가르쳐 주신 부활에 관한 예수님의 말씀을 기억했던 마르다는 이제 마지막 부활의 때, 나사로가 다시 살아날 것을 안다고 대답합니다. 그러자 예수님이 자신의 정체를 드러내십니다. "나는 부활이요 생명이니 나를 믿는 자는 죽어도 살겠고 무릇 살아서 믿는 자는 영원히 죽지 아니하리니 이것을 네가 믿느냐?" 오늘도 예수님께서는 우리에게 이렇게 질문하십니다. "네가 부활을 믿느냐?"

어느 목사님의 설교를 통해서 듣게 된 이야기입니다. 2차 세계대전 후에 가장 유명했던 프랑스의 지성인이요 문학가였던 장 폴 사르트르에 관한 것입니다. 그는 실존주의 철학자로서 무신론을 주장한 사람입니다. 그가 가장 사랑했던 단어는 바로 '자유'였습니다. "자유, 자유밖에 없다"라고 말입니다. 그것은 하나님 없는 자유였습니다. 그는 오늘 여기에서의 삶이 중요하고 매 순간의 선택이 중요한 것이지, 결코 종교가 말하는 내세는 없다고 주장했습니다. 실제로 그는 어떤 권위나 상에 매이지 않은 사람으로도 유명했습니다. 그래서 생전에 노벨 문학상 수상도 거절했던 사람입니다.

어느 날 그는 의사로부터 폐종암이라는 진단을 받았습니다. 시한부 인생입니다. 놀라운 것은, 그 순간 그토록 당당하던 사르트르가 얼굴빛이 변하여 의사에게 마구 화를 내는 것입니다. "그럴 리가 없다"라고 소리를 질러댑니다. 병실에서 갑자기 물건을 집어 던지기도 하고 의사의 멱살을 잡습니다. 당신이 실력이 없으니까 자기를 못 고친다고, 자기를 어떻게 해보라고 고함을 질러대면서 거의 미친 사람처럼 지냈다고 합니다. 그래서 가까운 지인들은 이전부터 사르트르를 알던 사람들이 병실에 방문하는 것을 철저히 통제했다고 합니다. 왜냐하면 젊은 시절 그토록 삶에 자유롭고 당당하던 한 노인의 마지막이 너무 추하고 험악해서입니다.

마침내 사르트르는 마지막 생의 한 달을 그렇게 살다가 죽었습니다. 그가 죽고 난 후에 어느 지방 신문의 한 기자가 이렇게 글을 기고했다고 합니다. "사르트르가 그토록 힘들어했던 것은 그가 돌아갈 고향이 없었기 때문이다." 그렇습니다. 그를 반겨 줄 아버지의 품을 갖고 있지 않았기 때문입니다. 그렇기에 죽음 그 이후의 삶을 믿지 못했던 그는 다가오는 죽음 앞에서 그토록 불안해하고 당황해할 수밖에 없었습니다. 오늘날 많은 사람이 나이가 들고 죽음이 가까울수록 더욱 삶에 집착하는 것은 죽음 그 이후의 생명에 대한 믿음이 없기 때문입니다.

모든 사람은 죽게 되어 있습니다. 이 땅에 태어나자마자 한 사람도 빼놓지 않고 죽음을 향해 달려갑니다. 그 누구도 마지막 숨을 거두게 되어 있습니다. 죽음은 우리의 운명입니다. 저도 여러분도, 그 어느 한 사람도 제외되지 않습니다. 죽음 앞에서는 그 어떤 막강한 로비도 통하지 않습니다. 그런데 오늘 본문 말씀을 살펴보면, 죽었던 나사로가 다시 살아났습니다. 이미 무덤에 있던 나사로를 예수님이 다시 살리셔서, 이제 나사로는 시체가 아니라 산채로 막 돌아다니게 되었습니다. 오죽하면 당시에 대제사장들과 바리새인들이 바로 이 일로 인해서 예수님을 본격적으로 죽일 계획을 세우지 않았습니까? 죽은 나사로 때문에 예수님을 믿는 사람들이 많아지자, 아예 나사로까지도 해치려고 했습니다.

예수님은 죽은 나사로를 살리심으로써, 십자가에서 돌아가시기 바로 직전에 자기의 부활을 미리 맛보여 주셨습니다. 죽음 앞에서 속수무책인 인간들에게 새로운 살길을 열어 보여주셨습니다. 아담과 하와는 에덴동산에서 죄를 범한 후에 생명 나무를 먹지 못하게 되었습니다. 하나님께서는 그들이 생명 나무를 먹고 영원히 살게 될까 봐 먹지 못하게 하셨습니다. 혹시 하나님은 인간이 하나님처럼 영생하게 되는 것을 시기하셨기 때문일까요? 그렇지 않습니다. 아담과 하와가 죄로 말미암아 부패하고 타락한 그 몸으로 영원히 죽지도 못하고 계속해서 산다는 것은, 그 모습을 지켜보는 하나님의 마음도 찢어질 듯 아프실 뿐 아니라 인간들에게도 말할 수 없는 고통이기 때문입니다. 그래서 우리가 흔히 하는 얘기가 있지 않습니까? "죽고 싶어도 죽을 수 없는 게 더 큰 고통"이라는 말입니다. 죄를 범한 모든 인간은 다 죽습니다. 그게 이 땅에 태어난 모든 인간의 운명입니다. 태어나서 온갖 질병에 시달리다가, 고통 속에서 몸부림치다가 끝내 늙고 병들어서 죽게 되는 곳, 그곳이 우리 인간들이 돌아갈 고향입니다.

예수님은 나사로의 죽음을 보시면서, 그리고 함께 우는 유족들과 조객들의 모습을 보시면서 함께 우셨습니다. 그들을 불쌍히 여기셨다는 말입니다. 이는 단지 한 청년의 이른 죽음을 아쉬워하거나 남아 있는 자들의 슬픔에 감동된 것만이 아닙니다. 온 인류를 송두리째 사로잡고 있는 죽음의 세력에 노예가 되어 있는 사람들에 대한 깊은 연민입니다. 나사로의 무덤 앞에 서서 한 사람도 빼놓지 않고 들어갈 차갑고 캄캄한 무덤을 보시고는 매우 분하게 여기셨습니다. 그래서 사망의 줄에 얽매인 자들을 풀어 주시겠다는 말씀을 상징적으로 보여주셨습니다. "자녀들은 혈과 육에 속하였으매 그도 또한 같은 모양으로 혈과 육을 함께 지니심은 죽음을 통하여 죽음의 세력을 잡은 자 곧 마귀를 멸하시며 또 죽기를 무서워하므로 한평생 매여 종 노릇하는 모든 자들을 놓아 주려 하심이니"(히 2:14-15).

예수님은 나사로의 생명뿐 아니라, 온 인류의 생명을 위해서 자신의 생명을 드리셨습니다. 우리와 똑같은 몸을 입으시고 찾아오셔서 우리를 대리하여 죽음을 맛보셨습니다. 그런데 사탄은 하나님의 아들 예수님도 죽음이라는 무기로 사로잡을 수 있는 줄 알았습니다. 오히려 예수님의 죽음이라는 미끼에 사탄이 걸려들었습니다. 사탄은 예수의 죽음을 삼켰지만, 그 죽음 안에 들어 있던 생명의 힘인 사랑을 함께 삼켰습니다. 끝내 사랑의 생명이 죽음을 통째로 먹어버렸습니다. 차가운 돌무덤은 예수님의 뜨거운 사랑의 심장을 감당할 수 없었습니다. 결국 토해내게 만들었습니다. 죽음이 죽어버린 것입니다. 그 큰 위력을 잃어버리게 되었습니다. 그래서 바울은 크게 외칩니다. "사망아 너의 승리가 어디 있느냐 사망아 네가 쏘는 것이 어디 있느냐"(고전 15:55). 사탄이 지녔던 죽음의 독침을 예수님께서 뽑아내셨습니다. 아무리 사탄이 사자처럼 으르렁거려도, 이제는 죽음의 독이 묻은 이빨이 빠져 버린 사자일 뿐입니다. 아무리 죽음이라는 무기로 인간들을 위협해도, 그것은 허수아비와도 같은 것입니다. 사탄의 무기가 별 쓸모없는 것이라는 사실과 함께 사탄의 정체가 폭로된 것입니다.

여러분! 예수님의 빈 무덤을 바라보고 깜짝 놀란 사람들이 많습니다. 이른 아침에 예수님의 무덤을 찾아간 여인들은 무덤을 막은 돌이 굴려져 있는 것을 보고 놀랐습니다. 누가 이 무거운 돌을 옮겨놓았는지 궁금했습니다. 더욱 놀라운 것은 예수님을 쌌던 세마포가 몸만 빠져나간 듯이 그대로 놓여 있었던 것입니다. 돌무덤 안에서 천사들의 환한 빛도 보았습니다.

무엇보다도 빈 무덤을 보고 놀란 것은 사탄이었지 않았을까요? 자신의 기획과 작품대로 예수님을 무덤에 가두었건만, 사흘도 안 되어 무덤에서 빠져나간 예수님의 모습을 보고는 그만 혼비백산하게 되었습니다. 원래는 영화의 주인공이 마지막에 죽는 영화였는데, 그만 갑자기 주인공이 다시 살아나서 이야기의 결말이 확 바뀌었습니다. 텅 빈 무덤 앞에서 사탄과 그의 졸개들이 그만 너무 놀라서, 그 당시에 온 동네 약국의 우황청심환이 다 동났다는(?) 얘기가 있습니다. 지금도 빈 무덤만 보면 사탄의 가슴이 벌렁벌렁한다고 합니다. 사탄의 머리가 하나님의 지혜를 따르지 못한 것입니다. 온 인류에게 써먹었던 죽음의 사기와 술수가 더는 통하지 않게 되었습니다. 예수님의 십자가와 부활의 지혜가 세상과 피조물의 그 어떤 지혜보다도 가장 최상의 것입니다. 파격과 반전의 지혜입니다. 그것이야말로 세상을 살리는 지혜입니다.

예수님은 죽었던 나사로를 살리셨을 뿐 아니라, 이제 자신이 죽음에서 다시 살아나셨습니다. 아담과 하와에게는 허락되지 않았던 생명 나무의 열매가 이제는 예수님의 부활을 믿는 모든 사람에게 허락되었습니다. 예수님을 믿는 자는 죽어도 살겠고, 살아서 예수님을 믿는 자는 영원히 죽지 않고 마지막 부활에 참여하게 됩니다. 예수님처럼 똑같은 부활의 모습으로 다시는 썩지 않고 병들지 않으며 죽지 않는 새로운 몸으로 변화됩니다. "모든 눈물을 그 눈에서 닦아 주시니 다시는 사망이 없고 애통하는 것이나 곡하는 것이나 아픈 것이 다시 있지 아니하리니 처음 것들이 다 지나갔음이러라"(계 21:4)라는 말씀이 곧 우리의 부활의 상태입니다. 그때는 마음의 상처도 눈물도 없습니다. 장례식은 거행되지 않습니다. 병원도 약국도 존재하지 않습니다. 죽음에서 비롯된 이별도 없습니다. 새 하늘과 새 땅에서 이루어질 행복한 삶은 오직 예수님의 부활을 믿고 예수님의 부활에 참여한 자들의 것입니다.

이제 예수 그리스도 안에 있는 자들은 결단코 죽음을 두려워하지 않습니다. 죽음은 힘을 잃고 말았습니다. 예수님께서도 부활하신 후에 처음 제자들을 찾아오셔서, "너희에게 평강이 있을지어다"라고 말씀하셨습니다. "내가 다 끝냈다. 죽음을 이겼다. 온 인류의 숙제를 다 풀었다. 이제는 두려움 대신에 안심해라. 부디 마음을 놓아라."

사실 예수님의 십자가만 바라보면 우리는 좌절할 수밖에 없습니다. 그분도 우리와 똑같이 죽을 수밖에 없는 분이라면 우리는 의기소침해지지 않을 수 없습니다. "결국에는 우리 인생의 마지막 길을 가셨구나. 억울한 죽임을 당하셨구나. 끝내 다시 돌아오지 못할 길을 걸어가셨구나"라고 말입니다. 그러나 부활의 아침이 밝아오면 우리는 더는 슬퍼하지 않을 수 있습니다. 죽은 나사로가 다시 살아났을 때 마르다와 마리아뿐 아니라 온 동네 사람들이 기뻐했듯이, 예수님이 다시 살아나셨다는 것은 온 인류가 기뻐할 소식입니다. "기쁘다 구주 오셨네"라는 찬송이 이제는 "기쁘다 구주 부활하셨네"라는 찬송으로 온 세상에 울려 퍼지는 것입니다. 아기 예수님이 탄생하셨던 베들레헴에 나타났던 천군 천사들이 이제는 예수님의 빈 무덤 주변에 모여들어 부활의 영광을 높이 찬송하게 된 것입니다. 온 인류가 다시 살게 될 새로운 생명의 길을 열어 주신 예수님의 이름이 온 땅에 선포됩니다.

고린도전서에서 바울은 이렇게 말하고 있습니다. "만일 그리스도 안에서 우리가 바라는 것이 다만 이 세상의 삶뿐이면 모든 사람 가운데 우리가 더욱 불쌍한 자이리라 그러나 이제 그리스도께서 죽은 자 가운데서 다시 살아나사 잠자는 자들의 첫 열매가 되셨도다 사망이 한 사람으로 말미암았으니 죽은 자의 부활도 한 사람으로 말미암는도다 아담 안에서 모든 사람이 죽은 것 같이 그리스도 안에서 모든 사람이 삶을 얻으리라 그러나 각각 자기 차례대로 되리니 먼저는 첫 열매인 그리스도요 다음에는 그가 강림하실 때에 그리스도에게 속한 자요 그 후에는 마지막이니 그가 모든 통치와 모든 권세와 능력을 멸하시고 나라를 아버지 하나님께 바칠 때라 그가 모든 원수를 그 발아래에 둘 때까지 반드시 왕 노릇하시리니 맨 나중에 멸망 받을 원수는 사망이니라"(고전 15:19-26).

그렇습니다. 만일 부활이 없다면 우리는 얼마나 허무하겠습니까? 만일 다시 사는 것이 없다면 이 세상에서 우리가 가장 불쌍한 자들입니다. 거대한 사기에 놀아난 것입니다. 그다음이 없다면 죽고 난 뒤에 얼마나 억울하겠습니까? 우리는 마치 영화의 예고편을 보는 것과도 같습니다. 이제 곧 본 영화가 개봉된다고 계속 예고했는데, 정작 죽음 이후의 삶에 대한 스토리가 나오지 않는 방송이라면 그것은 사기입니다. 그러나 우리는 본 방송을 기대합니다. 분명 다음 세상이 있습니다. 예수님의 부활이 이미 맛보여 주셨습니다. 예수님의 부활은 죽은 자의 첫 열매요, 첫 시작인 셈입니다. 이제 그 언젠가 세상 끝날에 살아 있는 자와 죽은 자들, 무덤에 있는 자들과 심지어 바다에 수장된 자들까지도 다 홀연히 부활하게 됩니다. 온 인류는 다 부활하게 되어 있습니다. 영원한 생명과 복락의 부활인가, 아니면 영원한 형벌의 부활인가의 차이일 뿐입니다.

여러분! 주변 사람들의 갑작스러운 죽음에 대해 받는 충격은 정말 대단하지 않습니까? 방금 전화로 통화했던 사람이 교통사고로 인해 더는 그의 얼굴을 볼 수 없다거나 음성을 들을 수 없는 경우에 겪게 되는 고통은 이루 말할 수 없습니다. 예수님의 제자들은 바로 그 고통을 맛봐야 했습니다. 3년 동안 동고동락했던 예수님이 눈앞에서 숨을 거두시는 장면을 지켜봐야 했던 제자들이 아닌가요? 그들의 충격은 대단했습니다. 정신적 공황 상태였을 것입니다. 심리적 우울증세가 찾아왔습니다. 더는 살고 싶은 의욕을 잃었습니다.

그러던 그들에게 예수님이 찾아오셨습니다. 아니, 먼저 베드로와 요한은 예수님의 무덤이 비었다는 사실을 눈으로 확인했습니다. 또 엠마오로 가던 두 제자로부터 예수님의 부활 소식을 들었습니다. 그러나 그들은 믿지 않았습니다. 너무나 엄청난 일이었기 때문입니다. 있을 수도 없고 상상할 수도 없는 일이었기 때문입니다. 그런데 사흘 전에 돌아가신 예수님이 그들의 눈앞에 나타났습니다. 오죽하면 도마는 내가 예수님 손의 못 자국을 보며, 내 손가락을 그의 손의 못 자국에 넣으며, 내 손을 그 옆구리에 넣어 보지 않고는 믿지 않겠다고 말했을까요? 눈으로 보고 귀로 듣고도 믿지 못하는데, 보지 못하고 듣지 못하고 만지지도 못한 채 우리는 어떻게 부활을 믿을 수 있을까요?

얼마 전에 저는 가벼운 교통사고를 경험했습니다. 지방에서 서울로 올라오는 고속버스가 앞 트럭을 들이받았습니다. 다행히 승객들 가운데 다친 사람이 없었지만, 앞 트럭의 운전사가 목을 다친 것 같았습니다. 경찰이 와서 사고 경위를 조사하는데, 문제는 앞 트럭 운전사와 버스 운전사의 말이 다른 것입니다. 앞 트럭 운전사는 뒤 버스가 자기 차를 들이받았다고 하고, 버스 운전사는 앞차가 갑자기 끼어들어서 브레이크를 밟았으나 피할 수 없었다고 합니다. 저는 운전사 바로 뒷좌석에 타고 있었습니다. 제가 증인이 된 셈입니다. 제 기억으로는 앞 트럭이 갑자기 우리 버스 앞으로 들어온 것 같았습니다. 그래서 그렇게 진술했습니다. 그런데 제 옆에 있던 남자 승객들이 증언을 해주지 않으려고 합니다. 이전에 증언을 섰다가 합의가 잘 안 되어서 질질 끌다가 2년 동안이나 고생했다고 하면서 말입니다. 한 사람보다는 두 사람 혹 세 사람의 증언이 훨씬 더 낫지 않습니까? 그래서인지 이스라엘에서는 예로부터 두세 명의 증인이 있어야 반드시 법적인 효력을 가졌습니다. 물론 사람에 따라 간혹 위증하기도 합니다. 미국에서도 교통사고 시에 증인이 무척 중요합니다. 때로는 변호사와 피해자가 짜고는 더 많은 보험을 타내기 위해서 거짓 증인을 내세우기도 합니다. 증인의 역할이 매우 중요합니다.

예수님의 부활에 대해서도 증인이 무척 중요합니다. 예수님은 살아 계실 때도 제자들에게 부활에 관하여 언급하셨을 뿐 아니라, 부활하신 후에도 그들에게 부활을 증언하라고 명령하셨습니다. 부활하신 당일에 다섯 차례나 제자들에게 나타나셨고, 그 후에 엠마오의 두 제자, 예수님의 형제인 야고보, 베드로, 도마, 마지막으로 오백 명 제자에게 무려 열한 번이나 자신의 부활하신 모습을 보이셨습니다. 한두 번도 아니고 한두 명도 아니라 수백 명에게 자신의 부활을 목격하도록 하셨습니다. 성경에 의하면, 당시에 대제사장들과 장로들이 무덤을 지키고 있던 군인들에게 돈을 주고는 위증하라고 했다고 합니다. 제자들이 시체를 도둑질했다고 말입니다. 군인들은 돈을 받고 위증했다지만, 제자들은 누구에게도 돈을 받지 않았습니다. 허위 증언이 아니라는 겁니다. 그들은 오순절 성령 강림을 경험한 후에 누구보다도 열정적인 부활의 증인이 되었습니다. 직접 눈으로 목격했기 때문입니다.

도마는 부활하신 예수님 앞에서 "나의 주님이시요, 나의 하나님이시니이다"라고 믿음을 고백했습니다. 부활하신 예수님과 함께 떡과 생선을 먹었던 제자들은 이제 예수님의 부활을 부인할 수 없었습니다. 그래서 베드로가 성령을 받은 후에 선포한 첫 번째 메시지는 바로 부활에 관한 설교였습니다. "너희가 법 없는 자들의 손을 빌려 예수님을 못 박아 죽였으나 하나님께서 그를 사망의 고통에서 풀어 살리셨으니 이는 그가 사망에 매여 있을 수 없었음이라"(행 2:23b-24). "그가 음부에 버림이 되지 않고 그의 육신이 썩음을 당하지 아니하시리라 하더니 이 예수를 하나님이 살리신지라 우리가 다 이 일에 증인이로다"(행 2:31b-32).

그렇습니다. 예수님의 제자들은 부활의 증인이 되었습니다. 그들은 직접 보고 듣고 만지면서 예수님의 부활을 경험했기 때문입니다. 그것은 결코 위증이 아니었습니다. 바로 그 부활을 증언하는 일에 자신의 목숨을 버리기까지 충성을 다했기 때문입니다.

여러분! 거짓말에 자신의 목숨을 거는 사람이 있을까요? 그것도 한 사람도 아니고 여러 명이? 그 이후에 그 이야기를 전해들은 수천 명, 수만 명이 순교를 당하면서까지 예수님의 부활을 증언한다는 게 가능할까요? 그것도 몇 날 며칠이 아니라 2천 년 동안이나 계속되고 있습니다. 이런 말이 있습니다. "한 사람을 오랫동안 속일 수 있다. 여러 사람을 잠시 속일 수 있다. 그러나 모든 사람을 영원토록 속일 수 없다." 그렇습니다. 언젠가 거짓말은 탄로 나게 되어 있습니다. 그렇다면 예수님 부활의 증인들은 결코 거짓 증인이 아닙니다.

무엇보다도 가장 강력한 증인이신 성령님께서 성경을 통해 기록해 놓으셨고, 오늘 우리에게 믿음을 부어 주셔서 우리가 예수님의 부활을 믿도록 하십니다. 예수님은 오늘 우리에게 이렇게 말씀하십니다. "보지 못하고 믿는 자들은 복되도다." 우리는 예수님의 부활을 눈으로 보지 못하고 믿습니다. 그러나 우리의 마음속에서 예수님의 모습을 봅니다. 음성을 듣습니다. 예수님의 부활을 확신합니다. 바로 우리가 예수님 부활의 증인입니다.

예수님은 "나는 부활이요 생명이다"라고 말씀하셨습니다. 실제로 십자가와 빈 무덤을 통해서 자신이 부활이요 생명임을 몸으로 보여주셨습니다. 인류의 역사를 새롭게 쓴 사건입니다. 길이요 진리요 생명이신 자신을 만인에게 보여주신 것입니다.

여러분! 봄이면 생명이 솟아나서 여름에 꽃을 피우고 가을에 열매를 거둔 뒤에 겨울이면 땅에 떨어져 시들어 버리듯이, 우리 인생의 겨울은 찾아오게 되어 있습니다. 그러나 두려워하지 않을 것은 우리 인생에 부활의 봄이 있기 때문입니다. 죽은 자의 부활은 썩을 것으로 심고 썩지 아니할 것으로 다시 살아나며, 육의 몸으로 심고 신령한 몸으로 다시 살아납니다. 지금보다 훨씬 더 좋은 상태로 복된 모습으로 변화되어 서로 다시 보게 될 것입니다.

죽은 나사로의 장례식이 생명 축제의 자리가 되었듯이, 우리의 장례식은 슬픔과 눈물의 자리가 아니라 영원한 생명의 아침을 알리는 축제가 될 것입니다. 예수 그리스도 안에서 죽은 자와 살아남은 자들 사이에 부활을 약속하고 재회를 기약하는 기쁨의 자리가 될 것입니다. 부활의 아침에 우리는 더는 죽음을 두려워하지 않는 믿음의 사람이 됩시다. 보지 못하고 믿는 부활의 증인이 됩시다. 천군 천사들과 함께 기쁨의 찬양의 축제를 나눕시다. 온 세상에 "할렐루야, 예수 부활하셨네!" 크게 외치는 부활의 증인이 됩시다

𝄞 함께 찬양드립니다(165장).

주님께 영광 다시 사신 주 사망 권세 모두 이기시었네
흰옷 입은 천사 돌을 옮겼고 누우셨던 곳은 비어 있었네
주님께 영광 다시 사신 주 사망 권세 모두 이기시었네

부활의 주님 나타나시사 두려움과 의심 물리치셨네
주의 교회 기뻐 찬송하여라 다시 사신 주님 죽음 이겼네
주님께 영광 다시 사신 주 사망 권세 모두 이기시었네

생명의 임금 영광의 주님 주님 없는 삶은 헛될 뿐이라
주의 사랑으로 세상 이기고 요단 건너 본향 가게 하소서
주님께 영광 다시 사신 주 사망 권세 모두 이기시었네

4. 생각지도 않은 때에 오시리니

(눅 12:35-40)

오늘날 한국교회 설교 강단에서 가장 인기 없는 주제가 무엇인지 아시나요? 바로 죄에 관한 내용과 주님의 재림에 관한 설교입니다. 현대인들은 그렇지 않아도 삶에 지치고 힘든데, 주일 아침 교회에 와서까지 죄에 대하여 자꾸 얘기하면 듣기 싫다고 합니다. 그러니 되도록 성도의 심신을 위로하고 격려하는 달콤한 말씀을 선포해야 한다고들 합니다. 주로 복에 관한 말씀을 많이 외쳐야 교인들이 많이 모인다는 것입니다.

어디 그뿐인가요? 좀처럼 "예수님이 다시 오신다"라는 주님의 재림과 종말에 관한 내용이 설교의 단골 주제가 되지 못합니다. 저도 최근에 재림에 관한 설교를 거의 하지 않았습니다. 아무리 재림에 관한 설교를 해도 성도들이 무관심하기 때문입니다. 적어도 일제 시절이나 6.25 전쟁 시절, 먹고살기 힘들었던 70년대에나 주님의 재림 이야기에 귀가 솔깃해하지, 이제 철 지난 유행가처럼 매력을 잃었습니다.

그런데 1992년 혹은 1998년, 그리고 2,000년을 바로 코 앞에 두고서는 그렇지 않았습니다. 1992년에는 한국교회에 소위 "다미" 바람이 불었습니다. 『다가올 미래를 대비하라』는 책의 제목을 줄여 만든 '다미 선교회'를 중심으로, 언제 주님이 오시고 천국이 어떻고 주님이 오시기 전에는 어떤 시대적 현상이 일어나고 등등 한 꼬마가 예언한 것을 그대로 믿고 사람들이 재림을 준비했습니다. 잘 다니던 직장도 그만두고, 수험생들이 입시도 포기하고, 한의사가 병원도 폐업하고, 불신자 남편과 살던 아내가 집을 팔아 교회에 바치니까 나중에 이혼을 당하게 되고, 별일들이 다 일어났습니다. 혹시 기억하시는지요? 비단 한국만이 아니라 미국과 일본, 브라질, 파라과이 등 한인교회의 교인들이 사는 곳 어디에서나 일어났던 일입니다. 수많은 가정이 깨어지고, 청소년들이 학업을 중단하고, 교회가 둘로 나뉘는 일들이 일어났습니다. 소위 재림 소동입니다. 다시 말하면, 시한부 종말론의 이단들이 한국교회를 강타한 것입니다.

이들은 실제로 주님의 재림 날짜를 아예 1992년 10월 28일, 혹은 1998년 10월 14일로 확정지어 놓고는 교인들의 재산을 헌납받았습니다. "이제 곧 공중으로 휴거될 텐데, 돈이 다 무슨 소용이 있냐? 주님께 다 바쳐라." 그 말만 믿고 재산 날린 성도들이 무척 많습니다. 후에 법정에서 재산 소송이 많이 일어났습니다. 물론 시한부 종말론은 다 거짓으로 판명되었고, 시간이 상당히 흘러 지금은 아예 사람들이 주님의 재림을 믿지 않는 경향이 생겨났습니다.

바로 이것이 사탄의 전략입니다. 사람들은 "그래, 맞아. 지난번의 그 소동 봤지? 다 거짓말이야. 태초 이래 종말은 오지 않았어. 예수님 당시에도 종말 사상이 유행이었잖아. 그렇지만 결국 종말은 오지 않았다고. 앞으로도 아마 종말은 오지 않을 거야. 봐, 세상은 날이 갈수록 더 좋아지고 있잖아." 이렇게 재림을 무시하는 경향이 생겨난 것, 바로 이것이 사탄이 노리는 전략입니다.

어디 그뿐인가요? 한국교회 성도들은 주님의 재림을 더는 간절히 기다리지 않습니다. 세상의 끝이 하루속히 빨리

와야 할 이유가 전혀 없다고 합니다. 좀 더 큰 평수의 아파트가 당첨되어야 하고, 애들을 좋은 대학 보내서 능력 있는 신랑과 신부와 결혼시켜야 하고, 노후에 안전보장을 위해서 몇 개씩 들어놓은 보험을 다 타 먹어야 하고, 아직도 마음껏 누리고 살 시간이 더 필요하다고 합니다. 설령 예수님이 이 땅에 지금 오셔도 그 옛날 베들레헴의 사람들처럼 그 누구도 반갑게 맞이하지 않을지도 모르겠습니다. 예수님은 축하도, 환영도 받지 못하실지 모릅니다. 이게 우리의 현실입니다.

여러분! 지금 당장 주님이 재림하시길 소망하는 분 있으시면 한 번 손들어 보실까요? 아마도 다 그럴듯한 핑계와 변명이 있을 것입니다. "잠깐만요. 이러저러하니까 조금만 더 있다가 오시지요." 어쩌면 "제가 죽은 다음에 오시는 게 차라리 속이 편할 것 같습니다. 주님!" 그런 분들도 있을 것입니다.

그러나 오늘 본문은 다르게 말씀하고 있습니다. 예수님의 말씀입니다. "허리에 띠를 띠고 등불을 켜고 서 있으라 너희는 마치 그 주인이 혼인집에서 돌아와 문을 두드리면 곧 열어 주려고 기다리는 사람과 같이 되라 주인이 와서 깨어 있는 것을 보면 그 종들은 복이 있으리로다 내가 진실로 너희에게 이르노니 주인이 띠를 띠고 그 종들을 자리에 앉히고 나아와 수종 들리라 주인이 혹 이경에나 혹 삼경에 이르러서도 종들이 그같이 하고 있는 것을 보면 그 종들은 복이 있으리로다 너희도 아는 바니 집주인이 만일 도둑이 어느 때에 이를 줄 알았더라면 그 집을 뚫지 못하게 하였으리라 그러므로 너희도 준비하고 있으라 생각하지 않은 때에 인자가 오리라 하시니라"(눅 12:35-40). 어떤 의미인가요? 예수님이 이 땅에 다시 오실 때는 마치 주인이 자기 집에 돌아오는 것과도 같다는 말입니다. 이스라엘에서는 혼인 잔치가 주로 저녁에 열렸기 때문에 주인은 한밤중 혹은 거의 새벽에야 집으로 돌아오기가 일쑤였습니다. 그러니 종들은 한밤중에 돌아오는 주인을 맞이할 준비가 되어 있어야 한다는 말입니다. 언제 오실지 모르니 늘 깨어 준비하라는 말입니다. 우리는 예수님의 재림을 어떻게 깨어 준비할까요?

먼저, 예수님은 반드시 다시 오십니다. 이것은 불변의 진리입니다. 신구약 성경 전체를 통틀어 변치 않는 신실한 하나님의 약속입니다. 베드로는 초대교회의 성도들에게 다음과 같이 권면합니다. "말세에 조롱하는 자들이 와서 자기의 정욕을 따라 행하며 조롱하여 이르되 주께서 강림하신다는 약속이 어디 있느냐 조상들이 잔 후로부터 만물이 처음 창조될 때와 같이 그냥 있다 하니"(벧후 3:3b-4). 베드로가 살았던 당시에도 사람들은 오늘날 우리와 똑같은 이야기를 했습니다. 종말이 없다고 말입니다. 다 쓸데없는 소리라는 것입니다. 그런데 주님이 재림을 늦추시는 이유가 곧이어 분명하게 나타납니다. "사랑하는 자들아 주께는 하루가 천 년 같고 천 년이 하루 같다는 이 한 가지를 잊지 말라 주의 약속은 어떤 이들이 더디다고 생각하는 것 같이 더딘 것이 아니라 오직 주께서는 너희를 대하여 오래 참으사 아무도 멸망하지 아니하고 다 회개하기에 이르기를 원하시느니라 그러나 주의 날이 도둑 같이 오리니 그날에는 하늘이 큰 소리로 떠나가고 물질이 뜨거운 불에 풀어지고 땅과 그 중에 있는 모든 일이 드러나리로다 이 모든 것이 이렇게 풀어지리니 너희가 어떠한 사람이 되어야 마땅하냐 거룩한 행실과 경건함으로 하나님의 날이 임하기를 바라보고 간절히 사모하라 그날에 하늘이 불에 타서 풀어지고 물질이 뜨거운 불에 녹아지려니와 우리는 그의 약속대로 의가 있는 곳인 새 하늘과 새 땅을 바라보도다"(벧후 3:8-13).

여러분! 사실 예수님께서는 오늘이라도 당장 재림하실 수 있습니다. 그러나 지구의 마지막 남은 한 사람까지도 기회를 주시고자 참고 기다리고 계십니다. 하나님께서 아직 주께로 돌아오지 않은 불신자를 기다릴 때, 하루하루가 마치 천 년과도 같은 기다림의 고통이라는 것입니다. 그러나 한 사람이 주께로 돌아올 때, 천 년의 기다림도 마치 하나님께는 하루처럼 느껴진다고 합니다. 오직 하나님 사랑의 인내가 지구의 수명을 연장하는 것입니다. 아니, 저와 여러분의 삶을 연장하는 것입니다. 이 모든 게 다 하나님의 변함없는 사랑의 능력 덕분입니다. 우리는 하나님의 진노로 인해 지구가 수천만 번 불바다가 되었다고 해도 불평할 수 없습니다.

그것만이 아닙니다. 반드시 예수님이 다시 이 땅에 오신다는 약속이 있습니다. 성경은 처음부터 끝까지 하나님의 약속으로 이루어져 있습니다. 그 가운데 어느 것 하나 이루어지지 않은 것이 없습니다. 딱 하나, 아직 이루어지지 않은 것이 있으니, 바로 예수님의 재림입니다. 창조 이후 모든 일이 예수님의 초림에 맞추어져 있었다면, 이제 예수님의 십자가와 부활 이후의 모든 일은 한결같이 예수님의 재림을 손꼽아 기다리고 있습니다.

분명한 사실은 어제보다도 오늘, 예수님의 재림은 훨씬 더 가까이 다가오고 있다는 것입니다. 인류의 시간표는 역사의 끝을 향하여 달려가고 있기 때문입니다. 예수님 당시에도 제자들이 조심스럽게 예수님에게 질문했습니다. "언제 세상의 끝이 오겠습니까?" 그러자 예수님이 대답하십니다. "예수께서 대답하여 이르시되 너희가 사람의 미혹을 받지 않도록 주의하라 많은 사람이 내 이름으로 와서 이르되 나는 그리스도라 하여 많은 사람을 미혹하리라 난리와 난리 소문을 듣겠으나 너희는 삼가 두려워하지 말라 이런 일이 있어야 하되 아직 끝은 아니니라 민족이 민족을, 나라가 나라를 대적하여 일어나겠고 곳곳에 기근과 지진이 있으리니 이 모든 것은 재난의 시작이니라 그때에 사람들이 너희를 환난에 넘겨 주겠으며 너희를 죽이리니 너희가 내 이름 때문에 모든 민족에게 미움을 받으리라 그때에 많은 사람이 실족하게 되어 서로 잡아 주고 서로 미워하겠으며 거짓 선지자가 많이 일어나 많은 사람을 미혹하겠으며 불법이 성하므로 많은 사람의 사랑이 식어지리라 그러나 끝까지 견디는 자는 구원을 얻으리라 이 천국 복음이 모든 민족에게 증언되기 위하여 온 세상에 전파되리니 그제야 끝이 오리라"(마 24:4-14).

예수님이 오시기 전에 어떤 일들이 일어날까요? 먼저, 적그리스도가 나타난다고 합니다. 다시 말하면, 겉은 그리스도와도 같은데 속은 그리스도를 반대하는 사탄의 세력입니다. 실제로 한국교회 안에는 이미 수백 명의 예수가 오고 갔습니다. 선교 역사 130여 년 동안에 자칭 예수라 하는 자들이 얼마나 많이 등장했었는지요. 요즘에도 자칭 보혜사라고 해서 수많은 성도를 미혹하는 이단의 무리가 있습니다. 전쟁과 폭력, 지진과 기근 등 자연재해가 빈번해질 것입니다. 그래서 너도나도 못 살겠다 아우성치고, 심지어 예수님을 믿지 않는 사람들의 입에서도 말세라는 얘기들이 나오게 될 것입니다. 무엇보다도 예수님을 믿는다는 사실로 인해서 세상 사람들로부터 환난과 박해를 받게 된다고 합니다. 여러분! 요즘 세상에 예수님을 믿는다고 정부와 직장에서 성도들을 차별하고 소외시키지 않잖아요? 그러나 머지않아서 그런 날이 오게 된다는 것입니다. 예수님을 제대로 믿기가 정말 힘들어지는 시대가 올 것입니다. 교회가 세상 사람들로부터 억압과 차별과 수난을 당하는 시대가 올 것입니다.

언제부터인지 한국 사회 안에서는 기독교인들을 혐오하고 한국교회를 비판해야 지성인답고 교양 있는 것처럼 여겨지는 분위기가 생겨났습니다. 물론 우리 한국교회도 깊이 반성해야 할 점이 많습니다. 그러나 사사건건 기독교를 물고 늘어지며 반기독교적인 행태를 보이는 언론들도 문제입니다. 앞으로 점점 예수님을 믿기가 힘들어질 것입니다. 그 상황이 얼마나 힘이 드는지, "형제가 형제를, 아버지가 자식을 죽는 데에 내주며 자식들이 부모를 대적하여 죽게 하리라"(막 13:12)라고 했습니다. 예수님도 "너희가 마지막 때에 믿음을 보겠느냐?"라고 물으셨습니다. 그러나 걱정하지 마세요. "너희가 내 이름으로 말미암아 모든 사람에게 미움을 받을 것이나 끝까지 견디는 자는 구원을 받으리라"(막 13:13).

세상 끝까지 복음이 전파될 때 비로소 예수님은 다시 오십니다. 어떤 분들은 "휴, 다행이다. 아직 아프리카, 아시아의 오지에는 복음이 들어가지 않았으니, 시간이 많이 남

왔겠다"라고 생각하며 안심하는 분들도 있을 겁니다. 그러나 그리 멀지 않았습니다. 전 세계에 흩어져서 복음을 전파하는 선교사들이 점점 더 많아지고 있습니다. 한국인 선교사만 해도 3만 명이 넘어섰습니다. 요즘에는 평신도 선교사들도 직장생활을 해가며 선교지에서 열심히 활동하고 있습니다. 그뿐 아니라, 인터넷이나 TV와 라디오, 유튜브 등을 통해서 하루가 다르게 복음의 소식이 전달됩니다. 이전보다 더 많은 정보와 지식의 시대이기 때문입니다. 땅끝이 얼마나 가까워졌는지 모릅니다. 그러므로 마음 놓을 수 없습니다.

예수님은 반드시 다시 오십니다. 먼 미래의 일이 아닐 수 있습니다. 우리가 살아 있는 동안에 오실 수도 있습니다. 그러므로 재림신앙이 기독교인의 기본입니다. 예수님의 재림을 믿지 않는 성도는 성도라고 할 수 없습니다. 세상 사람들에게는 예수님의 재림이 공포와 위협의 소식일 수도 있지만, 재림을 준비한 모든 성도에게는 큰 위로와 소망의 소식입니다. 따라서 날마다 "마라나타, 주 예수여 어서 오시옵소서"라고 기도하고 소망하는 저와 여러분이 되길 바랍니다.

다음으로, 우리는 깨어 있어야 합니다. 오늘 본문은 예수님이 도둑 같이 오신다고 했습니다. 도둑은 '언제' 올지에 대해서 예고하지 않습니다. 만일 집주인이 알면 도둑맞지 않을 겁니다. 언제 다시 예수님이 오실지 모릅니다. 계속해서 성경은 말씀합니다. "그러나 그날과 그때는 아무도 모르나니 하늘에 있는 천사들도, 아들도 모르고 아버지만 아시느니라 주의하라 깨어 있으라 그때가 언제인지 알지 못함이라 … 그러므로 깨어 있으라 집주인이 언제 올는지 혹 저물 때일는지, 밤중일는지, 닭 울 때일는지, 새벽일는지 너희가 알지 못함이라 그가 홀연히 와서 너희가 자는 것을 보지 않도록 하라"(막 13:32-36). 예수님의 재림이 언제일지 아무도 모른다는 겁니다. 정말 모를까요? 그렇습니다. 오직 마지막 그날을 결정하실 수 있는 분은 아버지 하나님이시기 때문입니다. 예수님의 재림 날짜를 미리 예측한 예언들은 다 거짓으로 판명되었습니다. 그러므로 시한부 종말론을 믿지 마세요. 다 성도를 미혹하기 위한 사탄의 전략입니다.

예수님은 말씀하십니다. "너희가 저녁에 노을이 잔뜩 낀 것을 보면, 아, 내일은 날이 흐리겠구나, 또는 비가 오겠구나"라고 날씨를 분별하듯이 마지막 때도 시대를 분별할 수 있어야 한다고 하십니다. 그렇다면 마지막 때는 어떤 영적인 특징이 나타날까요? "너는 이것을 알라 말세에 고통당하는 때가 이르러 사람들이 자기를 사랑하며 돈을 사랑하며 자랑하며 교만하며 비방하며 부모를 거역하며 감사하지 아니하며 거룩하지 아니하며 무정하며 원통함을 풀지 아니하며 모함하며 절제하지 못하며 사나우며 선한 것을 좋아하지 아니하며 배신하며 조급하며 자만하며 쾌락을 사랑하기를 하나님 사랑하는 것보다 더하며 경건의 모양은 있으나 경건의 능력은 부인하니 이 같은 자들에게서 네가 돌아서라"(딤후 3:1-5). "불법이 성하므로 많은 사람의 사랑이 식어지리라"(마 24:12).

여러분! 이게 오늘 우리의 모습이 아닌가요? 거의 막바지에 와 있습니다. 사람들 가운데 사랑이 식어갑니다. 미움과 폭력이 온 땅을 뒤덮고 있습니다. 사탄의 세력이 활개를 칩니다. 사람들이 사람이 아니고 점점 짐승이 되어 갑니다. 하나님이 도무지 안 되겠다 싶으시면, 마침내 인류의 시간표에 종지부를 찍을 날이 올 것입니다.

"그러므로 우리는 다른 이들과 같이 자지 말고 오직 깨어 정신을 차릴지라"(살전 5:6). "그런즉 깨어 있으라 너희는 그날과 그때를 알지 못하느니라"(마 25:13). "만물의 마지막이 가까이 왔으니 그러므로 너희는 정신을 차리고 근신하여 기도하라 무엇보다도 뜨겁게 서로 사랑할지니 사랑은 허다한 죄를 덮느니라"(벧전 4:7-8). "또한 너희가 이 시기를 알거니와 자다가 깰 때가 벌써 되었으니 이는 이제 우리의 구원이 처음 믿을 때보다 가까웠음이라"(롬 13:11).

그렇습니다. 우리는 영적인 잠에서 깨어나야 합니다. 깊은 잠을 잘 때는 도둑이 들어와서 집안의 물건을 다 가져가도 모릅니다. 누가 왔다 갔는지도 모릅니다. 시대를 바라보면서도 하나님의 뜻을 깨닫지 못하는 사람들이 영적인 잠을 자는 사람들입니다.

우리는 날마다 깨어 있어 영적인 분별력을 길러야 합니다. 세계가 어떻게 돌아가는지, 이스라엘이 전쟁에 놓여 있는지, 평안 가운데 있는지, 아시아와 아프리카에 전염병이 창궐하는지, 기근이 어느 정도인지, 지구의 생태계가 어떻게 변화하는지, 사람들이 짐승처럼 변해 가는지, 영적 세계가 얼마나 혼란스럽고 사탄의 공격이 얼마나 파괴적인지를 깨어 주의를 기울여야 합니다. 오늘날 한국교회는 평안의 잠을 자고 있습니다. "평안하다, 평안하다, 이대로가 좋아"라고 하면서 주님의 재림이 가까이 온 줄을 알지 못합니다. 영적인 감각이 무디어져 있습니다. 정신을 똑바로 차려야 합니다. 나는 깊은 잠을 자고 있지 않은지, 얼마나 예수님의 재림을 목말라하고 있는지, 내 안에 있는 사랑이 어느 정도인지를 살펴봅시다. 우리 모두 깨어 있어야 합니다.

마지막으로, 주님을 맞이할 등불의 기름을 채워 넣으십시오. 마태복음에 보면, 천국은 마치 등을 들고 신랑을 맞으러 나간 열 처녀와 같다고 합니다. 그중에 다섯은 그릇에 기름을 담아 등과 함께 가져가고, 나머지 다섯은 등을 가지되 기름을 미처 준비하지 않았습니다. 마침내 한밤중에 기다리던 신랑이 왔을 때, 기름을 준비한 다섯 처녀는 신랑을 바로 맞이했지만, 나머지 다섯은 그만 신랑을 맞이할 수 없었습니다. 오히려 예수님이 그들에게 "나는 너를 모른다"라고 말씀했다고 말합니다. 어떤 뜻일까요? 언제나 성경에서는 주님을 신랑으로, 성도를 신부로 표현합니다. 결혼식에 비유하는 겁니다. 우리는 예수님을 기다립니다. 신부처럼 기다립니다. 그러나 신랑을 맞이할 때 등불에 넉넉히 기름을 준비하지 않으면, 기름이 떨어졌을 때 예수님이 오신다면 낭패라는 겁니다.

여기서 기름은 무엇을 뜻할까요? 바로 성령입니다. 우리는 다 예수님을 주님으로 고백하고 마음속에 영접했습니다. 그래서 마지막 날에 다 구원을 얻게 됩니다. 결정적인 차이는 성령으로 충만한 삶인가, 그렇지 않은가입니다. 우리의 삶에 사랑의 불, 기도의 불, 믿음의 불, 소망의 불을 태우는 기름이 있어야 합니다. 바로 성령님이십니다.

날마다 하나님의 말씀을 읽고 계시나요? 기도를 쉬지는 않는지요? 하루에 한 번씩이라도 예수님의 이름으로 선행을 쌓아 가시나요? 이전에 저는 어느 교회에 주일 오후 예배를 인도하러 갔습니다. 새 가족 환영의 시간이었는데, 성도들이 얼마나 밝고 활기차고 행복한지 모릅니다. 환영의 시간이 끝나고 제 옆자리에 장로님 한 분이 계셨는데, 이런저런 이야기를 하면서 자기는 교회 생활하는 게 너무 기쁘고 즐겁다고 말씀하셨습니다. 모 은행 지점장을 하시다가 정년퇴직하시고, 나이가 64세라고 합니다. 양복 주머니에서 꺼낸 A4 용지 10장 정도 되는 종이에 성경 암송 구절을 빽빽하게 적어 놓고 전철을 탈 때도 집에 있을 때도 시시때때로 암송한다고 합니다. 하나님의 말씀이 너무 좋아서, 마음에 힘이 되어서, 그저 행복하다는 고백입니다. 장로님의 얼굴이 환하게 밝았고, 연세가 10년은 더 젊어 보였습니다. 성령의 기름이 충만한 것입니다.

그렇습니다. 하나님의 말씀은 생명의 힘입니다. 하나님 사랑의 말씀이기 때문입니다. 우리가 왜 살아야 하는지, 어떻게 살아야 하는지, 삶의 이유와 방법과 목적에 대하여 날마다 가르쳐 주고 깨닫게 하시기 때문에, 우리는 이 거친 세상의 한복판에서 흔들리지 않을 수 있습니다. 성령 충만하면 하나님의 말씀 충만한 삶을 누릴 수 있습니다.

그것만이 아닙니다. 기도하지 않으면 세상을 살아가기가 너무 힘듭니다. 온 세상에서 나 혼자 버림받은 느낌이 듭니다. 그래서 마지막 때를 강조하는 성경의 말씀은 한결같이 "깨어 기도하라", "모든 기도와 간구를 하되 항상 성령 안에서 기도하고 이를 위하여 깨어 구하기를 힘쓰라", 이렇게 명령하고 있습니다.

성도가 기도하지 않으면 삶이 불안해집니다. 기도의 능력을 체험하지 않고는 하루하루도 살아가기가 힘듭니다. 기도는 기름과도 같아서 삶의 윤활유를 제공해 줍니다. 삐

걱삐걱대던 우리의 삶이 재정비됩니다. 그러면 우리 안에 사랑이 생겨납니다. 사랑할 힘이 솟아납니다. 그렇습니다. 주님의 재림을 맞이하는 방법은 기름을 넉넉히 준비하는 겁니다. "성령이여, 오소서. 나를 충만하게 하소서. 불길 같은 성령이여, 나를 채우소서. 나를 인도하소서. 나를 새롭게 하소서. 나를 변화시키소서." 오직 성령만이 나를 새롭게 하십니다. 끝까지 인내하고 마음을 굳건하게 하여 마지막 때 우리의 믿음을 예수님 앞에 보일 수 있도록 합시다.

𝄞 함께 찬양드립니다.

(175장)
신랑 되신 예수께서 다시 오실 때
밝은 등불 들고 나갈 준비됐느냐
그날 밤 그날 밤에 주님 맞을 등불이 준비됐느냐
예비하고 예비하라 우리 신랑 예수 오실 때
밝은 등불 손에 들고 기쁨으로 주를 맞겠네

주를 나와 맞으라는 소리 들릴 때
기뻐하며 주를 맞이할 수 있느냐

그날 밤 그날 밤에 주님 맞을 등불이 준비됐느냐
예비하고 예비하라 우리 신랑 예수 오실 때
밝은 등불 손에 들고 기쁨으로 주를 맞겠네

항상 깨어 기도하며 거룩한 기름
준비하지 않고 주를 맞지 못하리
그날 밤 그날 밤에 주님 맞을 등불이 준비됐느냐
예비하고 예비하라 우리 신랑 예수 오실 때
밝은 등불 손에 들고 기쁨으로 주를 맞겠네

그날 밤에 영화로운 혼인잔치에
기뻐하며 할렐루야 찬송 부르리
그날 밤 그날 밤에 주님 맞을 등불이 준비됐느냐
예비하고 예비하라 우리 신랑 예수 오실 때
밝은 등불 손에 들고 기쁨으로 주를 맞겠네

(마라타나)

마라나타 주 예수여 어서 오시옵소서
땅의 모든 끝 모든 족속 주를 찬송하게 하소서
마라나타 주 예수여 어서 오시옵소서
모든 열방이 주께 돌아와 춤추며 경배하게 하소서

우리 주님 다시 오실 길을 만들자
십자가를 들고 땅끝까지 우린 가리라
우리 주님 하늘 영광 온 땅 덮을 때
우린 땅끝에서 주를 맞으리

마라나타 마라나타 아멘 주 예수여 오시옵소서
마라나타 마라나타 아멘 주 예수여 오시옵소서